# 존 넬슨 다비의
# 영광스러운 구원

"내게 사는 것이 그리스도였다.
나와 주님 사이에는 구름 한 점 없었다."

존 넬슨 다비, 1800-1882

국립중앙도서관 출판예정도서목록(CIP)

(존 넬슨 다비의) 영광스러운 구원 / 지은이: 존 넬슨 다비 ; 엮은이: 이종수. -- [서울] : 형제들의집, 2014
   p. ;   cm

원저자명: John Nelson Darby
영어 원작을 한국어로 번역
ISBN 978-89-93141-67-2 03230 : ₩15000

기독교[基督敎]
구원론[救援論]

231.4-KDC5
234-DDC21                          CIP2014021361

존 넬슨 다비의
# 영광스러운 구원

존 넬슨 다비 지음 | 이종수 엮음

형제들의 집

차 례

엮은이 서문......................................... 6

**제 1부. 거듭남의 진리**

제 1장. 거듭남이란 무엇인가?..................... 15
제 2장. 생명과 영생................................. 42
제 3장. 성경이 말하는 회개......................... 81

**제 2부. 죄 사함의 진리**

제 4장. 죄 사함이란 무엇인가?..................... 115
제 5장. 현재적 죄 사함, 영원한 죄 사함,
        그리고 통치적 죄 사함................... 136
제 6장. 죄 사함과 영적 자유......................... 158

제 7장. 죄 사함과 구원......................................... 176
제 8장. 칭의와 하나님의 의................................... 193

## 제 3부. 영적 해방의 진리

제 9장. 영적 해방이란 무엇인가?............................ 201
제 10장. 율법과 그리스도의 영광의 복음.................. 220
제 11장. 그리스도의 영광의 복음............................ 252
제 12장. 성결과 영적 해방..................................... 268

## 제 4부. 그리스도와의 연합의 진리

제 13장. 그리스도와의 연합이란 무엇인가?............... 281
제 14장. 그리스도와 함께 살리심을 받음.................. 309

엮은이 서문

## 거듭남을 너머 그리스도와의 연합을 통한 영광스러운 구원으로

우리는 지금 성경적인 신학이 통하지 않는 시대에 살고 있다. 한국 교회에는 성경적인 신앙보다 자신이 이미 알고 있다고 생각하는 신념으로 가득한 사람들로 가득하다. 신앙이 아닌 신념, 성경적인 신학이 아닌 자기만의 독선적인 개념이 판치고 있다. 그래서 성경적인 신학이 들어갈 틈이 보이질 않고, 자신이 알고 있는 것과 조금만 다르면 이단으로 정죄해버리고, 더 이상 배우고자 하지 않는다. 그래서 그런지 항상 그리스도의 도의 초보(the word of the beginning of the Christ)에 머물러 있다.

오늘날 성경적인 구원에 대해서 한국 교회는 나름대로의 다양한 견해와 이견(異見)을 가지고 있지만 그 속에서 갈피를 잡지 못하고 있다. 「예수 천당, 불신 지옥의 복음」, 「사영리의 복음」, 「거듭남과 죄 사함의 복음」 등 다양한 자기 목소리를 내고 있다. 다 나름대로 일리는 있지만 모두가 「성화를 동반하지 않는 구원론」이라는 공통점을 가지고 있다.

이렇게 생각해보자. 어쨌든 당신은 복음을 믿고 예수님을 구주와 주님으로 받아들였다. 자, 당신은 무엇이 달라졌는가? 당신에겐 무엇이 변했는가? 아무 것도 달라진 것이 없고, 아무 것도 변화되지 않았다. 그렇다면 당신은 도대체 무엇을 믿었고, 누구를 영접한 것인가? 바로 「성화 없는 구원」이다. 바로 「십자가에 못 박힌 채 죽어 있는 예수」이다. 이렇게 스스로 질문해보자. **나의 삶 속에 성화의 싹이 자라나고 있는가? 그리스도의 성품을 닮은 거룩한 인격을 향한 한 발자국을 떼었는가? 나의 구원은 과연 영광스러운가?**

문제는 「성화 없는 복음」, 「성화를 동반하지 않는 구원」이다. 과연 이것의 정체는 무엇일까? 이것은 우리 그리스도인의 양심을 짓누르고 괴롭히는 괴물과도 같은 존재이다. 왜 복음은 편만하게 전파되고 있는데, 그리스도인다운 그리스도인을 볼 수 없는 것인가? 믿기 전보다 더 탐욕스러운 마음으로 세상과 하나님의 나라를 동시에 움켜잡고자 욕심을 내고 있지 않은가? 이처럼 이상한 복음과 반쪽짜리 구원이 한국 교회의 정통 신앙으로 자리 잡고 있기에, 한국 교회는 자체적으로 고통을 당하고 있고 또 진통을 겪고 있을 뿐만 아니라 외부 안티 기독교 단체로부터 무수한 공격과 지탄을 받고 있다.

도대체 무엇이 잘못된 것일까? 오늘날 기독교인들을 만나보면, 자신은 구원받은 것은 확실하지만 거듭났는지는 모르는 사람들도 있고, 혹은 그 반대로 자신이 거듭난 것은 확실한데 구원받았는지는 모르는 사람들도 있다. 그리스도를 믿은 세월이 흐를수록 더욱 세속화되어가는 자신의 모습과 신앙을 보면서, 자신의 신앙을 남에게 보이고 싶지 않은 그림자 신앙인들도 상당수 있다. 일이 이럴진대, 가장 성경적인 의미에서 구원을 의미하는 그리스도와의 연합은 더더욱 모를 수밖에 … 설사 누군가 거듭남과 중생을 말한다 해도, 사실은 거듭남과 중생에 대한 정의도 다 다르다. 성경에서 말하고 있는 거듭남의 의미를 너무 좁혀서도 안되지만, 너무 많은 의미를 부여해서도 안된다.

분명 거듭남은 새로운 출생이다. 하나님의 자녀가 되고 하나님의 나라에 들어가게 해준다. 하지만 출생이 전부는 아니다. **성경은 거듭남을 넘어 우리를 그리스도와의 연합으로 이끌어 간다.** 진실을 말하자면 이렇다. 거듭남이 전부가 아니라 그리스도와의 연합이 전부이다. 거듭남은 출생을, 그리스도와의 연합은 결혼을 의미한다. 출생과 결혼은 엄연히 다른 것이고, 같지 않다. 중요한 사실은, 거듭남이 없다면 그리스도와의 연합도 없고, 출생이 없다면 결혼도 불가능하다는 것이다. 다시 말해서 거듭난 일이 없는 사람은 그리스도와 연합을 이루는 일도 없는 것이다.

우리는 가장 성경적인 구원론을 마음에 사모해야 한다. 하나님은 우리에게 신구약성경 66권을 주셨다. 구원이란 단어를 신약성경에서만 검색해보아도 160회 가량 나오는데, 실제로는 영어의 saved라는 단어로 120회, salvation이란 단어로 41회 등장하며, 그것도 신약성경 전체에 걸쳐서 고루 등장한다. 이 때문에 많은 성경학도들이 구원의 의미를 너무 좁게 생각하거나 아니면 너무 넓게 생각하는 현상이 생겼다. 흔히 구원을 칭의, 성화, 영화로 보기도 하고, 영의 구원, 혼의 구원, 몸의 구원으로 생각하기도 한다.

하지만 이렇게 생각해보아도 역시 우리 삶에 성화의 실제를 가져다주기엔 역부족이다. 무엇이 성화를 가능하게 해주는 것일까? 그것은 바로 십자가이다. 사도 바울이 자랑한 것도 십자가였다(갈 6:14). 그리스도를 못 박은 십자가 뿐 아니라, 나를 못 박은 십자가를 알 필요가 있다. **내가 그리스도와 함께 십자가에 못 박힐 때만이, 그리스도와 함께 사는 법이다. 내가 아니라 그리스도께서 사실 때, 비로소 성화가 시작되는 것이다(갈 2:20, 5:24, 롬 6:5).**

그렇다면 영광스러운 구원을 위해서 역사하시는 성령의 역사는 거듭남에서 끝나는 것이 아니라 그리스도와 함께 죽고 함께 사는 것으로 이어지고 있다. 그리고 마침내 그리스도의 영광과 연합을 이루는 것으로까지 나아간다.

그래서 엮은이는 가장 성경적인 구원을 이렇게 생각해보았다.

거듭남이란 든든한 주춧돌을 놓고, 영원 속죄를 통해서 죄 사함과 칭의라는 기둥을 세우고, 영적 해방과 그리스도와의 연합의 머릿돌로 완성하는 것이다. 이렇게 우리의 구원이 완성이 될 때에야, 우리는 참으로 영광스러운 구원을 소유한 자로서 또한 그리스도의 신부로서 아름답게 단장되어 영원토록 그리스도와 함께 빛을 발하는 자신의 모습을 믿음으로 성령의 역사로 보게 될 것이다. 그렇게 되기를 진심으로 기도한다.

이 책의 진정한 저자는 19세기 제2의 종교개혁으로 불린「플리머스 형제단 운동」의 지도자로서 존 넬슨 다비이다. 플리머스 형제단 초기 지도자들 가운데 조지 뮬러, 로버트 채프만 등과 더불어 다비는 가장 위대한 지도자였지만, 다비의 이름은 그간 한국 교회에 잘 알려지지 않았다. 그럼에도 다비는 종종 워치만 니의 영적 멘토이자 스승으로 소개되곤 했으며, 미국 달라스 신학대학원, 그레이스 신학대학원, 밥 존스 신학대학교, 엠마오 성경대학교, 그리고 캐나다 리젠트 칼리지의 신학의 근간과 초석을 제공한 인물로 평가를 받아 왔다.

다비의 빼어난 저작 가운데 성경주석 시리즈(Synopsis of the Books of the Bible)가 있다. 이 책은 무디 기념 교회에서 목회했던, 복음주의계의 거장 해리 아이언사이드 박사가 불후의 명작으로 추천할 정도로, 우리에게 성경을 열어주는 놀라운 주석서이다. 이 주석서는 창세기부터 요한계시록에 이르기까지 일관된 문자적 성경해석의 원리를 적용함으로써 성경을 통전적으로 볼 수 있는 영적 안목을 열어주는 특징이 있다. 이렇게 다비를 통해서 우리 시대에 전수된 문자적 성경해석의 원리는 성경의 진정한 영적 권위를 드러내주고, 게다가 성경이 진정한 하나님의 말씀이며 또한 최종적인 권위임을 여실히 드러내 준다. 그리고 성경이야말로 우리가 평생 가까이 두고 읽고 묵상하고 또 공부해야 하는 영적인 보고(寶庫)임을 알게 해준다.

이 책은 **이러한 성경해석의 원리를 따라 성경을 묵상한 다비 자신이 성령의 감동을 통해서 진리의 말씀이 풀어지고 열리게 된 복음과 관련된 여러 글들과 묵상을 한 권의 책으로 묶은 「가장 성경적인 구원론을 담아낸 책」**이라 할 수 있다. 각 부분 자체만으로도 연구하고 묵상할 가치가 충분히 있지만, 함께 모을 때 복음의 영광이 찬란하게 드러나는 것을 느낄 수 있다. 그럼에도 이 책은 다비가 그러한 목적을 가지고 써내려간 책은 아니라는 점을 미리 알려드리고 싶다. 여기저기 흩어져 있는 주제의 글들을 엮은이가 나름대로 순서를 정해서 엮어보았다. 물론 독자들 가운데는 굳이 이 순서를 따르기 보다는 각자의 영적 필요에 따라서 먼저 읽고 싶은 부분이 있을 것이고, 우선적으로 마음에 와 닿는 주제가 있을 것이다. 그렇게 시작할지라도, 이 책을 전체적으로 다 읽으시기를 간청하고 싶다. 왜냐하면 이 책의 모든 부분들은 하나님의 영광스러운 복음을 이루는데 필수적인 요소이기 때문이다.

이 책은 읽기가 쉽지 않을 수 있다. 그간 충분히 알고 있다고 생각했던 내용들이 뒤집어지는 것 같은 느낌을 받을 수도 있다. 하지만 지난 기독교 이천년 역사상 가장 위대한 영적 스승에게서 배운다는 사실을 염두에 두고 존경하는 마음으로 읽기를 바란다.

어떤 독자는 이런 말을 했다.
"형제들의 집에서 발행된 책자를 통해 더 깊은 영성을 접하게 되니 흥분이 되고 기쁩니다. 영적 해방과 그리스도와의 연합에 대한 책자를 이제 단 두권만 읽었을 뿐인데, 지난 33년 동안 나름대로 성경을 읽고 깨달았다는 것이 다 더러운 옷같고, 악취가 나는 것들을 은혜라고 생각했으니 참으로 주님의 사역을 곡해(曲解)했을 뿐만 아니라 역도(逆道)했음을 깨닫게 되었습니다." 아무리 내용이 어렵고 생소하고 또 이해가 되지 않더라도 겸손한 자에게 은혜로 역사하시는 성령님을 의지하고 이 책을 읽는다면, 독자의 영적 역량에 따라 목마른 사슴이 시냇물을 찾아 마시는 것 같은 생수의 시원함을 느끼며, 복음이 가진 영적 광대함과 영적 깊음 속으로 더욱 **빠져** 들어가는 엄청난 영적 희열을 맛볼 수 있을 것이다.

어쩌면 우리는 너무 쉽고 안이한 신앙에 길들어져 있기 때문에, 이처럼 중요한 진리를 다루는 책을 만나보지 못했을 수도 있다. 하지만 이 책에서 다루고 있는 주제는 너무도 중요한 주제이고, 게다가 우리의 영원한 삶을 좌우할만한 주제이기에 조금만 인내하고 끝까지 이 책을 완독하기를 바란다. 분명 인내는 쓰지만 그 열매가 주는 달콤함과 풍성함을 길이길이 누리게 될 것이다.

하나님은 영광스러운 복음을 통해서 우리에게 영광스러운 구원을 주고 싶어 하신다. 다비는 늘 우리 그리스도인의 삶은 로마서 7장이 아니라, 로마서 8장에서 시작된다고 말했다. 우리 신앙의 정수(精髓)와 정도(正道)는 로마서 8장에 있다. 만일 당신이 받은 구원의 경험이 로마서 7장에 있다면, 즉 "오호라 나는 곤고한 사람이로다."(24절)라는 상태에 있다면, 당신의 구원은 결코 영광스럽지 않다. 이 책은 분명 당신의 구원을 영광스럽게 하는 데 바른 길잡이가 되어 줄 것이다.

우리에게 영광스러운 복음을 주시고(고후 4:4, 딤전 1:11), 우리 속에서 착한 일을 시작하신 하나님께서 그리스도의 예수의 날까지 우리에게서 영광스러운 구원을 이루심으로써(빌 1:6), 모든 영광을 홀로 받으시길 바라며, 이 책을 독자들의 손에 내어드리는 바이다.

엮은이 이종수

# 제 1부
# 거듭남의 진리

## 제 1장 거듭남*이란 무엇인가?

요한복음 3장을 성경의 다른 부분들과 연관해서 묵상해보자. 특별히 거듭남에 대해서 살펴볼 것이다. 그렇다면 새로운 출생을 통해서 거듭난 사람이 되는 것이 무엇인지에 대한 바른 이해를 가지게 될 것이다. 거듭남의 역사에 참여한 사람만이 그리스도 안에 있는 사람이 된다. 이 주제를 다루려면, 그리스도인들이 잘 알고 있다고 생각하는 몇 가지 개념들을 다시 정리할 필요가 있다. 진행해가는 과정에서 좀 더 발전된 개념들과 상이한 개념들을 만나게 될 터인데, 이것은 꼭 필요한 일이다.

---

* 역자주: 거듭남과 죄 사함의 진리는 형제들의 집에서 출간 된 알프레드 깁스의 「이것이 거듭남이다」와 아더 핑크의 「당신은 진짜 거듭났는가」, 프랭크 빈포드 호올의 「당신의 상상보다 더 큰 구원」에 잘 소개되어 있다.

많은 사람들이 그리스도께서 행하시는 기적을 보고 그리스도를 믿었지만, 예수님은 자신을 그들에게 의탁하지 않으셨다. 이는 친히 사람 속에 있는 것을 아셨기 때문이다(요 2:23-25). 예수님에 대한 그들의 결론에 따르면, 예수님은 그저 의로운 사람일 뿐이었다. 바로 그것이 사람 속에 있는 것이 맺은 결론이었다. 그것은 전혀 무가치한 것이었다. 사람을 자신의 본성 가운데 그대로 두는 것은 사람을 여전히 자신의 본성에 충실한 동기와 영향력과 열정 아래 두는 것이다. 그렇다면 사람은 여전히 사탄의 통치 아래 있게 될 뿐더러 육신과 세상의 권세 아래 있게 된다. 그들이 내린 결론은 옳았으며, 그 결론은 사실상 사람이 내릴 수 있는 유일한 결론이었다. 사람은 여전히 변화되지 않은 채, 그 상태로 있다. 예수님은 육신을 잘 알고 계셨기에, 그 육신을 전혀 신뢰할 수 없으셨다.

니고데모가 하나님의 인도하심을 따라서, 우리의 교훈을 위해서, 등장했다(요 3장). 다른 사람들은 믿었지만, 그 상태에 그대로 있었다. 하지만 하나님의 영께서는 역사하고 계셨다. 그것은 항상 영혼 속에 결핍을 느끼게 하는 것이었고, 하나님께 속한 것, 경건한 것들에 대한 갈망과 욕구를 일으키는 것이었다. 따라서 우리는 우리 영혼 속에 없는 것을 자각하기 시작한다. 그렇다면 즉시 본능적으로, 세상이 우리를 향해 엄몰해오는 것 같은 인식이 생긴다. 세상에 대한 적대감과 경멸감이 솟아난다. 그렇게 니고데모는 밤에 왔다. 자기 영혼 속에 무언가 더 나은 것에 대한 열망이 생긴 것이다. 하지만 그는 이스라엘의 관원이었고, 게다가 유대교의 지도자였다. 그 때문에 쉽게 그리스도께 나아올 수 없었을 것이다. 가르치는 위치에 있는 사람이 배우러 가는 것은 쉽지 않은 일이다. 하지만 양심이 그를 압박했고, 그는 마침내 그리스도께 나아왔다. 사람을 두려워하는 마음이 주저하게 했을 것이다. 그래서 니고데모는 밤에 찾아왔다. 그리스도에게 나아와 배우는 일을 주저하게 만드는 인간의 위엄이란 얼마나 부질없는 것인가! 니고데모는 비록 영적인 열망 때문에 그리스도께 나아왔지만, 자기 영혼 속에 아무런 결핍도 없는 사람처럼 행동했다. "랍비여 우리가 당신은 하나님께로부터 오신 선생인 줄 아나이다 하나님이 함께 하시지 아니하시면 당신이 행하시는 이 표적을 아무도 할 수 없음이니이다."(요 3:2) 이것은 자기 속에서 일어나는 내적인 열망은 감추고, 다만 증거들에 의해서만 내린 하나의 결론이었다. 하지만 그것이 전부였다. 여전히 니고데모는 그리스도께서 사람들에게 보여주신 눈에 보이는 무언가를 원했다. 그는 유대인으로서, 자신을 당연히 하나님 나라의 자녀로 여기면서 가르침을 구하고 있었다. 주님은 니고데모를 진실하고 주님을 알고 싶어 하는 사람으로 여기셨기에, 즉시 그를 만나주셨고, 그가 전적으로 잘못된 토대 위에 서있다는 사실을 일깨워 주셨다. 주님은 육신(또는 육신에 속한 사람)을 가르치고자 하지 않으셨고, 그렇게 하고자 오신 것도 아니었다. 하나님은 자신의 나라를 건설하고 계셨다. 사람이 하나님 나라를 보려면, 먼저 거듭나야만 했으며, 전적으로 새로운 존재가 되어야만 했다. 하나님 나라는 아직 가시적으로 임한 것이 아니었기에 볼 수도 없었다. 하나님 나라는 사람들 가운데 존재하고 있었다. 하지만 하나님 나라를 보려면 전적으로 새로운 본성을 소유해야만 했다. 이 때 니고데모는 언어(단어)에 집착했기에, 거듭나는 것이 어떻게 가능한 일인지 이해하지 못했다. 이성적인 사고를 하는 사람이었던 니고데모는 비록 진실했지만, 그럼에도 극도의 당혹스러움에 빠지게 되었고 사실상 전혀 하나님 나라를 보지 못하고 있었다.

두 가지 위대한 진리가 여기서 소개되고 있다. 첫 번째, 하나님은 육신적인 사람을 가르치시거나 개선시키지 않으신다. 하나님은 하나님 자신의 권능과 복으로 아우르는 하나의 왕국을 세우시며, 그 안에 들어온 사람들만을 가르치신다. 두 번째, 사람은 반드시 새로운 본성, 혹은 새로운 생명을 소유해야만 한다. 이렇게 역사하시는 하나님에게서 가르침을 받으려면, 무엇보다 우선적으로 거듭나는 일이 선행되어야 한다. 육신은 하나님 나라를 결코 인지할 수 없기 때문이다. 이 두 가지 사실은 매우 중요하다. 새로운 신적인 시스템이 건축되고 있었고, 거기에 하나님의 복이 감추어 있었다. 그에 대한 가르침을 받으려면 새로운 본성이 절대적으로 필요했다.

주님은 여기서 제기한 니고데모의 질문을 내버려두지 않으셨다. 오히려 하나님 나라에 들어가는 길을 명확하게 보여주셨다. "사람이 물과 성령으로 나지 아니하면"(5절) 즉 **거듭나는 것은 말씀과 하나님의 영의 역사로 된다.** 하나님의 생각을 계시해주는 하나님의 말씀이 성령의 능력을 통해서 사람 속에 있는 것들을 판단하는 것(그 실체를 드러내주는 것)으로 역사하고, 그럴 때 사람의 생각이 하나님의 생각으로 대치되는 역사가 일어난다. 그 후에야 하나님으로부터 절대적으로 새로운 생명이 주어지게 되는데, 그렇다면 하나님의 생각들이 우리 영혼 속에 자기 자리를 잡게 되고, 생생한 실체가 된다. **이렇게 새로운 본성과 새로운 생명을 받게 된 것이 거듭남의 결과이다.** 물과 성령으로 나는 것은 물로 한번 태어나고 또 성령으로 다시 한번 태어나는 것을 가리키지 않고, 다만 거듭난 사람 속에 존재하게 될 두 가지 중요한 측면과 실체를 가리킨다. "자기의 뜻을 따라 진리의 말씀으로 우리를 낳으셨느니라"(약 1:18), "물로 씻어 말씀으로 깨끗하게 하사 거룩하게 하시고"(엡 5:26), "너희는 내가 일러 준 말로 이미 깨끗하여졌으니"(요 15:3) 거듭남은 자신의 생각으로 가득한 육신을 교육함으로써 되는 것이 아니라, 하나님의 생각으로 그 생각이 대치됨으로써 가능해진다. 이것이 바로 물(말씀)로써 거듭난다는 의미이다. 그 다음으로 생각해볼 것은 성령으로써 거듭나는 것이다. 새로운 본성은 성령을 통해서 주어진다. "육으로 난 것은 육이요 영으로 난 것은 영이니"(요 3:6) 모든 생명체는 자신을 낳은 존재의 본성을 물려받게 되어 있다. 따라서 물은 사람 위에 역사하며, 그의 인품은 전혀 변화되지 않는다. 하지만 성령께서 새로운 생명을 주시며, 그것은 본질상 영에 속한 것이다. 육신의 본성이 낳은 것이 육신이듯이, 성령의 본성이 낳은 것은 영이다. 이제 우리는 육신을 교육해서 거듭나는 것이 아니라, 능력으로 역사하는 하나님의 말씀을 통해서, 그리고 성령님이 주시는 신적인 본성을 수여받음으로써 거듭나게 된다. 그 결과 필수적으로 하나님의 마음과 본성을 물려받게 된다. 거듭나기 이전에는 오로지 육신 밖에 없었지만, 이제 새롭게 받게 된 하나님의 마음과 본성이 나의 생명이 된다.

이제 거듭남의 복이 이방인들에게도 열렸다. 주님은 니고데모에게 이렇게 말씀하셨다. "내가 네게(유대인, 니고데모) 거듭나야 하겠다 하는 말을 놀랍게 여기지 말라 … 성령으로 난 사람도 다(이방인 포함) 그러하니라." (요 3:7,8) 전적으로 새로운 것으로서 새로운 본성을 주시는 주권적인 하나님의 역사는, 이것이 본성의 문제이기 때문에 유대인 뿐만 아니라 이방인들에게도 필요한 일이다. 새로운 본성을 주시는 것은, 이를 통해서 인간은 비로소 하나님과 함께 하는 삶을 살 수 있기에, 이제 유대인과 이방인 모두에게도 해당되는 은혜의 역사이다. 거듭난 사람은 새로운 생명 때문에 이제는 유대인도 아니고 이방인도 아니다. 거듭난 사람은 "하나님께로부터 난 사람"이다. 여기 요한복음 3장에서는 이 거듭남의 진리가 밝히 드러나지 않았다. 다만 그 토대만 놓인 셈이다. 신적인 생명의 실제성이 가지고 있는 깊은 진리, 즉 새로운 생명이 주권적으로 주어진다는 사실이 여기서 가르치는 교훈의 핵심이다. 다른 것들은 다만 암시되어 있을 뿐이다.

이 때문에 니고데모는 다시 한 번 멈칫해야만 했다. 니고데모는 이 모든 것을 이해할 수가 없었다. "어찌 그러한 일이 있을 수 있나이까?"(9절) 그는 배우기 위해서 침묵해야만 했다. 이제 다른 진리들이 우리를 하늘과 연결시키기 위해서 소개될 것이다. 하지만 먼저 주님은 니고데모가 반드시 알아야만 하는 것, 즉 하나님이 이스라엘에게 주신 땅에 속한 약속들과 증거가 분명해질 필요가 있음을 보여주셨다. 그것은 이스라엘이 민족적으로 거듭나는 것이었으며, 물과 성령으로 나는 것이었다. 에스겔서 36장은 이에 대한 예언을 소개하고 있다.

"그러나 이스라엘 족속이 들어간 그 여러 나라에서 더럽힌 내 거룩한 이름을 내가 아꼈노라 그러므로 너는 이스라엘 족속에게 이르기를 주 여호와께서 이같이 말씀하시기를 이스라엘 족속아 내가 이렇게 행함은 **너희를** 위함이 아니요 **너희가** 들어간 그 여러 나라에서 더럽힌 나의 거룩한 이름을 위함이라 여러 나라 가운데에서 더럽혀진 이름 곧 **너희가** 그들 가운데에서 더럽힌 나의 큰 이름을 내가 거룩하게 할지라 내가 그들의 눈 앞에서 **너희로** 말미암아 나의 거룩함을 나타내리니 내가 여호와인 줄을 여러 나라 사람이 알리라 주 여호와의 말씀이니라 내가 너희를 여러 나라 가운데에서 인도하여 내고 여러 민족 가운데에서 모아 데리고 고국 땅에 들어가서 맑은 물을 너희에게 뿌려서 너희로 정결하게 하되 곧 너희 모든 더러운 것에서와 모든 우상 숭배에서 너희를 정결하게 할 것이며 또 새 영을 너희 속에 두고 새 마음을 너희에게 주되 너희 육신에서 굳은 마음을 제거하고 부드러운 마음을 줄 것이며 또 내 신을 너희 속에 두어 너희로 내 율례를 행하게 하리니 너희가 내 규례를 지켜 행할지라 내가 너희 조상들에게 준 땅에서 너희가 거주하면서 내 백성이 되고 나는 너희 하나님이 되리라 내가 너희를 모든 더러운 데에서 구원하고 곡식이 풍성하게 하여 기근이 너희에게 닥치지 아니하게 할 것이며 또 나무의 열매와 밭의 소산을 풍성하게 하여 너희가 다시는 기근의 욕을 여러 나라에게 당하지 아니하게 하리니 그 때에 너희가 너희 악한 길과 너희 좋지 못한 행위를 기억하고 너희 모든 죄악과 가증한 일로 말미암아 스스로 밉게 보리라 주 여호와의 말씀이니라 내가 이렇게 행함은 너희를 위함이 아닌 줄을 너희가 알리라 이스라엘 족속아 너희 행위로 말미암아 부끄러워하고 한탄할지어다."(겔 36:21-32)

즉 이스라엘 백성들은 그 약속의 땅에서 하나님이 약속하신 복을 누리려면, 물과 성령으로 거듭나야만 한다. 하나님의 생각에 따라서 정결해져야 하며, 하나님의 성령에 의해서 새롭게 되어야만 한다. 주의 말씀은 매우 단순하며, 완전할 뿐만 아니라 절대적이다. 왜냐하면 주님은 사람이 어떻게 하나님의 나라에 들어갈 수 있는지에 대한 진리의 토대를 놓고 있으며, 따라서 전적으로 새로운 생명을 받을 필요성을 천명하고 있기 때문이다. 거듭나는 것은 성령으로 나는 것이며, 성령으로 거듭나는 것이기에 성령의 본성에 참여하게 된다. 즉 "육으로 난 것은 육이요 영으로 난 것은 영이[다.]"(5절) 따라서 이스라엘의 선생으로서 니고데모는 이스라엘이 하나님이 주신 땅에 속한 복을 받으려면 새로운 변화가 필요하다는 것을 알고 있어야만 했다.

이것은 에스겔 선지자가 이 일에 대해서 예언하고 있는 방식과 주님의 교훈과 그 특징 사이에 놓인 차이점을 드러내주었다. 주님은 거듭남의 역사를 예언적으로 인용하시면서, 여호와의 은혜가 실제적으로 적용되는 것으로서 말씀하셨다. 그렇다면 모든 것이 제자리에 있게 된다. 하지만 주님은 또 다른 지식을 소개하셨다. 예언은 온전히 신적인 권위를 가지고 있다. 왜냐하면 선지자는 영감을 받은 대로 말했기 때문이다. 하지만 주님은 그 예언의 실체를 잘 알고 계시며, 그 본질을 꿰뚫고 계셨다. 주님은 절대적으로 하나님에게 필요한 것이 무엇인지를 말씀하실 수 있었다. 왜냐하면 주 예수님은 하나님이셨고 또 하나님에게서 오셨기 때문이다. 이것이야말로 하나님에게서 온 가르침이며, 값을 매길 수 없는 가르침이다. 우리는 진리를 본질적으로 아시는 분,

하나님에게 필요한 것이 무엇인지를 아시는 분을 통해서 배울 필요가 있다. 이것은 우리에게 누가 그리스도인인지를 말해준다. 주님은 친히 하나님을 통해서, 하나님의 본성을 따라서 하나님을 아는 지식을 가지고 계시며, 주님은 하나님의 본성에 참여하고 계신 분이시다. 따라서 이 모든 것을 (경험적으로) 알려면, 이 모든 영적 실체를 누릴 수 있으려면, 하나님의 본성이 필요하다. 하나님의 본성이 없다면 이 모든 것을 알 수 없다. 이 사실은 사람인 우리를 낙심시킨다. 하지만 주님은 자신이 알고 있는 것을 말씀하시며, 따라서 자신이 직접 본 것을 증거하신다. 주님은 하늘 영광에 대해서 말씀하실 수 있었고, 하늘 영광에 참여하는 데 필요한 것이 무엇인지를 말씀하실 수 있으셨다. 사람은 이러한 증거를 받아들이지 못했다. 인간의 마음은 그저 인간적인 것들만을 이해할 뿐이다. 하늘에 속한 일이나 신령한 일은 전혀 알 수 없다. 사람은 그처럼 하늘 일과 영적인 일에는 문외한이며, 어리석은 것으로 여길 뿐이다. 따라서 이러한 성령의 증거를 받아들인 사람이야말로 거듭난 사람들인 것이다(요 1:12,13).

이처럼 복된 진리에 대해서 조금 더 살펴보자. 그리스도 안에서 우리는 하나님을 온전히 계시하신 한 분을 알고 있다. 그분의 말씀은 그분의 본성을, 곧 하나님 자신의 본성을 드러내주었다. 주님이 하나님에게 속한 진리를 사람에게 말씀하실 때, 하나님이 주시는 복을 받으려면 사람 속에 무엇이 필요한지를 계시해주셨고, 거듭남을 통해서 새로운 본성을 주신 후에야 그것을 직접적으로 온전히 말씀하실 수 있으셨다. 그분의 말씀은, 자신이 아는 것을 신적 본성을 통해서 우리에게 알게 해주는 계시였다. 우리는 이제 완전한 빛 가운데서 하나님을 친히 대면하게 된다. 우리는 그저 진리에 속한 메시지만을 받은 것이 아니라, (물론 하나님으로부터 그러한 것을 받을 수 있다는 것만으로도 복된 일이지만) 하나님 자신에 대한 계시와 하나님의 본성 속에 있는 것을 받은 것이다. 그렇다면 하나님이 우리에게 주실 수 있는 복 가운데 가장 완벽한 것이 계시된 것이며, 완전하게 계시된 것이다. 바로 여기에 무엇보다 중요한 '새로운 본성'이 있다. 이 하나님의 본성이야말로 주님이 영원세계에서 보신 것, 하나님에게 속한 것들을 보게 해주는 실체인 것이다. 이것이 이 구절에서 특별히 표현하고자 하는 핵심이다. 그렇다면 이것은 필연적으로 증거하고자 하는 것들의 본질로 이끈다. 어느 선지자도 우리 주님이 말씀한 것처럼 "우리는 아는 것을 말하고 본 것을 증언하노라"(11절)고 말할 수 없었다. 하나님은 그들에게 미래에 속한 일들을 계시해주셨고, 백성들에게 메시지를 보내셨다. 그들은 이것 저것을 전달했다. 반면 그리스도께서는 자신이 아는 것을 선포하셨고 또 자신이 본 것을 증거하셨다면, 그 모든 것들은 필연적으로 하늘에 속한 일들이다. 물론 주님은 하나님에 대해서 선포된 것들을 다 알고 계셨다. 하지만 하나님이 말씀하시는 것을 이해하고 또 자신이 아는 것과 본 것을 받아들이는데 필요한 본성에 대해서 말씀하시면서, 주님은 땅의 일을 넘어 하늘의 일로 나아가셨다. 거기서 결론적으로 주님은 "하늘에서 내려온 자 곧 하늘에 있는 인자 외에는 하늘에 올라간 자가 없느니라"(13절, KJV)고 말씀하셨다. 누구도 하늘에 있는 말씀을 가져오기 위해서 하늘에 올라간 자는 없었다. 하지만 주님이 하늘로서 오셨다. 주님은 하늘에 있는 일들에 대해서 완전하게 말씀하실 수 있으셨다. 왜냐하면 주님은 영원 전에 그곳에 계신 분이셨고, 하나님이셨기 때문이다. 이러한 신성한 지식은 사람을 위한 지식이었다. 이러한 지식은 인자가 가지고 계신 것이었다. 하늘과 사람은 이렇게 그리스도의 위격을 통해서 연결된다. 그리스도가 없는 사람들은 - 물론 모든 사람이 여전히 그러하다 - 하늘의 일에 대해서 아무런 감각이 없는 가운데 지내게 된다. 하지만 이제 하늘에 속한 일들의 계시자로서 하나님의 위격으로 존재하는 분이 오셨다. 사람이 어찌, 비록 이스라엘의 선생일지라도, 새로운 본성에 속한 실체를 이해할 수 있단 말인가? 사람은 옛 본성으로 살아가는 존재일진대, (땅의 일을 아는 데에도 새로운 본성이 절대적으로 필요했을진대) 어찌 하늘의 일을 이해할 수 있을쏜가? 이 때문에 거듭남 외에 또 다른 진리가 필요했다. 하늘의 일에 들어가는 문을 열 수 있는 열쇠가 필요했다. 그렇다면 하늘의 일에 들어가는 문은 믿는 모든 사람들에게 열린 문이다. 그것은 거듭나는데 필요할 뿐만 아니라, 심지어는 땅의 일들과 더 넓게는 하나님의 경륜을 이해하는데 필요한 것이었다.

## 십자가 - 하늘의 일에 들어가는 문

인자께서는 - 예수님은 메시아 이상 이신 분이셨다 - 하나님의 계획과 사람의 필요 때문에 이 땅에서 배척을 받으시고 높이 들리셔야만 했다. 이렇게 들리는 일은 그리스도께서 세상에서 거절당하시는 것을 의미했다. 그리스도는 메시아로서 이스라엘에게 복을 주시는 분으로서만 자신의 자리에 앉으실 수 없으셨다. (이는 사람이 죄인이기 때문이다.) 그리스도는 사람들에게 "모세가 광야에서 뱀을 든 것 같이 인자도 들려야 하리니"(14절)라고 말씀하신대로 고난을 받으셔야만 했다. 살아있는 메시아 대신, 이스라엘은 자신들이 거절하고 죽음으로 내몬 인자를 소유하게 되었다. **이제 십자가는 사람을 치유하고 구원하는 능력이 되었다. 이제는 누구든지 그리스도를 믿는 사람은 멸망치 않고 영생을 얻을 수 있게 되었다. 이는 하나님이 세상을 사랑하셨기 때문이다.** 이제 엄청난 진리가, 이전에는 어느 누구도 이러 저러하다고 말할 수 없을 정도로 광대하신 하나님과 그 크신 은혜를 온전히 계시해주는 길을 열어젖혔다. 그것은 (단순히 예언된 약속을 이루는 정도가 아니라) **"그(인자)를 믿는 자마다 영생을 얻게"** 하시는 **하나님의 강력한 은혜의 역사였다.** 이것은 꼭 필요한 일이었다. 대속(代贖)이 이루어질 필요가 있었다. 죄인이 거룩하신 하나님 앞에 서려면 구속(救贖)이 반드시 성취되어야만 했다. 만일 하나님의 본성의 계시가 있고 또 사람이 그 본성에 참여함으로써 하나님 앞에 당당히 설 수 있으려면, 거기엔 거듭남 뿐만 아니라 대속이 반드시 필요하다. 만물의 후사가 되기 위해서 사람의 본성에 참여하신 사람으로서 인자께서는 (죄인인) 사람의 자리를 대신하시고, 광야에서 높이 장대에 달린 뱀처럼 높이 들리셔야만 했다. 그것은 인자께서 우리를 위해 죄가 되신 것이었다. 이로써 사람은 예수님을(즉 인자를) 보고 살 수 있게 되었다.

### 화목

거듭남은 사람의 필요를 충족시켜주지만, 그럼에도 거듭남은 진리의 한쪽 면에 불과했다. 사람이 만일 거듭나는데서 멈춘다면, 그들은 하나님의 거룩한 성품과 심판이 만나는 것을 보지만, 하나님은 거룩한 재판장으로서만 남게 될 것이다. 그렇다면 이것은 영혼에게 완전한 자유를 줄 수 없다. 우리 영혼에 자유를 가져다주는 것은 그리스도의 죽음이 가지고 있는 핵심 요소로서 바로 "화목"이다. 하지만 화목은 어떻게 이루어지는 것일까? 화목은 하나님이 세상을 이처럼 사랑하셨고, 하나님이 사랑 가운데 내어주신 하나님의 아들이신 인자께서 높이 들리셨기 때문에 이루어진 것이다. 하나님은 세상을 그처럼 사랑하셨다. 따라서 화목이 필요한 일이긴 했지만, 사랑이 이 모든 것의 원천이었다. 하나님의 본성에 따른 거룩성과 하나님의 공의로운 심판이 죄를 향하여 나타났다. 하지만 하나님의 사랑도 나타났다. 인자는 하나님의 아들이셨다. 따라서 아무리 흉악한 죄인일지라도 예수님을 믿을 때, 그는 영생을 얻게 된다. 이것은 사람에 대한 최종적인 시험이기도 하다. 따라서 우리는 계시된 하나님의 본성을 가지고 있다. 이중적인 사역이 이루어진 것이다. 이 사역은 사람을 거듭남을 통해서 소유하게 된 본성을 기뻐하게 해주고, 새로운 본성이 가지고 있는 그 모든 특징을 통해서 영광스럽게 해준다. 그렇다면 영생을 선물로 받는 일은 하나님의 사랑과 거룩성과 공의를 유지시키면서, 동시에 조화시키는 것으로 나타나고 있다. 이렇게 되는 것은 꼭 필요한 일이면서 동시에 복된 일이다. 하지만 은혜를 통해서 이루어진 이처럼 초자연적인 역사가 가지고 있는 완전한 특징은 여기서 다 소개된 것이 아니다. 앞으로 은혜로우신 주님의 도우심으로 이 주제를 전개하고자 한다.

### 부활

만일 인자가 들림을 받고 우리를 하나님에게로 인도하기 위해서 죽으셨다면, 생명은 어디에 있으며 또 어떻게 오는 것인가? 바로 부활을 통해서 온다. 이것은 우리를 또 다른 진리로 이끌어 간다. 만일 그리스도께서 부활하셨다면, 나도 죽은 자 가운데서 부활한 것이다. 나는 그리스도 안에서 이미 죽었다. 이것은, 우리가 앞으로 살펴볼 터이지만, 이중적인 특징을 가지고 있다. 나 자신을 아무 영적인 생명이 없는 존재로 보게 해준다. 즉 우리는 허물과 죄로 죽어 있었던 것이다. 아니면 나 자신을 죄와 육신 가운데 살아 있는 존재로 보아야 한다. 따라서 우리는 죄와 육신에 대해서 죽은 자가 되어야만 한다. 그리스도는 하나님의 나라에 들어가는데 필요한 새로운 본성에 대해서 말씀하셨다. 하지만 이때에는 어느 누구에게도 자신을 죽은 자로 여기라는 요청을 할 수 없으셨다. 그리스도는 신성한 본성이 무엇이며 또한 자신이 어떠하신 분이신지를 진술하는 가운데 그 신성한 본성과 하나님을 연결시키셨다. 그렇게 한 것은 자신이 알고 있는 것을 계시하시는 계시자로서, 그리고 사람을 신성한 본성에 참여하게 해주실 수 있는 자신의 위격에 적절한 것이었다. 이것은 실로 탁월한 부분이 아닐 수 없다. 하지만 우리의 영적 해방을 위해서는 또 다른 진리가 필요했다. 영적 해방은 주 예수 그리스도의 죽음과 부활과 연결되어 있기 때문이다. 우리는 그리스도를 우리의 생명으로 영접했다. 그리스도께서 죽으시고 부활하신 이후, 그리스도는 생명주는(life-giving) 영이시다. 그리스도께서 사시기에 우리도 산다. 그리스도는 우리의 생명이시다. 아버지와 함께 하시던 영생이 우리에게 나타났다. 죄인들을 이 점에서 공의롭게 그리고 하나님께 합당하게 참여시키고자 그리스도는 화목을 이루셔야만 했고, 십자가에서 죽으셔야만 했다. 그리스도는 죄에 대하여 단번에 죽으셨다. 이제는 부활을 통해서 살아나셨으며, 세세토록 하나님께 살아있다. 우리는 성령을 통해서 그리스도를 우리 마음에 영접하며, 생명을 소유하게 된다. "또 증거는 이것이니 하나님이 우리에게 영생을 주신 것과 이 생명이 그의 아들 안에 있는 그것이라 아들이 있는 자에게는 생명이 있고 하나님의 아들이 없는 자에게는 생명이 없느니라."(요일 5:11,12) 우리가 영접한 그리스도는 죽었다가 다시 사신 분이시며, 우리의 생명이시다. 참 나는 죄에 대해서, 더 이상 살아있는 존재가 아니다. "내가 그리스도와 함께 십자가에 못 박혔나니 그런즉 이제는 내가 사는 것이 아니요 오직 내 안에 그리스도께서 사시는 것이라."(갈 2:20) 우리 속에는, 죽은 자 가운데서 다시 사신 그리스도의 생명이 있다. 이것은 부활 안에 있는 생명의 능력이다. 우리는 믿음에 의해서 그리스도 안에서 살며, 그리스도로 말미암아서 산다. 그럼에도 육신이 함께 있다. 하지만 육신을 살아있는 것으로, 나 자신의 일부로 보지 않고, 다만 내가 승리해야만 하는 원수로 여긴다. 따라서 우리는 로마서 7장 5절에서, "우리가 육신에 있을 때에는", 로마서 8장 9절에서 "만일 너희 속에 하나님의 영이 거하시면 너희가 육신에 있지 아니하고 영에 있나니"라는 구절을 볼 수 있다. 많은 성경 구절들이 이 사실을 뒷받침해주고 있다.

이미 언급했지만 성경은 부활을 통해서 신적인 생명이 우리에게 두 가지 방법으로 온 사실을 밝히고 있다. 성경은 사람을 죄 가운데 살아있거나 아니면 죄 가운데 죽어있는 존재로 말하고 있다. 사람의 육신은 살아있을 뿐만 아니라 악에 대해서 활동적으로 살아있다. 반면 하나님에 대해서는 절대적으로 죽어있다. 자연인 속에 있는 영혼은 하나님을 향해서 조금의 미동조차 할 수 없다. 로마서는 전자를 설명하고 있다. 에베소서는 후자를 설명하고 있다. 이 두 가지가 합쳐져서 사람을 그리스도와 함께 살아난 존재로 제시하고 있다. 로마서는 우리가 그리스도와 함께 살아난 것에 대해서는 거의 다루고 있지 않고, 살짝 언급만 할 뿐이다. 로마서는 그리스도께서 아버지 하나님에 의해서 다시 살아나신 것에 대해서는 여러 차례 언급하고 있지만, 우리가 하나님을 향해 살아난 존재가 된 것에 대해서는 살짝 언급만 할 뿐이다. 에베소서는 이 주제에 대해서, 그리스도께서 죽었듯이, 죄인들이 죄 가운데 죽어있었지만(엡 2:1), 함께 살리심을 받았다고 말한다. 이것은 그리스도께서 높은 곳에서 영광스럽게 되셨고, 교회가 그리스도와 함께 연합된 사실에서 흘러나온다. 우리는 사람을 교리적으로만 죄 가운데 사는 악한 존재로 생각해서는 안된다. 하나님과의 관계 속에서 사람의 상태를 온전히 이해할 필요가 있다. 그렇다면 사람은 죄 가운데 죽어 있는 존재이다. 따라서 교회의 전체적인 상태는 그리스도를 다시 살리시고, 모든 신자를 영적으로 다시 살린 동일한 능력의 결과인 것이다(엡 1,2장).

로마서에서 그리스도는 죽은 자 가운데서 다시 살아나셨지만, 하늘에 오르신 분으로는 소개되고 있지 않다. (로마서 8장의 한 구절에서 다만 암시만 하고 있을 뿐이다.) 왜냐하면 로마서의 목적이 옛 상태에서 벗어난 사실을 보여주고, 생명과 칭의를 통해서 새로운 상태에 들어온 것을 설명하는데 있기 때문이다. 따라서 소망 외에는 영광스러운 결과에 대한 소개가 없다. 사람의 유죄성이 다양하게 입증되고 있다. 그리스도는 우리를 위해 죽으셨다. 하지만 그리스도는 우리의 칭의를 위해, 우리를 의롭다 하시기 위해서 다시 살아나셨다. 우리는 의롭다 함을 받았다. 죄에 대하여 죽고 하나님을 향해 살았다. 게다가 율법으로부터 해방을 받았다.

골로새서는 이러한 두 개의 교리 사이에 있다. 골로새서는 사람을 죄 가운데 살아있는 존재로, 그리스도인을 죄 가운데 죽었다가 그리스도와 함께 다시 살리심을 받은 존재로 본다. 하나님께로부터 날 때, 즉 거듭날 때 받은 새로운 본성은 우리의 영적 상태가 온전히 바닥을 드러내게 되면, 그 때에야 비로소 우리가 그리스도와 함께 죽었으며, 함께 다시 살아났을 뿐만 아니라 그리스도 안에서 하늘에 앉아 있다는 진리를 바라보게 된다.

이제 나의 목적은 생명을 가진 자로서 우리의 상태에 대한 것이다. 부활하신 그리스도께서 우리의 생명이신 사실을 기억하라. 속죄 사역이 우선적으로 이루어져야만 했다. 속죄 사역이 없다면 죄인은 결코 그리스도와 연합을 이룰 수 없을 뿐더러 하나님은 어느 누구에게도 생명을 주실 수 없다. 한 알의 밀이 한 알 그대로 있을 것이다. 그렇다면 생명이나 생명의 능력도 그리스도 안에 있지 않을 것이며, 모든 믿는 자에게 하나님의 의(義)를 주시는 일도 없었을 것이다.

하지만 구속 사역이 이미 완성되었다. 이제는 첫째 아담이 아니라, 그리스도께서 신자인 우리의 생명이시다. 그렇다면 이제 나는, 과거지사처럼 '내가 육신에 있었을 때에는'이라고 말할 수 있다. 나는 이제 육신에 있지 않고 성령 안에 있다. 자신의 죄와 책임 가운데 있었던 첫째 아담의 자리는 더 이상 하나님 앞에서 나의 자리가 아니다. 이제는 둘째 아담이 나의 생명이 되었다. 나는 나의 의로움이신 그리스도 안에 있다. 그리스도는 생명으로서 내 안에 계신다. 이제 나는 죄에 대하여 죽었다고 말할 수 있다. 나는 그리스도와 함께 십자가에 못 박혔다. 나는 예수 그리스도로 말미암아 하나님을 향하여 살아있다. "그가 죽으심은 죄에 대하여 단번에 죽으심이요 그가 살아 계심은 하나님께 대하여 살아 계심이니 이와 같이 너희도 너희 자신을 죄에 대하여는 죽은 자요 그리스도 예수 안에서 하나님께 대하여는 살아 있는 자로 여길지어다." (롬 6:10,11) 이것이 사도 바울이 로마서 6장에서 소개하고 있는 내용이다. "우리는 그의 죽으심과 합하여 세례를 받았다.]"(3절), "그의 죽으심과 같은 모양으로 연합한 자가 되었[으며]"(5절), 따라서 우리는 죄에 대하여 죽었다.

"우리가 그리스도와 함께 죽었으면 또한 그와 함께 살 줄을 믿노니"(8절) 따라서 (이미 언급했지만, 사도 바울은 이 모든 것의 기초만을 다룬 후에 이렇게 결론을 맺고 있다.) 우리는 그리스도 예수로 말미암아 하나님께 대하여는 살아 있는 자로 여겨야한다 (11절). 이제 갈라디아서에 보면, "내 안에 그리스도께서 사신 것이라"(갈 2:20)고 말하고 있다. "성령은 의(義)로 말미암은 생명이다."(롬 8:10) 그럼에도 로마서는 우리가 그리스도와 함께 살아난 존재로 말하고 있지는 않다.

이러한 교리가 가지고 있는 요소들에 주목해보자. 모든 것의 기초는 거듭남을 통해서 받게 된 '새로운 본성'에 있다. 우리는 죄에 대해서 죽으라는 부르심을 받지 않았다. 그러한 사상은 성경에 없다. 오히려 우리는 그리스도 안에서 살아난 존재로서, 죄의 모든 움직임(운동)을 죽이도록 부르심을 받았다. 이것은 죄에 대하여 죽는 것이 아니다. 우리는 죽었다가 다시 사신 그리스도 안에서 사는 사람이다. 따라서 우리는 이미 죽은 사람으로 보아야 한다. 우리 자신을 죽은 자로 여기도록 부르심을 받았다. 왜냐하면 우리 생명이신 그리스도께서 이미 죽으신 분이기 때문이다. "내가 그리스도와 함께 십자가에 못 박혔나니"(갈 2:20), "그리스도 예수의 사람들은 육체와 함께 그 정욕과 탐심을 십자가에 못 박았느니라"(갈 5:24), "너희 자신을 죄에 대하여는 죽은 자요 그리스도 예수 안에서 하나님께 대하여는 살아 있는 자로 여길지어다"(롬 6:11), "그의 죽으심과 같은 모양으로 연합한 자가 되었으면"(5절), "그의 죽으심과 합하여 세례를 받음으로 그와 함께 장사되었나니"(4절), "너희가 죽었고"(골 3:3) 이러한 내용들이 일관된 성경의 언어이다. 흔히 신자들이 하는 말 중에, '그리스도와 함께 십자가에 못 박혔다고는 하지만, 실상은 아직 죽지 않았을 뿐더러 죽었다 살았다 하는 상황을 반복하고 있다.'라는 모든 감상적인 말들은 이처럼 선명하고도 단호한 성경의 언어를 묵살하는 것이다. 그렇다면 우리도 성경의 언어를 따라 이렇게 말해야 마땅하다. "내가 그리스도와 함께 십자가에 못 박혔나니 그런즉 이제는 내가 사는 것이 아니요 오직 내 안에 그리스도께서 사시는 것이라." (갈 2:20) 우리는 이미 그리스도 안에서 죽었다. 이것이 성경의 교리이다.

갈라디아서, 로마서, 골로새서 등. 이 모든 성경이 한결같이 이 사실을 가르치고 있으며, 이것을 그리스도인에게 적용시키고 있다. 그리스도인은 육신 가운데 살았던 모든 체계로부터 완전히 벗어난 사람이다. 따라서 사도 바울은 "너희가 세상의 초등학문에서 그리스도와 함께 죽었거든 어찌하여 세상에 사는 것과 같이 규례에 순종하느냐?"(골 2:20)며 호소하고 있다. 그렇다면 이것은 (하나님께로부터 거듭난 자로서 새 생명을 받았기에) 이제 그리스도인으로 살아가야 하는 삶이다. 이는 그리스도께서 (세상에 대해서) 죽으셨고, 이제는 부활하신 분으로서 그리스도인의 생명이 되셨기 때문이다.

    에베소서는 이 보다 한 단계 더 나아간다. 에베소서는 그리스도를 복된 사랑과 경건 가운데 살아계신 분으로 보는 것처럼 사람을 죄 가운데 살아있는 존재로 보지 않는다. 다만 사람을 죄 가운데 죽어있는 존재로 보며, 그리스도는 우선적으로 죄로 인해서, 죄에 대하여 죽으신 분으로 본다. 즉 사도 바울은 사람은 죄로 인해서 사망의 구덩이와 무덤에 떨어진 존재로, 그래서 그리스도께서 은혜로, 사람이 죄로 인해서 떨어진 그 자리에까지 내려오신 분으로 본다. 따라서 그리스도는 유죄상태에 떨어지게 한 죄를 제거하고, 그러한 상태에서 구원하실 뿐만 아니라 그 상태에서 건져내심으로써 우리를 구속하기 위해서 오신 것이다. 하나님은 둘(그리스도와 그리스도인) 모두를 동일한 능력으로 그 자리에서 일으키셨다. "그의 힘의 위력으로 역사하심을 따라 믿는 우리에게 베푸신 능력의 지극히 크심이 어떠한 것을 너희로 알게 하시기를 구하노라 그의 능력이 그리스도 안에서 역사하사 죽은 자들 가운데서 다시 살리시고 하늘에서 자기의 오른편에 앉히사"(엡 1:19,20) "긍휼이 풍성하신 하나님이 우리를 사랑하신 그 큰 사랑을 인하여 허물로 죽은 우리를 그리스도와 함께 살리셨고"(엡 2:4,5) 그 결과 우리는 "그가 만드신 바라 그리스도 예수 안에서 선한 일을 위하여 지으심을 받은 자"(10절)가 되었다.

요한복음 3장이 우리가 받은 새로운 생명의 본성을 가르치고 있다면(영으로 난 것은 영이라는 말은 도덕적으로 말하자면 그 본성을 의미한다), 에베소서는 우리의 범죄한 것 때문에 내어줌이 되고, 전에 죄에 대하여 죽으셨다가 다시 살아나신 그리스도의 생명을 새로운 생명으로 소유함으로써 들어가게 된 우리의 자리(위치, 신분)를 가르치고 있다. 그렇다면 이것이 죄(sin)에 대한, 그리고 하나님에 대한 우리의 관계에 미치는 결정적인 효과는 무엇일까? 로마서는 갈라디아서와 마찬가지로, 우리가 그리스도와 함께 죽었으며, 따라서 죄(sin)에 대하여 죽은 자로 여겨야 할 것과 우리 옛 사람이 그리스도와 함께 십자가에 못 박힌 것을 가르치고 있다. 하지만 우리는 하나님을 향해 살아있다. 사는 것은 우리가 아니라, 우리 속에 사시는 그리스도이시다. 골로새서는 우리가 그리스도와 함께 죽었으며, 그리스도와 함께 살아난 것과 범죄와 육체의 무할례로 죽었던 우리를 하나님이 그리스도와 함께 살리시고 우리의 모든 죄를 사해주신 것을 가르치고 있다. 그리스도와 함께 죽은 자 가운데서 일으키시고 생명의 새로움 속으로 넣어주신 것이다. 그리스도의 죽음이 가지고 있는 복된 효력을 따라서 우리가 지은 모든 죄들(sins)을 용서해주셨고, 우리가 살았던 죄(sin)의 상태에서 건져주셨다. 이 모든 것은 그리스도의 죽음이 가지고 있는 효력에 기반한 것이다. 이 마지막 요소가 에베소서에서 완전하고도 총체적으로 설명되어 있으며, 그리스도와 함께 살리심을 받고, 그리스도를 살리신 동일한 권능으로 죄의 사망 상태에서 일으킴을 받은 사실이 나타나 있다. 이것은 단순히 신적인 본성이 우리의 생명이 된 사실을 말하는 것(거듭남)이 아니라 우리가 죄에 대하여 죽었고, 하나님께 대하여 살아났다는 것(그리스도와의 연합)을 말해준다. 다시 살리심을 받았고, 죄 사함을 받았으며, 용납되었고, 그리스도께서 다시 살았기 때문에 새로운 상태로 들어갔으며, 그리스도 안에서 하늘에 있는 처소(in heavenly places)에 앉아 있다. 이제 우리에게 주어진 본성(신의 성품)은 신성한 것이며, 최고로 탁월한 것이다. 죽음과 부활을 통해서 받게 된 것이며, 우리를 그리스도와의 연합을 이루는 토대를 놓은 것이며, 이를 통해서 우리의 총체적인 상태는 변화되었다. 우리는 하나님 때문에, 믿음 때문에, 더 이상 옛 사람 가운데(즉 옛 사람이 끌고 가는 대로) 사는 존재가 아니다. 우리는 더 이상 그 가운데 있지 않다. 우리는 옛 사람을 벗어버렸다. (이는 우리가 새 생명을 소유하고 있고 또 새 생명으로 사는 자가 되었기 때문에 믿음을 통해서 그렇게 여길 때) 옛 사람은 죽고 끝난다. 우리는 그리스도 안에 있으며, 그리스도는 우리의 생명이시다. 내가 그리스도 안에서 사는 것, 그리고 그리스도께서 내 안에 사시는 것은 하나님을 위해 사는 것이다. 우리의 위치는 더 이상 첫째 아담 안에 있지 않다. 우리는 첫째 아담 안에 있는 모든 것에 대해서 죽었다. 우리는 마지막 아담이신 주 예수님 안에서 살아 있으며, 지금 주 예수 그리스도께서 하나님 앞에서 사시는 것과 같은 열납을 받는 위치에 있다.

이와 같이 요한복음 3장은 우리가 하나님에게서 받은 생명이 가지고 있는 내적인 탁월성을 가르친다. 따라서 그 생명은 이제 그리스도께서 말씀하고자 하시는 아는 것, 즉 신성한 일들과 직접적으로 연결되어 있으며, 하나님 자신에게 합한 사람이 되려면 우리는 하나님에게 온 새로운 본성을 소유해야 될 필요성을 보여준다. 따라서 그리스도께서 자신이 아는 것을 말씀하시는 것은 지극히 큰 관심을 두어야 할 사안이다. 이것은 신성한 하나님의 경륜에 속하는 것들을 직접적으로 계시해주는 것이기 때문이다. 이 생명은 육신과는 대조적인 본성과 기원을 가지고 있다. 이 생명이 가진 우월한 특징과 탁월성은 요한서신서에서 보다 명확하게 소개되어 있다. 에베소서는 결과적으로 "우리로 사랑 안에서 그 앞에 거룩하고 흠이 없게 하시려[는]"(엡 1:4) 하나님의 뜻을 확증하고 있다. 에베소서는 그러한 상태와 조건 속에서 펼쳐지는 새로운 생명에 대한 보다 풍성한 그림을 그려주고 있다. 그리스도께서 죽으셨기 때문에 그리스도의 생명 안에서 사는 우리는 죄에 대하여 죽었고, 그리스도 안에서 살았기 때문에 옛 사람과는 전혀 동떨어진 새로운 생명으로 살 수 있게 되었다. 우리는 더 이상 육신 안에서 살지 않는다. 우리는 죽었고, 다시 살아났다. 중생한 사람은 죽었고 다시 산 사람이다. 이는 우리가 그리스도를 생명으로 영접했기 때문이다. 이는 아담을 떠나는 것이며, 그의 본성과 열매, 정죄, 죽음, 그리고 심판을 뒤로 하는 것이다. 이 모든 것에서 해방을 받은 자로서 하나님 앞에서 그리스도께서 열납을 받은 것처럼 공의롭게 열납을 받는 자리에 있다. 두 가지 본성은 둘 다 내 안에 있다. 그럼에도 나는 육신에 있지 않다. 나는 죽었다. 나는 다시 살았다. 나는 부활하신 그리스도 안에서 열납되었다. 나는 신적인 본성에 참여한 자가 되었고, 하나님 안에서 그 충만함을 누리고 있다.

# 제 1부
# 거듭남의 진리

## 제 2장 생명과 영생

우리는 기독교를 믿는다. 철학자들이 말하는 미래 생명에 대한 생각은 그들이 가치있게 생각하는 것이 무엇인지를 보여준다. 예를 들어 마담 드 가스파랭의 사상은 얼마나 역겨운 것인지 모른다. 한 가지 주목할 만한 사실은, 오늘날 고대 이교도사상이 얼마나 급속하게 부흥하고 있는가 하는 점이다. 램버트는 불교도였다. (기억이 정확한지 모르겠지만, 어쩌면 브라만교도일지도 모른다.) 불교에는 세 개의 고차원적 세계가 존재한다는 것 외엔 달리 위험성은 없어 보인다.

가스파랭의 모든 사상은 끔찍스럽고 말도 안되는 억지투성이에 불과하다. 그리스도인의 영적인 환희, 형제 사랑, 예수님이 들어가신 천상의 세계, 새 사람 속에서 뿜어져 나오는 신적인 기쁨, 천상의 세계를 이루고 있는 모든 요소들은 철학의 세계 밖에 있으며, 철학자들에겐 알려지지 않았다. 그리스도인은 이 세상보다는 저 세상에 더욱 편안함을 느낀다. 세상 철학자들에게 새 생명에 대한 개념은 없는 듯 하다. 이에 반해 하늘은 그리스도인에게 자연스럽기 그지없다. 따라서 철학적인 영성주의자들의 개념은 틀렸다. 철학적 개념의 인격체로서 '나'는 기억을 필요로 하지 않는다. 그들에게 '나'는 기억체가 아니다. '나'는 다만 의식에 불과하다. 기억체가 아니라 지속체인 것이다. 나는 사실들을 기억하며, 기억들은 현재의 나를 존재하게 해준다. 이로써 나는 그저 어느 시간에 존재할 뿐이다. 지금까지 내용은 그들의 이론을 가능한 간단하게 표현해본 것이다. 현재의 나 - 다른 것은 없다 - 는 어제가 만들어낸 현재이다. 과거 시간 속에서 나를 돌아보면, 나의 의식은 다른 사람들을 본다. 물론 나는 그 사실들 때문에 그것이 나 자신인줄 알지만, 그것은 다만 기억을 통해서 현재적 나의 의식 속에 투영된 것뿐이다. 나는 그것이 동일하다고 의식한다. 왜냐하면 내가 그 사건들을 알고 있다는 것은 그 사건들 속에 나의 존재감이 있기 때문이다. 만일 그곳에 한 개인 영혼으로서 내가 있다면, 과거 모든 기억들이 사라 진다해도, 나는 계속 존재하는 것이 분명하다. 의식적인 자아 정체성은 환경에 따라, (몽유병 환자처럼) 그에 대한 지식을 잃어버릴 수 있지만, 그 나는 동일하다. 분명 하나님은 최고의 지적인 존재이다. 다만 원인에 불과하다는 것은 말도 되지 않는다. 거기엔 분명 이 인격체의 의지와 능력을 동반한 행동이 있기 때문이다.

만일 어떤 사람들이 주장하듯이 사람이 사는 것이 아니기 때문에, 그리스도 안에 있는 영생도 불멸하는 것이 아니라고 할 것 같으면, 그러한 주장은 지금 자신도 살고 있는 것이 아니라고 억지를 부리는 것과 같다. 그러한 주장은 일고(一考)의 가치도 없다. 하지만 나는 영생을 사람이 죽은 이후에 사는 삶이라는 의미로 사용하고 싶지 않다. 성경에서 말하는 영생은 전혀 그런 것이 아닐뿐더러, 누가 영생은 이런 것이다 혹은 저런 것이다는 식의 논쟁을 통해서는 아무 것도 확증할 수 있는 것이 없다. 다른 것들을 통해서는 내가 지금 살고 있는 것을 입증할 수 있지만, 그리스도 안에 있는 영생은 그런 식으로 입증하지 못한다. 왜냐하면 만일 사람이, 영생이란 것은 없기에 생명이란 것도 없다는 것을 논리적으로 설명할 수 있을지라도, 그것은 그가 그리스도인이 아니기 때문에 그에겐 영생이 없다는 것만을 입증할 뿐이기 때문이다. 만일 사람이 지금은 영생을 소유하지 않지만 생명을 가지고 있는 한, 언제라도 영생을 소유할 수 있다. 그렇다면 생명의 존엄성의 문제와 얼마나 오래 사는가가 중요한 관건이 된다. 나의 인간 존재에 대해서 확실히 소멸하는 상태일 때, 즉 내가 불멸이 아니라 소멸하는 생명일 때에도, 나는 영생을 가지고 있을 수 있다. "영원한"이라는 단어는 사람으로서 나의 존재 상태에는 적용되지 않는다. 왜냐하면 나는 소멸하는 상태에 있기 때문이며, 그럼에도 이러한 소멸 상태에서도 나는 영생을 소유하고 있을 수 있다. 불멸하는 상태에 있을지라도 그럼에도 영생을 소유하고 있지 않을 수도 있다. 바로 천사들의 경우, 그들은 우리가 그리스도 안에서 영생을 가지고 있는 것처럼 영생을 소유하고 있지 못하지만, 그럼에도 그들은 영원히 사는 존재이다. 과연 그들이 영원히 살지 못하거나 혹은 더 이상 존재하지 않을 수 있는가? 이것이 여기서 제기하는 질문이다. 사실 영혼이 자연세계에서 특별한 존재일진대, 몸이 부패해서 썩어 없어진다거나 혹은 감각 기관 혹은 체계가 중단된다는 것은 영생의 본질에 아무런 영향을 끼치지 못한다. 영생의 본질로부터 시작해서 영생의 삶은 어떤 모습으로 혹은 어느 정도의 기간까지 존재하는 것인가에 이르기까지 모든 논쟁은 아무 것도 입증할 수 없는 소모적인 논쟁에 불과하다.

생명이란 하나의 존재로서, 자신이 처한 입장(신분, 위치)에서 삶을 누리는 것이다. 그렇다면 인간 속에 있는 생명은 인간이 여기 이 땅에서 누리는 삶을 가리키며, 인간이 들어간 위치에서 하나님과의 관계를 누리는 것이다. 죄는 두 가지 모두를 파멸시켰다. 우리는 하나는 잃고 하나는 지킬 수 있으며, 하나는 구하고 다른 하나는 잃어버릴 수 있다. 문자적인 의미에서 죽음은 이 땅에서의 생명의 누림을 종결시킨다. 더 정확하게 말하자면, 누릴 수 있는 능력이 파괴되는 것이다. 죄로 인해서 훨씬 많은 것들이 파괴되었지만, 구속을 통해서 훨씬 많은 복을 얻을 수 있게 되었다. 그 구속의 결과로 우리는 하나님과의 관계에 있어서 훨씬 고차원적인 위치에 들어가게 되었고, 풍성한 삶을 누릴 수 있게 되었다.

죄는 인간을 하나님에게서 분리시켰으며, 하나님을 더 이상 기쁨의 원천이 아닌 존재가 되게 만들었다. 그렇다고 인간의 책임조차 없어진 것은 아니었다. 다만 인간은 하나님을 누릴 수 있는 인간 영혼의 상태에서 끊어졌고, 책임의 문제에서 두려움만 남게 되었다. 인간은 자신보다 못한 것 속에서 기쁨을 찾게 되었고, 자신이 책임을 져야 하는 분에 대해서 미움을 가지게 되었다. 이제 "생명"은 이러한 측면과 사망 모두에 관여하고 있다. "향락을 좋아하는 자는 살았으나 죽었느니라"(딤전 5:6)는 말씀처럼, 우리는 살아있는 동안에도 사실상 "죄와 허물로 죽어있다."(엡 2:1)

일반적으로 사망은 누릴 수 있는 능력을 박탈당하는 의미로 사용되곤 하지만, 사실 사망은 법 집행에 의해서 사법적으로 하나님에게서 분리되는 것을 의미한다. 아담이 일단 자신의 의지와 정욕을 충족시켰을 때, 그는 하나님을 향하여 죽게 되었다. 비록 그가 얼마간 그러한 욕망을 즐기며 살 수 있게 되었지만, 그는 하나님에 대해 죽은 것이다. 그래서 생명나무를 누리며 살아갈 수 있는 이 세상에서의 삶의 자리에서 사법적으로 쫓겨나게 된 것이다. 인간은 육체적으로 사망 아래 놓이게 되었고, 죽을 운명에 처했으며, 하나님을 향해서 죽었다. 그리고 율법이 들어왔고, 율법은 여기 이 땅에서 하나님을 누리는 삶을 살려면 어떻게 해야 하는지를 제시해주었다. 낙원에서 아담과 하와에 대한 심판은 아담에겐 평생 수고하는 삶을, 하와에겐 생명을 해산하는 고통을 가져다 주었다. 그들이 쫓겨난 것은 또 다른 문제였다.

율법에 약속된 삶은 하나님을 누리는 삶에 대한 것이긴해도, 이 세상 밖에서는 필요치 않은 것이었다. 하나님을 위해서 창조된 인간이 이 땅에서 풍성한 삶, 완전히 충족된 기쁨의 삶을 살기 위해서는 하나님과 함께 하는 삶이어야만 했지만, 우리가 (육체적으로) 살아있는 동안에도 우리는 (영적으로) 죽어 있게 되었다. 따라서 실제 육체의 죽음은 하나님이 없는 상태에서 누림을 끝내는 것이며, 책임의 문제와 연결되어 있는 심판의 자리에 앉게 하는 것이다. 이 심판의 자리에서는 사람이 지은 죄들의 문제와 생명의 의(義)가 없는 것을 다룬다. 사실 이 둘은 함께 간다. 그리스도는 생명이시며 또한 그리스도는 우리를 위한 의로움(righteousness)이시다. 따라서 내가 "죄의 삯은 사망"이라고 말할 때, 사망은 육체의 죽음만을 가리키는 것이 아니라, 하나님에게서 영원히 분리되는 것도 포함하고 있다. 사망이 실제적으로 이루어질 때, 그것은 영혼에 영원한 사망이 된다. 따라서 성경이 "너희가 육신대로 살면 반드시 죽을 것이로되"(롬 8:13)라고 말했다면, 그것은 이 땅에서 삶의 끝이 아니라 영혼 속에 모든 누림의 손실을 의미하게 된다. 우리는 이미 하나님 없는 상태에 있으며, 여기 이 세상에서의 삶과 연관된 모든 것을 잃어버렸다. "영으로써 몸의 행실을 죽이면 살리니"(롬 8:13) 이 구절은 우리가 육체적인 죽음을 당하지 않을 것이란 뜻이 아니라, 더 높은 수준에서 영혼의 누림을 가지게 될 것을 의미한다. 그렇다면 이것은 분명 새로운 피조물이 된 결과이며, 우리로 하여금 신적인 생명, 하늘 영역에 있는 생명으로 이 땅에서 살아가게 된 것을 의미한다.

전체적인 문제는, 내가 여기 이 땅에서의 삶 혹은 하나님과의 관계를 생각해야 한다는 것이다. 그리스도만이 우리에게 생명을 주시며, 이미 이 땅에서 하나님과 함께 하는 삶을 기뻐할 수 있는 능력을 주신다. 믿음에 의한 구원을 통해서 우리는 태어날 때 받은 자연적 생명에 속한 영역을 벗어나게 된다.

율법은 일반적으로 순종의 결과에 따라서 생명을 제안했다. 하지만 생명과 불멸은 복음을 통해서 드러났다. 우리는 복음을 믿은 결과로 하나님의 생명을 소유하고 있으며 또 하나님을 기뻐하고 있지만, 그럼에도 우리는 아직 신적인 생명이 속한 장소에 있지 않고 다만 자연적 생명이 속한 장소, 곧 하나님이 없는 파괴된 장소에 있다. 하나님이 생각하시는 영생(Eternal life)은 새로운 피조물이 속해 있는 (하늘)영역에 있으며, 그리스도와 같이 되는 것이며, 그 형상을 본받는데 있다. 따라서 우리는 그리스도께서 나타나실 때 그리될 것이다. 그리스도를 생명으로 받아들일 때 지금 우리는 영생을 소유하게 되지만, 그럼에도 본래 영생의 영역과는 다른 이국적인 영역에서 소유하게 된다. 천년왕국에 들어가는 사람들은 생명을 가지고 있고 또 그 생명과 연결된 땅에 속한 신적인 복을 소유하고 있다. 천년왕국 시대에 태어난 사람들은 땅에 속한 복에 참여할 것이지만 영생을 소유하고 있지 않기에 타락할 수 있다. 그렇다면 천년왕국에 들어간 사람들 속에 있는 생명도 생명의 충만한 상태는 아니다. 비록 천년왕국이 전쟁상태가 아니라 평강상태이며, 그리스도께서 거기에 나타나실 지라도, 그 때에 불멸의 생명을 받는 사람은 없다. 누가복음 9장에서 우리는 모세와 엘리야, 제자들, 그 외에 구름이 있는 것을 볼 수 있다. 영생은 누림의 영역에 속한 것일 뿐만 아니라 또한 누림의 능력 그 자체이며, 단순히 그 영역에 들어가는 것만이 아니라, 그 지극히 높으신 분과의 사귐에 그 본질이 있다. 즉 "영생은 곧 유일하신 참 하나님과 그가 보내신 자 예수 그리스도를 아는 것이[기]"(요 17:3) 때문이다.

나는 요한복음과 요한서신서들을 차례로 읽을 필요가 있다고 본다. 요한서신서는 복음서가 다루고 있는 그리스도의 피에 대한 내용을 훨씬 넘어선다. 가장 중요한 요소는 빛과 생명이다. 사람들의 빛이었던 생명을 사람들은 받지 못했다. 그래서 그리스도께서 십자가에 높이 달리셔야만 했다. 이는 사람으로 "멸망하지 않고 영생을 얻게 하려[는]"(요 3:16) 것이었다.

그 다음 요한복음 13장으로 가보면, 우리는 물로써 깨끗하게 씻는 것을 볼 수 있다. 이것은 하늘로 가신 그리스도와의 사귐(companionship)을 위한 것이었고, 이 세상을 떠나 아버지께로 가시는 그리스도와의 고별의식이었다. 이때로부터 우리는 그리스도 안에 거하는 삶, 상태와 생명의 문제, 열매를 맺는 삶, 그리고 보혜사 성령을 보내주실 것에 대한 약속을 받게 된다. 아버지와 세상에 대한 그리스도의 자리가 우리의 자리가 된 것이다.

빌라도 앞에서 주님은 이스라엘의 왕이자 하나님의 아들이라는 시편 2편에서 예언한 유대적인 입장에 서계셨지만, 유대인들은 그리스도를 거절했다. 그리스도는 그들의 왕이셨지만, 그들은 "가이사 외에는 우리에게 왕이 없나이다"(요 19:15)라고 말했다. 겟세마네와 십자가에서 우리는 그 두 가지 특징을 가지고 계신 주님을 보게 되고, 거기에서 주님은 자기 생명을 다시 얻고자 기꺼이 버리신다. 요한복음 20장에 보면, 우리는 예표적으로 현재적 시기가 도마의 때까지, (즉 이스라엘 민족이 오랜 세월 동안 불신 상태에 빠져 있는 것이) 지속되는 것을 보게 되며, 이후 남은 자들이 (재림하시는 그리스도를 중심으로) 모인 이후에 천년왕국이 시작되며, 베드로와 요한의 섬김으로 끝나는 것을 볼 수 있다. 그렇다면 현재적 시기는 바울의 봉사로 남겨진 것이 된다.

이제 주목해야 할 것은 영생(eternal life)과 깨끗케 하는 일이 서로 연결되어 있다는 것이다. 하늘로서 내려오신 그리스도는 자신이 아는 것을 말하고 본 것을 증거했다. 그리스도는 아버지와 함께 했던 영생이셨으며, 하늘에 있는 인자로서 이 땅에 나타나신 분이셨다. 그리고 이제 요한복음 13장의 깨끗하게 씻는 것에 이르게 되었을 때, 제자들은 이 세상을 떠나 아버지에게로 돌아가시고 또 자신을 보내신 하나님에게로 돌아가시는 그리스도와 고별의 시간을 가지는 것을 보게 된다. 그리스도는 자신이 가시는 곳을 고려해서 제자들을 씻기셨다. 게다가 자신을 거룩하게 하심으로써 우리로 하여금 진리로 성화되도록 하셨고, 성령님은 그리스도의 것을 가지고 우리에게 보여주심으로써 우리로 "주의 영광을 보고 주와 같은 형상으로 변화하여 영광에서 영광에 이르니 곧 주의 영으로"(고후 3:18) 말미암도록 하셨다. 따라서 "우리 주 예수께서 그의 모든 성도와 함께 강림하실 때에 하나님 우리 아버지 앞에서 거룩함에 흠이 없게"(살전 3:13) 하실 것이다. 그렇다면 요한일서 3장 2,3절 "사랑하는 자들아 우리가 지금은 하나님의 자녀라 장래에 어떻게 될 것은 아직 나타나지 아니하였으나 그가 나타내심이 되면 우리가 그와 같을 줄을 아는 것은 그의 계신 그대로 볼 것을 인함이니 주를 향하여 이 소망을 가진 자마다 그의 깨끗하심과 같이 자기를 깨끗하게 하느니라."는 구절을 보라. 이제 요한복음 13장의 교훈은 우리의 상태와 위치에 대한 것이다. 아들 안에서 아버지를 계시하심으로써, 우리로 그리스도께서 가신 곳과 그 길을 알게 하며, 성령께서 오신 것은 우리로 그리스도에게 속한 것들을 알게 하고, 우리가 그리스도와 연결되어 있는 것, 즉 우리의 위치(신분, 자리)를 알도록 하기 위한 것이었다.

우리는 세상 죄를 지고 가는 하나님의 어린양\*이시며, 또한 성령으로 세례를 주시는 분을 영접했다. 그럼에도 우리는 거듭나야만 했다. 심지어 십자가는 "영생을 얻게 하려는" 것이었고(요 3장), 주님의 살을 먹고 피를 마시는 것은 주님으로 말미암아 살게 하려는 것이었다(요 6장). 우리는 생명을 가지고 있고, 우리 생명이 속한 영역을 위해서 (물로) 깨끗함을 받는 것을 필요로 한다. 이것은 죄들을 감당하는 것도 아니고, 의롭다 함을 받는 것도 아니고, 피로써 구속함을 받는 것도 아니다. 그러한 것은

---

\* 세상 죄(the sin of the world)를 지고 가는 하나님의 어린양은 신자들이 지은 죄들을 해결하는 측면이 아니라, 죄 문제를 총체적으로 해결하는 측면을 가리킨다.

옛 생명과 육신이 맺은 열매에 속한 것들이며, 사실 우리 자신에게 속한 것들이다. 우리는 우리 생명을 위해서 죽으신 그리스도의 죽음을 믿고 있다. 그리스도는 사랑을 인해서 자신의 양떼인 우리를 위해서 죽으셨다. 그렇게 하지 않았다면 홀로 계실 수밖에 없었을 것이다. 하지만 이제 많은 열매를 맺을 것인데, 그것은 아버지께서 사랑하신 결과였다. 왜냐하면 그리스도께서 생명을 버리신 것은 다시 얻기 위함이었기 때문이다. 이 모든 것은 우리가 이미 언급하고 다룬 내용들을 재차 보여주는 것일 뿐이다.

하지만 요한서신서는 다른 내용을 다루고 있다. 구속의 의미를 확대시키는 것도 없고, 칭의 혹은 우리를 하나님 앞에 들어가게 해준 것에 대한 설명도 없다. 다만 여기 세상에서 살아가는 동안 "아버지와 그의 아들 예수 그리스도와 더불어"(요일 1:3) 누리는 사귐이 주제이다. 우리 속에 있는 생명과 그 참된 성격이 최우선적인 주제이긴 해도, 사귐 또한 중요한 주제이다. 사귐을 누리는 동안에도, 우리는 그리스도의 보혈을 필요로 한다. 거듭난 사람이 부정해졌다면 보혈의 능력을 새롭게 입어야 한다. (거듭난 일이 없는) 유죄상태인 사람은 그럴 수 없다. 따라서 서신서의 주제를 언급한 후에(요일 1:1-4), 사도 요한은 하나님의 본성에 합당한 것이 무엇인지에 대해서 말한다. 우리는 반드시 하나님의 본성에 합당하게 행해야 한다. 하나님이 빛 가운데 계신 것 같이 우리도 빛 가운데 행할 때, 하나님의 본성에 속한 것을 누릴 수 있기 때문이다. 우리는 하나님이 빛 가운데 계신 것같이 빛 가운데 행함으로써 서로 사귐을 가질 수 있고, 그 피가 우리를 모든 죄에서 깨끗하게 할 것이다. 여기선 물이 아니라 피가 언급되었다. 이는 그리스도께서 "물로만 아니요 물과 피로 임하셨[기]"(요일 5:6) 때문이다. 이것은 복음서에서 증거되었다. 여기서는 깨끗케 하는 것, 하나님의 호의, 죄 사함이 언급되고 있고, 화해와 법적인 의로움에 대해서는 언급되고 있지 않다. 이 사실을 로마서 4장과 비교해보라. 이는 만일 의롭다 함을 받은 일이 없었다면, 죄 사함도 받을 수 없기 때문이다.

우리는 죄 없다고 말할 수 없으며, 죄를 범하지 않았다고 말할 수도 없다. 우리는 죄를 자백함으로써 죄 사함을 받고 또 불의에서 깨끗함을 받는다. 이렇듯 교통(사귐)을 회복시켜주는 그리스도의 변호는 화목을 이루신 의로우신 분에게 속한 일이지만, 이 모든 것은 사귐과 교통에 관한 일이다. 이 일은 하나님을 향하여, 그리고 하나님의 본성에 따라서 이루어진다. 죄 사함은 행정적인 측면에서 받게 되며, 실제로는 자백에 의해서 된다. 모든 그리스도인의 죄들은 구속과 법적인 전가에 근거해서 용서된다.

사랑은 하나님께서 그 아들을 우리의 죄들을 위한 화목제물로 보내신 것으로 나타났지만, 사실 사랑은 우리를 하나님 앞에서 교통을 나누기에 적합한 존재로 만드는 결과를 내었다. 사랑은 "주께서 그러하심과 같이 우리도 이 세상에서 그러하[게]"(요일 4:17) 된 결과를 만들어냄으로써 완전케 되었다. 그 외에도 이 생명은 죄로 물든 생명과는 대조를 이루고 있다. 이제 성령과 물과 피, 모두가 증거하는 것은 영생은 아담 안에 있지 않고, 아들 안에 있으며, 하나님의 선물이라는 것이다.

이제 생명이 요한복음에서 어떻게 제시되고 있는지 살펴보자.

**요한복음 1장.** 우선적으로 예수님 안에 생명이 있었다. "그 안에 생명이 있었으니 이 생명은 사람들의 빛이라"(요 1:4) 하지만 "빛이 어둠에 비치되 어둠이 깨닫지 못[했다.]"(요 1:5)

**요한복음 2장.** 요한복음 2장은 생명의 유대적인 특징을 보여 주고 있다. 주님이 인자로서 재림하실 때 혼인잔치의 기쁨을 그리고 있다.

**요한복음 3장.** 요한복음 3장은, 거듭남을 통해서 우리 속에 있게 된 생명의 본성을 보여준다. "영으로 난 것은 영이니"(6절) 이것은 또한 하나님의 말씀에 의한 실제적인 정결을 의미한다. 그리고 나서 십자가가 등장한다. 그래서 "인자도 들려야 하리니"(14절)와 하나님이 독생자를 주신 것이 나온다. 이상의 내용들은 하늘의 일에 대한 도입 부분으로서, 주께서 보고 들은 것을 증거하시는 일과 연결되어 있다. (그렇다면 주님이 말씀하신 땅의 일은 하나님 나라의 일인 것이다.) 주님이 (영원 세계에서) 보고 들은 것을 증거하시는 것, 그것이 영생이며 이 땅에서 펼쳐지는 하나님의 말씀이다. 모든 것이 아들의 손에 맡겨졌다.

**요한복음 4장.** 요한복음 4장에서 유대교는 버림을 받았다. 아버지께서는 예배하는 자들을 찾으시며, 하나님을 예배하는 자는 영과 진리 안에서 예배해야 한다. 예배는 새로운 하나님의 선물이다. 그리스도는 삼위일체의 제 2위격이시며, 완전한 겸비 가운데서 물 한 모금에 의존하고 계신다. 세상을 창조하신 주님으로서 낯선 사람대접을 받으시지만, 오히려 생수를 주신다. 생수는 성령 안에 있는 생명의 능력(그리스도 예수 안에 있는 성령의 법)이며, 우리 속에 있지만 그 본래 주어진 장소를 향해 솟아나는 특징을 가지고 있다. 하늘에 속한 관계가 아들을 통해서 알려졌다.

**요한복음 5장.** 아들께서는 능력으로 일하신다. 아버지께서 죽은 자들을 일으켜 살리심 같이 아들도 생명을 주시며 자기가 원하는 자들을 살리신다. 우선적으로 그때나 지금이나 영혼을 살리시고, 때가 되면 무덤 속에 있는 모든 사람들을 인자로서 맡으신 권세를 따라 생명으로 혹은 심판으로 살리실 것이다.

**요한복음 6장.** 이 장의 주제는 성육신하신 주님과 죽음을 맞으시는 주님이다. 믿음은 그분을 받아들이고, 그분으로 산다. 주님은 우선 (죽으시는 분으로서) 살과 피로 소개되셨고 (죽음을 통해서 첫 사람과의 관계는 모두 끝나게 된다), 그리고 유대인 혹은 이스라엘에게가 아니라 세상에 생명을 주기 위해서 하늘로서 내려온 떡으로 소개되셨다. 따라서 "마지막 날에 내가 그를 다시 살리리니"(54절)라는 말씀은 항상 신자들에게만 적용된다. 생명을 영접할 책임은 요한복음 5장의 끝에 소개되어 있다.

**요한복음 7장.** 그리스도는 세상에 자신을 나타내고 안식을 주는 대신, 믿는 자들에게 성령님을 주신다. 그 때는 보혜사를 보내실 때가 아니었다. 이 때는 성령님이 아직 계시지 않는 것으로 특징을 띤 시기였다.

**요한복음 8장.** 그리스도는 생명의 빛이시지만, 우리가 종종 보았던 것처럼, 그분의 말씀은 거절을 당한다.

**요한복음 9장.** 그리스도는 눈을 뜨게 해주시고, 그 기적은 거절을 당한다.

**요한복음 10장.** 여기서 그리스도는 자기 양들에게 영생을 주시며, 그들을 위하여 자기 생명을 내어놓으신다. 비록 이리가 양들을 잡아가고 흩을 수 있지만, 그 손에서 양들을 빼앗을 수는 없다. 이것은 영생의 문제이기 때문에, 그들은 멸망당할 수가 없다. 그리스도와 그분의 아버지는 하나이다. 영생은 아버지와 그리스도의 공동 사역이며, 따라서 절대적으로 안전하다. 심판은 아들에게 맡겨졌다.

**요한복음 11장.** 중요한 또 다른 요소를 소개한다. 그리스도는 우리를 위한 현재적 부활과 생명의 능력이시다. 부활이 먼저 소개되고 있다. 이는 예수님이 이 세상에 사셨던 죽을 수밖에 없는 생명을 회상하는 것이기 때문이다. 이제 생명은 그리스도와 함께 했고, 영적으로 살리심을 받았으며, 죽은 자 가운데서 부활하심으로써, 지금은 그리스도와 함께 하나님 안에 감추어 있다. 만일 우선 영적으로 살았다면 결코 죽지 않을 것이다. 이 말은 결코 죽음이 찾아오지 않을 것이란 뜻이 아니다. 비록 사망은 아직 멸망당하지 않았지만, 사망의 권세를 가진 자는 묶여 있다. 이것은 긍정적인 측면을 계시하고 있는 것은 아니라, 다만 원칙적인 측면을 소개하고 있다. 거절당하신 그리스도를 통해서 부활의 능력이 먼저 올 필요가 있었다. 따라서 에베소서에 보면, 허물과 죄로 죽어 있었을 때 우리는 그리스도와 함께 살리심을 받았고, 함께 일으킴을 받았으며, 하늘에 있는 처소에서 그리스도 안에 앉게 되었다. 하지만 여기서 그리스도는 우리가 처해 있었던 자리에까지 내려와 죽음을 맞이했던 분으로서 이제는 다시 살아나신 분으로 소개되어 있다. 하나님이 이 모든 일을 하신 장인(匠人)이시다. 이 모든 내용들이 암시되어 있긴 하지만, 요한복음 11장은 그리스도에게서 온 생명 보다는 생명의 다른 측면을 보여주고 있다.

게다가 우리는 요한복음 11장에서 부활과 생명, 즉 그리스도의 능력을 볼 수 있다. 사망은 그들의 것이지만, 하나님의 마음은 하나님의 자녀들을 모으는 것이다.

**요한복음 12장.** 그리스도는 유대인들과의 현재적인 관계를 끝내신다. 우리는 남은 자들이 와서 그리스도께 구별되는 것을 볼 수 있다. 이스라엘과 이방인을 향해서 최종적인 제시가 있었지만, 인자의 영광을 위해서 그리스도는 죽으셔야만 했다. 세상은 심판을 받았고 세상 임금은 쫓겨났다. 많은 표적이 나타났지만 사람들은 믿지 않았다. 유대인들이 눈을 멀게 되는 일이 진술되었다. 그리스도는 세상에 빛으로 오신 분이셨다. 이는 신자들로 어둠 가운데 다니지 않게 하려는 것이었다. 하나님의 말씀을 이루도록 아버지께서 주신 계명이 곧 영생이었다.

**요한복음 13장.** 이미 말한 대로, 그리스도께서 세상을 떠나 아버지께로 돌아가심으로써 새로이 취하신 새로운 위치로 들어가셨다.

**요한복음 14장.** 이 장의 시작은 그리스도께서 하늘에 계신 동안 제자들이 겪게 될을 보여주고 있다.

**요한복음 15장.** 그리스도는 아직 세상에 계시는 동안 제자들과 그분이 맺게 될 관계를 보여준다. 보혜사의 오심은 어떤 면에선 그리스도의 자리를 대신하는 것으로써, 요한복음 14장의 후반부와 15장의 끝부분, 그리고 요한복음 16장으로 들어가는 것이다. 요한복음 15장의 시작부분에서만 제자들은 우리가 들어간 위치에 머물고, 연결을 굳게 붙들도록 격려를 받고 있다. 이것은 우리의 위치에 대한 책임의 문제이다.

**요한복음 17장.** 이 장은 영생의 특징과 형태에 대해서 말해준다. 영생은 아버지와 그의 보내신 자 예수 그리스도를 아는 지식에 있다. 요한이 쓴 대부분의 글 속에는 곳곳마다 하나님이 등장하지만, 요한복음에는 항상 예수 그리스도가 나타나고 있다. 여기서 "아버지"라는 단어는 일종의 색인어(guiding word)로서, 창세전부터 그리스도를 보내신 분이시다.

영생에 대해서 생각해보자. 우선 영생의 본질과 본성은 아버지와 함께 하는 아들 안에 있었다. 요한일서 1장 2절, 그리고 요한복음 1장을 보라. "그 안에 생명이 있었으니"(요 1:4). 사람으로서 이 땅에 오신 분이 그리스도이시다. 하나님은 그리스도에게도 생명을 주어 그 속에 있게 하셨다(요 5:26). 생명과 불멸은 복음을 통해서 나타났다. 하지만 "영원한" 생명은 하나님의 계획 속에 있었고, 창세전에 그리스도 예수 안에서 우리에게 약속되었다. 그 풍성한 결과는 부활의 영광 가운데 나타날 것이다. "그 마지막은 영생이[며]"(롬 6:22), "영생에 이르도록 솟아[날]"(요 4:14) 것이다. 우리는 그리스도를 영접할 때 영생을 얻는다. "내 말을 듣고 또 나 보내신 이를 믿는 자는 영생을 얻었고 심판에 이르지 아니하나니 사망에서 생명으로 옮겼느니라."(요 5:24) "그는 참 하나님이시요 영생이시라"(요일 5:20), "아들을 믿는 자마다 영생이 있게 하셨다."(요 3:36) 따라서 영생은 본질적으로 아들 안에 있으며, 창세전에 그리스도 예수 안에서 우리에게 주실 것이 약속되었다. 하나님의 경륜을 통해서 볼 때, 영생은 아버지와 함께 하는 영광 가운데 들어가는 것이다. 따라서 영생은 본질적으로 아버지 안에 있으며, 아버지에게서 받는다. 우리는 영광에 들어가기에 앞서 지금 영생을 소유한다.

구약성도들에 대해서 생각해보자. 그들도 하나님 나라에 들어가려면 거듭나야만 했다. "성령으로 난 사람도 다 그러하니라."(요 3:8) 하지만 내가 아는 한, 구약성경에서는 두 군데에서만 영생을 말하고 있으며, 구약성경에서 말하는 영생(life everlasting)은 천년왕국 상태를 가리킨다. "거기서 여호와께서 복을 명령하셨나니 곧 영생이로다"(시 133:3), "땅의 티끌 가운데에서 자는 자 중에서 많은 사람이 깨어나 영생을 받는 자도 있겠고 수치를 당하여서 영원히 부끄러움을 당할 자도 있을 것이며"(단 12:2) 여기서 다니엘 12장 2절은 '아드-하-오-람, ad-ha-o-lam, for ever and ever' 이, 시편 133편 3절은 '오-람, o-lam, evermore' 이 사용되었다.

생명은 메시아 속에 있으며, 메시아의 임재와 함께 동반하고 있다. 우리가 이제 아는 것은 생명은 부활 속에 있으며, 사람을 통해서 그 실체를 드러낼 뿐만 아니라, 우리는 지금 영화롭게 되신 그리스도 안에서 영생을 소유하고 있다는 것이다. 천년왕국 시대 지상의 성도들은, 내가 생각하기론, 그들도 영원무궁한 생명을 누리며 그 생명에 속한 복을 누릴 것이다. 그에 대한 이유는 요한복음 3장 14-16절에 있다. 생명을 통한 도덕성의 변화와 생명의 수여는 요한복음 5장에 소개되어 있다. 하지만 생명과는 달리 영생의 자리와 특성은 요한복음 3장 14-16절에 있다. 여기서 우리는 아들의 영원한 위격 안에서 아버지와 함께 하는 영생을 본다. 성도들은 모든 시대 공통적으로 생명의 능력에 의해서 영혼의 살리심을 받지만, (즉 구약시대 성도들도 거듭났을 뿐만 아니라 현재 시대와 장차 대환난 시기, 그리고 천년왕국 시대에도 거듭남은 하나님 나라에 들어가게 해주는 공통적인 복이다.), 이 사실은 성경에서 구체적으로 언급되고 있지 않다. 성육신하신 그리스도 안에서 하나님의 목적에 의해서 생명의 실상이 드러났다. 즉 생명이 인자를 통해서 그 모습을 드러낸 것이다. 하지만 생명을 드러내는 것이 하나님의 계획 가운데 있는 완전한 목적은 아니었다. 오히려 하나님의 계획은, 십자가를 통과해서 사망을 이긴 영생의 능력을 소유한 사람으로서 영광 중에 계신 그리스도를 닮게 하는데 있었다. 그 열매로서, 장차 천년왕국 시대에 땅에 있는 사람들에게 아드-하-오-람(for ever and ever), 즉 세세무궁한 생명이 주어질 것이지만, 그렇다고 해서 그들이 영광에 참여하는 것은 아니다. 그런 의미에서 이방인들도, 마태복음 25장에서 보는 것처럼, 영원한 생명(life eternal)에 참여할 것이다.

그리스도 안에서 그 완전한 계시가 주어지기 이전 영생에 대한 증거는 이상의 내용과 같다. 신약성경에서, 예를 들어 요한복음 5장과 마태복음 19장에 보면 우리는 유대인들이 생각하고 있던 영생에 대한 개념을 볼 수 있다. 그들의 영생에 대한 개념은 상당히 모호했지만, 그들의 마음에 분명했던 것은 부활이었다. 구약성경에 보면, 아브라함과 하나님과의 관계를 통해서 암시적으로만 표현하고 있을 뿐이며, 사실 시편 16편에서 사망을 통과하여 부활 안에 있는 생명의 길을 분명히 언급하고 있지만, 그 생명의 길을 직접적으로 그리스도와 연결해서 말하고 있지는 않다. 시편 21편에서 우리는 사망에 대한 언급을 볼 수는 없지만, 영생에 대한 간접적인 언급으로서 "영원한 장수(長壽)"라는 표현을 볼 수 있다. 그렇다면 시편 16편은 더욱 세밀하게 영생을 표현하고 있는 것이 된다. 즉 영생은 사망을 통과해서 부활에 의한 하나님의 존전 앞으로 나아가는 것이다. 여기서 말하는 영생은 메시아의 통치 속으로 들어가는 것이며 천년왕국의 지복(至福)에 참여하는 것이다. 유다가 현재 로암미 ("너희는 내 백성이 아니요 나는 너희 하나님이 되지 아니할 것임이니라") 상태이기 때문에 그들에 대한 하나님의 섭리는 중단이 되었다. 다니엘은 구약성도들에 대해서 "많은 사람이 깨어나 영생을 받는 자도 있겠고"(단 12:2)라고 말했다. 이것은, 나의 판단으로는, 흩어진 이스라엘 백성들에게 적용된다. 마태복음 25장은 이 복을 지상에 있는 이방인들에게로 확장시킨다. 영생의 충만한 천상적인 성격과 자리는 오직 그리스도 안에만 있다. 그리스도는 하늘로서 오셔서, 하나님의 계획에 따라서 사람으로서 하늘로 돌아가셨다. 이제 그리스도는 영생을 그리스도와 연합을 이룬 그리스도인에게 그 면류관과 영광과 더불어 주신다.

영생에 대해서 주로 말했던 요한은 항상 영생을, 그리스도 안에 있는 것이든 또는 성도들 속에 있는 것이든, 지상과 연결해서 소개하고 있다. 반면 바울은 영생을 자신이 홀로 그리스도를 보았던 그 천상적인 영광과 연결해서 소개하고 있다.

바울은 결코 영생을 현재적인 것으로 말한 적이 한 번도 없다는 점을 주목해야 한다. 바울은 영생과 연관된 많은 것들을 "이제는 내가 사는 것이 아니요 오직 내 안에 그리스도께서 사시는 것이라"(갈 2:20)는 식으로 말했으며, 그는 우리가 하나님 앞에서 의롭다 함을 받고 영광에 들어간 것으로 설명함으로써, 영생이 하늘에 마련되어 있으며, 그것도 그 충만한 모습으로 예비되어 있는 것으로 말했다. 바울은 일반적으로 "하나님의 선물은 그리스도 예수 우리 주 안에 있는 영생이니라"(롬 6:23)고 말할 수 있었지만, 요한처럼 영생을 우리가 이미 도달한 상태로, 현재적인 영생의 삶을 살게 해주는 우리 속에 있는 능력은 아니었다. 바울에게 그 마지막이 영생이었다면, 요한에게는 "아들이 있는 자에게는 생명이 있고", 즉 영생은 현재적인 것이었다. 나는 이것을 교리적인 차이로 만들고 싶은 생각은 없다. 왜냐하면 차이점이 있는 것이 아니라, 말씀에 나타난 다른 측면과 다른 이해에 속한 것이기 때문이다. 즉 하나는 생명의 내적인 측면을, 다른 하나는 하나님 앞에서 최종적인 생명의 상태적인 측면을 말해주고 있다.

다음의 구절들을 서로 연결시켜 생각해보자. 디도서 1장 2절은 영생을 "하나님이 영원 전부터 약속하신 것"으로 말하고 있고, 요한일서 1장 1-3절은 영생을 "아버지와 함께 계시다가 세상에 나타내신바 된 것"으로 말하고 있다. 여기서 요점은 영생이 무엇이며, 또 누구 속에 있었느냐는 것이다. 그리고 요한복음 1

장 4,5절은 생명이 그분 안에 있었고, 이 생명이 천사들을 위해서가 아니라 유일하게 사람들을 위해서 빛을 비추었다는 것이다. 생명이 사람들로 하나님 앞에서 빛 가운데 있는 존재가 되도록 나타난 것이다. 옛 사람은 이것을 전혀 깨닫지 못했다. 이제 디모데후서 1장 9,10절에 보면, 우리는 영생이, 그리스도께서 부활 승천하심으로써 생명과 불멸을 드러내신 이후에 복음을 통해서 나타난 것을 볼 수 있다. 이제 디도서로 돌아가 보면, 영생은 말씀에 의해서, 전도를 통해서 나타났으며, 우리는 말씀에 의해서 생명으로 새롭게 태어났다. 따라서 창세전에 약속되었으며, 그리스도 안에서 우리에게 주어진 생명은 아들 안에서 영원하다. 생명은 둘째 아담 안에서 나타났으며, 그 능력은 부활을 통해서 나타났고, 하나님의 계획 속에 있는 영생은 사람을 세세무궁토록 영화롭게 하는 것이었다. 하지만 첫째 아담은 영생에 대해, 그 참되고 실제적인 책임 때문에 결과적으로 사망과 심판을 받아야만 했다. 이제 그리스도는 우리를 대신해서 사망과 심판을 담당하셨고, 자기 속에 있는 생명의 능력 속으로 들어가셨다. 이는 하나님의 역사로 말미암아 전혀 새롭고 영원한 영역, 즉 사람에게 지극한 복락(福樂)의 영역으로 들어가신 것이다. 생명은 창세전에 존재했지만, 이제는 현재적 상태라는 새로운 모습을 띠게 되었다. 덧붙여서 말하자면, 첫째 사람과 세상은 그 모든 실체를 드러내었고 또 죄 문제에 대해서도 구속의 역사를 통해서 완전히 해결되었다. 이제 하나님은 첫째 아담에 대해서도 영광을 받으셨고 또 생명을 주는 일도 하나님의 기준에 따라서 공의(righteousness)를 덧입고 있다. 이제 영생이란 얼마나 경이로운 것인가!

요한복음 3장에서 영생은 거듭나는 것과 연결되어 있지 않고, 오히려 하나님 나라와 연결되어 있다는 점을 주목해야 한다. 하나님에 대한 것들을 알려면 그에 합당한 본성을 소유해야만 한다. 이것은 절대적인 일이다. 거듭남은 성령의 역사이다. 하나님을 아는데 절대적으로 새로운 본성이 요구된다. 영생은 하늘의 일과 하나님의 아들, 곧 인자가 높이 들림을 받는 것과 연결되어 있다. 이것은 우리에게 영생이 무엇인지를 보여준다. 영생은 전적으로 그리스도 안에 있는 것이다. (요한일서 1장과 비교해보라.) 성육신을 통해서 우리에게 오셨지만, 주 예수님의 죽음이 절대적으로 필요했다. 요한복음 6장 33-58절을 읽어보라. 그리스도 안에서, 창세전에 우리에게 약속되었지만(디도서 1장), 성육신에 의해서 사람에게 주어질 수 있게 되었고(이제 그리스도께서 하늘에 계시기 때문에), 그리스도의 복된 죽음, 부활, 그리고 승천 덕분에 우리는 영생의 자리와 상태에 들어올 수 있었다. 요한복음 6장 62절을 읽어보라. 하늘로서 내려온 떡은 그리스도이다. 이제 우리는 구속과 부활에 의해서 영생의 합당한 자리에 들어왔다. 왜냐하면 완전한 효력을 가지고 있는 구속의 역사가 우리를 하늘에 들어가게 해주었기 때문이다. 오히려 하나님 나라의 땅에 속한 영역은 영생과 연결되어 있지 않다. 분명 모든 복은 죄인된 사람을 위한 것이지만, 하나님 나라에 들어가는 문제는 구속에 합당한 열매와 결과에 속한 것은 아니다. 오히려 하늘에 속한 일들이 구속의 결과이다. 영생은 하늘이 그 대상이다. 따라서 그리스도 안에 있는 영생은, 지금은 부활을 통해서 하늘에 계신 인자이신 그리스도 안에 있다. 이제 그리스도를 거절하는 자들에게는 정죄가 있고, 그리스도에게 속한 자들에게는 구속, 죽음, 부활을 통해서 영생의 자리에 들어간다. 영생을 적용하는 원리가 로마서 4장과 8장 사이에 잘 나타나 있다.

게다가 우리는 "중생의 씻음과 성령의 새롭게 하심"을 소유하고 있다. 하나님은 "우리 구주 예수 그리스도로 말미암아 우리에게 그 성령을 풍성히 부어 주사 우리로 그의 은혜를 힘입어 의롭다 하심을 얻어 영생의 소망을 따라 상속자가 되게"(딛 3:5,6) 하셨다. 성령의 새롭게 하심은 단순히 중생 혹은 새로운 생명을 받는 것을 의미하지 않는다. 성령의 새롭게 하심은 그리스도의 역사와 구속에 의해서 객관적인 영역으로 들어가는 것을 의미하며, 만물이 새롭게(카이노스) 된 상태, 즉 새로운 피조물(카이노 크티스시)의 상태에 들어가는 것을 뜻한다. 반면 (중생이 아니라) 중생의 **씻음(네오스)**은 보다 주관적이며 본질적인 역사에 속한 것으로, 적용면에서 땅에 속한 일에 해당한다. 다만 씻는 일을 하나님의 은혜로 지금 하는 것이다. (반면 세상의 중생, 즉 세상이 새롭게 될 때에는) 지금은 사막 상태의 땅이 장차 장미꽃이 만발하게 피는 땅이 될 것이다. 따라서 베드로전서 1장 22,23절은 "너희가 진리를 순종함으로 너희 영혼을 깨끗하게 하여 … 너희가 거듭난 것[이니]…하나님의 말씀으로 되었느니라"고 말하고 있다. 분명 하늘(heaven)은 객관적으로 볼 때 소망으로 가득한 곳이지만, 중생 혹은 거듭남은 주관적인 상태를 가리킨다. 이 구절과 가장 강하게 연결되어 있는 구절은 야고보서 1장 18절이고, 비록 이 구절이 하나님의 목적에 합당한 새로운 본성을 내포하고 있기는 해도, 사실상 이 땅의 영역을 벗어나지 못하고 있다. 베드로는 '아나게네사스'라는 단어를 사용해서 "거듭나게 하사"(벧전 1:3)라고 말했다. 마태복음 19장 28절의 "(세상이) 새롭게 되어"라는 단어가 중생에 해당하는 단어이며, 여기서 사용된 단어는 '팔리게네시아'로서 분명히 땅의 일과 땅의 상태를 가리키고 있다. 따라서 우리가 중생이라는 단어를 통해서 볼 수 있는 것은, 중생은 "하나님께로부터 나고"(요 1:13), "성령으로 나고"(요 3:8), "물과 성령으로 나고"(요 3:5), "하나님의 말씀으로"(벧전 1:23), "진리의 말씀으로"(약 1:18) 거듭난 주관적인 상태를 가리키며, 하나님과의 관계의 기초로서 그 영역은 (하늘이 아니라) 땅이다.

우리에게 부어주신 성령님은 더 나아간다. 여기서 나는 성령의 '새롭게 하심, 아나카이노시스'를 본다.

관계의 영역은 총체적으로 변화되었고, 이제 영생의 소망이 들어왔다. 따라서 골로새서와 에베소서에 보면, 옛 사람을 벗어 버렸다. 이것은 일반적인 진술이다. 이전 사람은 이제 쇠하여지고 거절되었지만, 이제 우리는 뚜렷하게 네온(네오스)과 카이논(카이노스)을 가지고 있다. 여기서 네온은 중생과 주관적인 것과 연결되어 있고, 카이논은 본성과 특성이 새롭게 되고 새로운 영역 안으로 들어온 것과 연결되어 있다. 각각의 관계는 잘 살펴보아야 한다. 네오스는 시작하는 것이고, 카이노스는 다르게 만드는 것이다. 따라서 새로운 영역에서 이전과는 다른 삶을 사는 것이다. 골로새서에서 우리는 새로운 것을 입는다. 이것은 새로운 사람으로 시작하는 것이지만, 만물을 창조하신 하나님의 형상을 따라서 지식에까지 "새롭게 하심을 받는, 아마카이노우메논"이 되는 것이다. 이것이 우리에게 부어주신 성령의 "새롭게 하심, 아나카이노시스"이다. 이제 우리의 본성이 이것을 이해하고 받아들일 수 있도록 적합해야 한다. 왜냐하면 이것은 전적으로 새로운 세계이며, 성령의 능력을 통해서만 발전가능하기 때문이다. 따라서 에베소서 4장에 보면 우리의 심령, 우리 지성의 영이 새롭게, 즉 '아나네오우스타이'가 된 것을 볼 수 있다. 이것은 부패한 옛 사람과는 대조를 이루고 있는 주관적인 상태를 가리킨다. 우리는 "하나님을 따라 의와 진리의 거룩함으로 지으심을 받은"(엡 4:23) 특징상 새롭고 전혀 다른 새 사람(카이논 안쓰로폰)을 입었다. 이 새 사람은 부패하고 무죄한 상태가 아니라 오직 하나님 자신의 성품을 입은 새로운 존재이다. 이 새 사람은 아직 물리적인 하늘 영역에 들어간 것은 아니지만, 세상과의 관계를 끝냈고, 새 사람의 성품과 특징을 입었다. 따라서 그 목적은 객관적(카타)이다.

중생의 씻음이 주관적으로 깨끗하게 되는 것이고, 또 성령으로 난 것이 영인 것은 그 본질적인 본성과 특성을 소유하게 해주는 것이라면, 성령의 새롭게 하심은 우리를 그리스도께서 부활하시고 이제 높은 곳에 오르신 새로운 상태의 영역으로 넣어주는 것이다. 우리는 생명을 얻기 위해서 거듭나야 하고 또 거듭남으로써 생명을 소유하고 있지만, 영생은 (거듭남과는 별개의 사안으로) 오로지 구속의 완성을 통해서만 우리에게 알려진다. 따라서 구속은 우리를 새로운 영역과 상태로 이끌고 들어간다. 비록 우리가 부활하신 그리스도를 입음으로써 새 사람(카이논)을 입었지만, 그럼에도 여전히 모든 것을 새롭게(카이나) 하신 새로운 창조(카이네 크티시스)를 이해하도록 우리를 이끄시는 성령으로 말미암은 '아나카이노시스, 새롭게 하심'이 있다.

이제 요한복음 3장에서 물은 세례(침례)를 가리키지 않는다. 세례(침례)는 분명 죽음을 의미한다. 물은 정결케 하는 것이며, 전에 살았던 본성에 대하여 죽는 것이다. 물은 그리스도의 옆구리에서 흘러나왔고, 생명은 하나님의 아들, 즉 둘째 아담 안에 있다. 따라서 죽음 때문에 생명이 첫째 아담에 속한 자들에게 임하게 되었다. 이렇게 하나님은 우리에게 영생을 주셨다. 성경은 예수 그리스도, 둘째 아담, 다시 사신 주, 하나님의 아들께서 죽음을 통해서 물과 피로 임하셨고, 이것을 증언하시는 이가 성령이심을 증거하고 있다(요일 5:5-8). 여기서 우리는 또다시 영생이 무엇인지를 보게 된다. 물은 말씀을 우리에게 적용시킴으로써 실제적으로 정결하게 해주는 역사를 가리킨다. 여기서 물은 세례(침례)에 나타난 것처럼 죽음과 부활이 아니라 다만 출생 시에 작용하는 요소로만 적용되고 있고, 오로지 하나님 나라에 들어가게 해주는 요소로만 언급하고 있다.

"너희는 내가 일러 준 말로 이미 깨끗하여졌으니"(요 15:3) 여기서 산출된 것은 새로운 본성과 도덕적 효과이다. 요한복음 3장의 강조점은 반드시 거듭남을 통해서 새로운 본성과 새로운 도덕성을 가지는 것이다. 하지만 거듭남은 이 세상을 벗어나 새로운 영역으로 들어가게 해주지 않는다. 이렇게 이 세상을 벗어나 하늘 영역에 들어가는 것은 죽음과 부활을 통해서만 가능하다. 따라서 창세전부터 존재했던 생명의 능력으로 이 세상에 오신 인자께서는 죽으시고 부활하실 필요가 있었고, 죽음과 부활을 통해서 새로운 창조(카이네 크티시스) 속으로 들어가셨다. 그리스도는 이 세상에 계실 때 홀로 거하셨지만, 구속의 완성을 통해서 우리를 그리스도 안에 있는 자가 되게 해주심으로써 우리는 하늘에 우리의 자리를 가지게 되었고 또한 성령님은 이 사실을 증거하신다.

주님을 가리켜 그 상전 혹은 선생(호 디다스칼로스, 마 20:24)으로 말한 것에 주목하라. 이스라엘은 그 제자(호 마데테스)였고, 따라서 제자로서 마땅히 알아야 할 것이 있었다. 여기서 사용된 정관사는 상당히 대조적인 뉘앙스를 띠고 있다.

요한복음의 마지막 장에는 다른 요소가 있다. 나는 우리를 위해서 죽음과 부활이 반드시 필요했다고 말했다. 하지만 생명 자체는 그리스도 안에 있다. 이 사실은 생명이 무엇인지에 대한 다른 이해와 보다 친밀한 관계 속으로 우리를 이끌고 간다.

요한복음 20장에서 부활하신 그리스도께서 제자들에게 숨을 내쉰 것을 근거로 해서 생각해볼 때, 골로새서는 성장과 성숙의 관점에서 보아야 한다. 마치 하나님이 아담에게 생명의 호흡을 불어넣으신 것처럼, 그리스도는 부활의 능력 가운데서 제자들에게 숨을 불어넣으셨다. 이것은 성령님이 제자들에게 불어넣어 주신 부활의 능력 안에 있는 생명이며, 그 생명의 능력 안에서 그들을 그리스도와 연합시키신 것이다. 골로새서에서 우리는 성령님에 대한 내용은 볼 수 없고, 다만 우리가 "그리스도와 함께 다시 살리심을" 받은 것을 볼 수 있다. 에베소서에서 우리는 성령님과 및 성령으로 구속의 날까지 인침을 받은 것을 볼 수 있다. 따라서 하나님의 목적과 새로운 창조를 볼 수 있다. 이것은 분명 그 자체적인 사실과 우리를 의식적인 아들의 자리에 넣어주기 위해서 아버지께로부터 오신 것이든, 혹은 만물을 인자로서 자신이 받으신 것을 나타내기 위해서 영화롭게 되신 그리스도에 의해서 보내심을 받은 것이든, 성령님의 오심을 연결시켜준다. 일반적으로 성령님은 우리를 하나님의 목적을 아는 지식으로 인도하시며, 그 길이와 넓이와 깊이와 높이를 실감하도록 역사하신다.

구약성도들도 분명 거듭났으며, 따라서 하나님 나라에 들어갈 것이다. 그들은 로마서 3장 25절에서 말한 대로 "하나님께서 길이 참으시는 중에 과거 세대에 지은 죄들을 사하신" 화목제물로서 그리스도의 사역에 의존하고 있다. 하지만 십자가에는 더 많은 복이 있다. 찬송 받으실 주님이 요한복음 3장에서 언급하신 것은 문 좌우 설주에 바른 피에 대한 것이 아니다. 세상은 (비록 하나님이 우리와 함께 하시는 장소이긴 하지만, 그렇다고 해서 하나님이 애굽에서 함께 하시는 것은 아니다) 우리가 거할 장소가 아니라는 의식이 있고, 세상을 아데오스, 즉 사탄의 권세가 행사되는 장소로 보기 때문에, 그리스도는 그것을 입증하고자 높이 들림을 받으셔야만 했다. 그리스도께서 세상에 계시는 동안, 결과적으로 홀로 계실 수 밖에 없었다. 왜냐하면 사람은 본질상 세상에 속해 있었기 때문이었다. 따라서 사람들은 거듭남을 통해서만 하나님 나라에 들어갈 자격을 얻는다. 여기엔 그 이상의 내용이 있다. 그리스도는 홀로 계셨고, 아버지와 함께 했던 영생도 세상에서는 그저 홀로 있을 수밖에 없었다. 따라서 주님은 "아버지 품 속에 있는 독생자"(요 1:18), "하늘에 있는 인자"(요 3:13)이셨다. 그 외에 누가 그곳에 있을 수 있을쏜가? 누가 하늘에 올라간 자가 있었는가? 그리스도만이 계신다. 그리스도는 "영생"으로 이 세상에 오셨지만 이 세상을 벗어나 홀로 계셨고, 하늘에 속한 관계와 영생으로서 존재하시는 분이셨다. 영생은 창세전에 하나님 안에 있었을 뿐만 아니라 하나님의 계획 가운데 이제 우리를 위해서 그리스도 안에서 세상에 나타났으며, 그리스도 안에서 그 영생을 우리에게 주셨다. 이제 들림을 받으신 결과로 그리스도는 세상을 벗어나 천상의 세계에 들어가셨고, 성령님이 우리에게 가르치신 대로, 우리는 그리스도 안으로 들어왔다.

이제 요한복음 6장에 보면, 우리는 이러한 내용이 잘 소개되어 있는 것을 볼 수 있다. 자신을 하나님께 바치신, 찬송을 받으실 우리 주님의 죽으심(모든 복의 유일한 근원으로서) 자체가 우리에게 영생을 주지 않는다. 다만 그리스도의 죽음을 개인적으로 받아들일 때 영생이 그 사람 속으로 들어오게 된다. 하늘로서 내려온 떡이요 만나이신 그리스도는 비록 여자에게서 나셨고, 또

이 세상에 계셨지만, 이 세상에 속한 분이 아니었다. 이것은 요한복음 17장에 잘 설명되어 있으며, 계속해서 제자들에게 교훈되었다. 하늘로서 오신 그리스도는 세상에 주는 생명이었다. 유대인과 이방인 모두 본성상 죄 가운데 태어나며, 따라서 둘 다 진노의 자녀이다. 하지만 에베소서 2장에서 둘은 하나로 취급되고 있으며, 거기서 우리는 그리스도와 함께 살리심을 받았고, 하늘에서 그리스도 안에 앉아 있다. 하지만 요한복음 6장에서 우리는 그리스도를 이해하고 수용하는 과정을 볼 수 있다. 믿음을 통해서 소화하는 과정을 거침으로써 우리 존재의 생명 속으로 들어온다. 그리스도는 생명을 주고자 하늘로서 내려온 첫 번째 떡이다. 비록 능력 가운데 내려오셨지만, 홀로 계실 수밖에 없었다. 우리는 생명을 오직 부활 안에서 가지고 있으며, 새로운 생명과 사람의 새로운 상태를 소유하고 있다. 왜냐하면 본성 때문에 사람은 하나님에게서 멀리 떠나있으며, 진노 아래 있었기 때문이다. 하나님에게서 완전히 벗어나 있는 상태, 즉 원수 상태에 있었다. 따라서 이 생명을 받아들임으로써 우리는 새로운 생명의 표현 속으로 들어가며, 그리스도의 죽음과 생명을 통해서 우리의 양심 안에서 새로운 표현들이 싹트게 된다. 우리는 죽음에 참여하게 된 것도 즐거워하게 된다. 왜냐하면 이 죽음은 본성에 대한 죽음이며, 하나님에게서 멀리 떠나 있는 시스템에 대한 죽음이기 때문이다. 이제 우리는 그리스도 안에서 새로운 상태에서만 생명을 소유한다. 이 생명은 이 세상에 있는 동안 그리스도 안에 있었다. 그리스도는 하늘로서 세상에 오셨지만 생명의 옛 상태 가운데 있지 않으셨다. 옛 상태 가운데 있었던 우리는 이제 죽음에 의해서 거기서 해방을 받으며, 세상과 완전히 결별함으로써 생명을 소유하고 있다. 십자가에서 죽으신 그리스도를 영접함으로써 새로운 영역에 들어오게 된 것이다.

요한복음 6장은, 우리가 비록 생명을 얻고자 그리스도를 영접했지만, 아직 영생에 들어간 것이 아니며 다만 은혜 가운데 그리스도의 죽으신 것을 믿음으로 받아들임으로써, 거룩한 믿음에 의해서 생명을 주시는 주님께서 우리를 죽음과 속량하는 구속에 의해서 죄 문제를 끝내신 것과 옛 상태로부터 절대적이고 또 법적인 분리가 능력으로 이루어진 것을 설명하고 있다. 옛 상태에서 완전히 벗어난 것이 아니다. 그리스도는 그렇게 하실 수 있으셨지만, 우리는 불가능하다. 다만 그에 대해서 죽음으로써 우리는 옛 상태의 지배를 받지 않을 수 있다. 따라서 그리스도는 법적으로 사람에게 필요한 일을 하셨던 것이다. 그것이 사람으로 하여금 옛 상태에 대해 죽었다고 말할 수 있는 유일한 방법이다. 왜냐하면 우리는 그렇게 살도록 운명 지어진 본성 가운데 살고 있었기 때문이다. 죽음만이 우리를 이 본성에서 끝장낼 수 있으며 또한 죄들을 제거할 수 있었다. 따라서 우리는 죽음을 통해서 때가 찬 영생을 소유하고 있다. 그 때문에 우리는 장차 다시 부활할 것이며, 영화롭게 되신 그리스도를 닮게 될 것이다. 이 일은 우리가 이 세상에서 그리스도와 함께 죽음으로써 되지 않고, 물론 그것이 사실이긴 해도, 세상의 생명을 위해서 자신의 살을 내어주시고, 은혜로서 그 일을 하신 그리스도의 역사를 믿음으로써 되는 것이다. 이것은 세상이 존재하기 전에 그리스도께서 아버지와 함께 누리셨던 생명의 특징에 속하는 것이다. 왜냐하면 그리스도는 자신이 이전에 있던 곳으로 올라가셨기 때문이다.

이것 외에는 그리스도의 사역이 가지고 있는 능력에 따라 하나님과 함께 할 수 있는 방법을 제시하는 측면에서 사람은 무엇이며 혹은 (사람과의 관계에서) 하나님은 누구시며 혹은 세상은 무엇인지를 완벽하게 설명해주는 진리는 없다. 그리스도는 우리의 죄들을 위해서 자신을 내어주심으로서, 우리를 이 악한 세상에서 건지고자 하셨다. 이것은 비록 가장 낮은 수준에서 표현하고 있는 진리이다. 이는 그리스도께서 선과 악에 대한 하나님의 심판을 통해서 우리를 하나님 앞으로 인도하려는 것이다. 하나님은 죽으시고 다시 사신 그리스도 안에서 우리를 영광스럽게 했다. (이렇게 사람을 하나님에게로 인도하심으로써, 사람을 하나님은 누구신지를 계시하는 그릇으로 삼으셨다.) 그리스도를 믿는 사람은 누구나 이것을 소유하게 되며, 이것을 소유하게 된 것은 오직 죽음과 피뿌림 때문이다. 말씀이 육신이 되신 것은 바로 이것을 위한 것이었다. "영생"이란 단어에 대해 잘못된 결론을 내리는 것을 방지하려면, 우리는 마태복음 25장의 나머지 사람들만(양의 민족만) 영생에 들어간 것을 기억해야만 한다. 즉 대환난의 시기에도 지극히 겸비하신 그리스도를 영접하고, 그리스도의 사자들을 영접하는 사람들이 있다. 그렇다면 그들은 세상이 거절한 그리스도의 슬픔에 동참하는 사람들이 될 것이다. 현재 우리의 주제는 아니지만, 여기에 해당하는 사람들이 바로 요한계시록 14장에서 144,000명의 유대인들이, 요한계시록 7장에는 수를 셀 수 없는 이방인의 무리들이다.

요한복음 6장에서 우리는 본성상, 그리고 존재상 영생이신 분을 볼 수 있다. 그는 이 세상에 계신 동안에도 항상 아버지의 품속에 계신 분이셨고, 이처럼 새롭고 하늘에 속한 것(영생)을 가지고 오셨다. 옛 것에 속한 것을 끝내고 제쳐놓기 위해서 자신을 죽음에 내어주셨다. 신자들은 세상과의 관계 속에서 지금 그리스도 안에서 생명을 소유하고 있다. 과거 사람이 처해 있던 상태는 끝났고, 우리는 그리스도께서 이루신 사역의 가치를 따라서 그리스도께서 들어가신 순수한 영광의 자리에 들어왔다. 그리스도는 육체를 입으셨지만, 그 속에 영생이 있었고, 세상의 생명을 위해서 자신의 생명을 내어놓으셨다. 우리는 지금 죽음에 들어가며, 우리 영혼 속에 죽음을 받아들인다. 이는 그리스도 안에 있는 영생을 받기 위한 것이다. 따라서 두 가지 성례는 이러한 것들의 모형이다. 세례(침례)는 그 특징상 그리스도와의 연합과 아무 상관이 없다. 오히려 만찬이 연결되어 있다. 우리는 다 한 몸이기 때문이다. 그럼에도 성찬이 그리스도와의 연합 그 자체는 아니다. 우리는 지금 부활하신 그리스도와 하나이며, 우리는 다 세상으로부터 나와서 그리스도와 연합을 이루고 있다. 머리와의 연합은 성령을 통해서 이루어진다. 여전히 그리스도의 죽으심을 전제로 하고 있지만, 그리스도의 승천에는 또 다른 진리가 담겨져 있다. 왜냐하면 연합된 자로서 우리는 그리스도께서 영광 가운데 재림하실 때 다시 이 세상으로 돌아올 것이기 때문이다. 이 모든 것이 어떻게 들어맞는지를 보라. 이것은 연합의 진리를 통해서 되는 것이 아니라 죽음을 받아들임으로써 된다. 어떤 의미에서 죽음은 연합보다 더 깊이 나아간다. 왜냐하면 하나님의 모든 도덕적 본성이 죽음을 통해서 모든 것을 선하고 또 영광스럽게 만들며, 게다가 죄의 문제를 해결하기 때문이다. 연합은 우리에게 주신 아주 특별한 특권이다.

정리해서 말하자면, 그리스도는 아버지와 함께 하시는 영생이신 분이시며, 사람이 되셨고, 죽으셨으며, 우리를 위해서 세상에서 하나님과 함께 할 수 없는 인간의 총체적인 상태를 제거하셨다. 이제 사람을 새로운 영광 속으로 끌어올리셨다. 이것이 하나님이 생각하셨던 영생의 가치이다.

# 제 1부
# 거듭남의 진리

## 제 3장 성경이 말하는 회개

성경이 말하는 회개에 대해서 살펴보자. 오늘날 흔히 전파되고 있는 복음의 특징을 생각해볼 때, 성경에서 말하고 있는 회개가 무엇인지에 대해서 살펴볼 필요를 강하게 느낀다.

로잔에서 정의한 것과 같이 회개(repentance)는 회심(conversion)의 동의어가 아니다. 회심과 같은 것으로 보는 것은 말씀의 의미와 전혀 다르다. 회심이란 마음의 전향을 의미하며, 은혜를 깨닫고 하나님께로 의지적으로 돌이키는 것이다. 또한 회개는 믿음의 동의어가 아니다. 즉 그 진정한 의미에서 볼 때, 회개란 성령의 능력으로 말미암아 주어진 증거에 영혼이 반응하고, 계시를 통해서 무언가 보게 된 결과로 신적으로 주어진 새로운 자각(自覺)이다.

회개는 문자적으로는, 이전에 가지고 있던 것과 비교해서, 깊은 성찰 이후에 새롭게 마음에 새기게 된 새로운 생각, 변화된 생각, 다르게 보게 된 새로운 판단을 의미한다. 성경에서 사용되고 있는 일반적인 의미는 이렇다. 즉 이전에 자연스럽게 느끼고 생각하던 것과는 달리, 하나님의 증거를 받아들인 결과로, 나 자신의 이전 행실과 정서들에 대해서 하나님의 관점으로 새롭게 판단하게 된 것이다. 물론 이것은 사람에 따라서 나타나는 양상, 혹은 정도는 다를 수 있다. 회개는 근심(sorrow)의 동의어가 아니다. 경건한 근심은 회개를 이룬다(고후 7:10). 게다가 회개는 후회(regret)나 회한(remorse)도 아니다. 후회는 메타노이아가 아니라 메타메게이아이다. 이 두 단어는 일상적으로는 서로 혼용해서 사용되기도 하지만 성경에서는 그렇지 않다. 예를 들어 가룟 유다는 회개가 아니라 후회를 했고, 결국 목을 맸다. 하나님의 뜻대로 하는 경건한 근심(슬픔)은 회개를 이루게 되며, 결코 후회에 그치지 않는다. 회개는 하나님의 증거를 받아들이고, 그 증거를 우리 자신에게 적용함으로써 형성된 새로운 판단이다. 따라서 회개는 항상 믿음에 뿌리를 내리고 있다. 여기서 말하는 믿음은, 물론 복음에 대한 믿음은 아니다. 복음은 믿음의 원천이 될 수는 있다. 하지만 우리는 영혼에 대한 "하나님의 증거"를 통해서 회개할 수 있고 이후에 복음을 받아들이게 된다. 회심 자체는 회개 이후에 온다. 따라서 회심은 하나님을 향하여 완전하고도 의지적인 마음의 전향인 것이다. 베드로는 "너희가 회개하고 돌이[키라.]"(행 3:19)고 말했다. 여기서 돌이키는 것이 바로 회심이다. 회심은 하나님을 향한 의지적인 전향이다. 회개(메타노이아)는 우리 자신에 대해서 가지고 있던 생각들과 감정의 변화를 통해서 변화된 생각 혹은 판단을 의미한다. 회개에 대해서 글을 쓴 전통적인 저자들은 다만 그 단어가 가지고 있는 의미에 대해서만 피력했다. 하지만 성경은 성경적인 의미에서 회개란 단어를 사용하고 있다. 우리는 이 성경적인 개념을 붙들어야 한다.

이제 성경적인 의미에서 회개에 대해서 살펴보자. 그리고 나서 성경을 인용할 것이다. 성경만이 성경적인 용법을 제시해준다. 그것도 매우 상세하게 밝혀준다. 메타노에오에 대해서 크세노폰은 "이 단어는 어쩔 수 없이 우리 생각을 변화시킬 수밖에 없는 상황을 의미한다."(Xenophon Cyr.)고 말했다. 루시안은 "그들이 말하길, 그는 의식을 차리자마자 자신이 한 일에 대해 회개했다."(Lucian)고 말했다. 첫 번째 경우는 생각의 변화를, 두 번째 경우는 회개 혹은 후회를 의미하고 있다. 따라서 메타노이안은 ('물다' 또는 '쏘다'라는 의미를 가진) 쎄그모스란 단어와 결합해서 분명 자신의 죄를 깨닫고 인정하는 상태를 의미한다. 물론 이 상태는 아직 회심의 상태는 아니다. 왜냐하면 죄를 깨닫고 인정케 한 장본인이 원수일 수도 있기 때문이다. 하지만 자신의 죄를 분명히 보고 인정한 사람은 전혀 다른 빛 비춤에 의해서, 때론 책망을 통해서 자신의 허물을 본 사람이다. 마음의 변화가 일어난 증거로 근심과 후회가 있을 수 있다. 이러한 것들은 플루타크를 통해서 볼 수 있다. 어떤 사전에서는 여러 가지 인용구들을 소개하면서 다양한 용례를 제시해준다. 나중 생각과 생각의 변화라는 오리지널 의미와 더불어, 근심과 자기 정죄, 그리고 이전에 기뻐하던 것들에 대한 후회를 정확하게 설명하고 있다. 킵케(Kypke)는 베드로후서 3장 9절에서 사용된 회개라는 단어를 이런 의미로 사용했다. 플루타크는 "이전에 행한 일에 대한 회개를 촉구했다."고 말한다. 이것은 "결혼하고자 결심한 사람은 반드시 그것을 후회(회개)할 것이다."와 같은 의미이다.

이제 성경으로 가보자. 성경의 사례를 살피는 일은 매우 중요하다. 70인역(LXX)을 보면, 회개란 단어가 잠언을 제외하면, 하나님은 그 마음을 변경하지 않으신다는 의미로 사용되었다. 잠언에서는 "급히 서원하지 말라. 머지않아 사람은 그것을 후회할 것이다."고 말한다. 또 다른 경우를 보면, "순진한 사람은 온갖 말을 믿으나 신중한 사람은 생각하고 또 회개를 계산하느니라."고 말한다.

신약성경을 보면, 우리는 세례 요한이 한 유명한 메시지를 볼 수 있다. 그는 천국이 가까이 왔기 때문에 회개의 세례를 전파했다. 그리스도께서 하신 첫 번째 증거도 세례 요한의 것과 동일했다. 마태복음 3장 2절, 4장 7절, 3장 8절,11절, 마가복음 1장 4절,

누가복음 3장 3절과 8절을 보라. 그 결과, 그들은 자신의 죄들을 자복했다. 확실히 이것은 말씀의 증거를 통해서 일어나게 된 자신과 자신의 죄들을 판단한 경우였다. 거기엔 생각의 변화가 있었고, 자신을 성찰한 결과 변화된 마음이 있었다. 이것이야말로 메타노이아(회개)에 대한 적절한 정의이다. 자신의 상태에 대한 양심의 조명이 있었다. 마음의 변화에 따르는, 게다가 마음의 변화가 실제라는 증거로서 열매들이 나타났다.

회개라는 단어가 가진 힘은 다음과 같은 대조를 통해서 더 선명하게 나타나고 있다. "내가 너희에게 이르노니 이와 같이 죄인 한 사람이 회개하면 하늘에서는 회개할 것 없는 의인 아흔아홉으로 말미암아 기뻐하는 것보다 더하리라."(눅 15:7) 판단할 것이 없는 곳에는 회개가 일어나지 않을 것이다. 죄가 있는 곳에는 자신의 상태를 판단하라는 요청이 있기 마련이다. 따라서 주님은 죄인을 불러 회개시키러 오셨다(막 2:17, 눅 5:32). 주님은 가장 많은 능력을 베푸신 도시를 호되게 책망하셨다. 왜냐하면 그들이 회개하지 않았기 때문이다. 두로와 시돈은 그 많은 이적들을 보았으므로 회개해야 마땅했다. 그들에게 증거가 제시되었다는 사실만으로 실제적인 변화와 자기 판단이 있었다고 생각할 수 있을까? 그렇지 않다. "예수께서 권능을 가장 많이 베푸신 고을들이 회개하지 아니하므로 그 때에 책망하시되 화 있을진저 고라신아 화 있을진저 벳새다야 너희에게서 행한 모든 권능을 두로와 시돈에서 행하였더라면 그들이 벌써 베옷을 입고 재에 앉아 회개하였으리라."(마 11:20,21) 반면 니느웨는 요나의 전도를 듣고 회개했다. "심판 때에 니느웨 사람들이 일어나 이 세대 사람을 정죄하리니 이는 그들이 요나의 전도를 듣고 회개하였음 이거니와"(마 12:41) 하지만 그들이 회심했다고 우리는 말할 수 없다. 두려움은 회개를 촉발시켰고, 그들은 요나의 증거를 믿었고, 자신을 판단했으며, 금식하고 베옷을 입었다. 만일 한 형제가 나에게 잘못을 행하고, 하루에도 일곱 번이나 "내가 회개하노라"고 말한다면, 나는 그를 용서해야 한다(눅 17:4). 이것은 회심의 문제가 아니다. 그는 하루에 일곱 번 회심하지 않았다. 우리는 많은 성경본문을 통해서 회개는 이전 죄의 상태와 연결되어 있는 것을 볼 수 있다. 이제 사도행전 8장 22절을 보자. "그러므로 너의 이 악함을 회개하고 주께 기도하라 혹 마음에 품은 것을 사하여 주시리라." 또 요한계시록 9장 30,31절, 2장 21,22절을 보라. 동일한 원리가 마태복음 18장 2,5절에 나타나 있다. 고린도후서 7장 9,10절에서는 회개의 열매를 볼 수 있다. 그들은 회개에 이르는 근심을 했다. 하나님의 뜻대로 하는 경건한 근심(슬픔)이 회개를 이루었던 것이다. 여기서 그들은 이미 오래 전에 회심한 사람들이고, 오래 전에 믿은 사람들이다. 하지만 그들은 나쁜 상태에 떨어졌고, 회개할 필요가 있었다. 11절에는 회개가 어떻게 작용하는 것인지 잘 나타나있다. "보라 하나님의 뜻대로 하게 된 이 근심이 너희로 얼마나 간절하게 하며 얼마나 변증하게 하며 얼마나 분하게 하며 얼마나 두렵게 하며 얼마나 사모하게 하며 얼마나 열심 있게 하며 얼마나 벌하게 하였는가."(고후 7:11) 우리는 여기에서 회개의 증거와 열매, 그리고 회개가 어떻게 작용하는지를 볼 수 있다. 게다가 회개가 무엇인지를 우리에게 교훈하고 있다. 히브리서 6장 1-2절을 보라. "그러므로 우리가 그리스도의 도의 초보를 버리고 죽은 행실을 회개함과 하나님께 대한 신앙과 세례들과 안수와 죽은 자의 부활과 영원한 심판에 관한 교훈의 터를 다시 닦지 말고 완전한 데로 나아갈지니라." 여기서 우리는 죽은 행실에 대한 회개를 볼 수 있다.

우리 자신과 우리가 지은 죄들에 대한 판단을 동반하지 않으면서 단지 생각의 변화만을 뜻하고 있는 회개란 단어를 사용하고 있는 신약성경의 유일한 구절은 히브리서 12장 17절에 있다. "그가 그 후에 축복을 이어받으려고 눈물을 흘리며 구하되 버린 바가 되어 회개할 기회를 얻지 못하였느니라." 에서는 회개할 기회를 얻지 못했다. 축복을 받고자 눈물을 흘리며 구했지만 돌이킬 기회를 얻지 못했다. 축복과 자신의 이전 행실에서 돌이키고 또 불신앙으로 점철된 자기 만족감에서 돌이키는 것은 함께 간다. 하지만 이 구절에서 사용된 회개라는 단어는 죄를 회개하는 것과 아무 상관이 없고, 그저 일반적인 의미에서 자신의 마음을 바꾸는 것이다. 내가 믿기론, 이것은 (에서에게 필요한 일이었지) 야곱에게는 필요치 않는 일이었다.

이제 나머지 **회개의 진정한 특징과 온전한 의미를 담고 있는 구절**은 사도행전 20장 21절이다. "하나님께 대한 회개와 우리 주 예수 그리스도께 대한 믿음을 증언한 것이라." 사도 바울은 단순히 우리가 지은 범죄와 죄악이 심판 받는 것으로 끝나는 것이 아니라, **사람은 하나님 자신의 임재의 빛 가운데서 뿐만 아니라 하나님의 거룩한 성품과 사람에 대한 하나님의 권리와 선하신 하나님의 본성의 빛을 통해서 자신의 상태를 판단해야 하는 것으로 보았다. 이러한 진실에 마음이 닿을 때 비로소 참된 회개가 나온다.** 사람은 하나님의 임재 가운데서 자신을 판단해보아야 한다. 모든 사람은 하나님께 속해 있기 때문이며, 사람은 하나님의 본성과 연관해서 자비를 구해야 하는 상태에 있다. 우리 주 예수 그리스도에 대한 믿음은 이 모두를 충족시킨다. 왜냐하면 하나님께서 자신의 본성과 권위에 따라서 죄를 심판하셨기 때문이다. 하나님의 사랑은 완전하다. 결과적으로 예수 그리스도를 통해서 하나님의 본성에 일치하면서도 그 의로운 주장에 일치되도록 하나님과의 화목이 이루어졌다. 그럼에도 이것은 약간의 설명을 요구한다. 회개가 먼저 오고, 그리고 나서 절대적인 방식으로 믿음이 오는 것이 아니다. 회개, 즉 우리가 하나님 앞에서와 하나님의 목전에서 어떤 존재인지를 판단하는 것은 진리가 일으키는 놀라운 효과이다. 회개는 우리가 대면해야만 하는 하나님과 연결되어 있다. 반면 우리 주 예수 그리스도를 믿는 믿음은 하나님이 자기 아들을 선물로 주심으로써 우리의 상태를 충족시킨 은혜를 통해서 나타난 하나님의 주권에 의한 중재(仲裁) 사역(sovereign intervention of God)에 대한 믿음인 것이다. 회개는 단순히 하나님을 향한 생각의 변화가 아니라, (물론 그것을 일으키기도 하지만) 하나님 앞에서 자기 판단의 결과이다. 따라서 회개는 우리 자신에 대한 모든 권리를 가지고 계신 하나님을 향해 우리 영혼이 반드시 해야만 하는 일이다. 회개가 믿음에 앞서 일어나는 것은 아니다. 그렇지 않다는 것을 우리는 성경을 통해서 볼 수 있다. 하지만 우선적으로 마음이 하나님의 빛을 향해 돌아서고, 우리 영혼의 상태를 충족시키신 하나님의 복된 중재적인 역사(the blessed intervention of God)에 대한 믿음을 갖게 된다.

그렇다면 **실제적인 회개는 자기 영혼을 관통하는 하나님의 빛을 통해서 하나님의 선하심을 맛보고 또 자신에 대한 하나님의 권한에 대해서 생각하는 등 충분한 자기 성찰을 통해서 자신이 지은 죄의 정도를 가늠해보고 또 죄인으로서 자신의 행실에 대한 반성의 결과로 도달하게 된다.** 이것은 요나의 경우처럼 여러 차례 하나님의 경고를 통해서 올 수도 있고, 도끼가 나무뿌리에 놓였다고 선포한 세례 요한의 애끓는 권고를 통해서 올 수도 있다. 항상 자비가 있다. 주님은 이스라엘에게 회개할 기회를 주셨고, 생명에 이르는 회개를 허락하셨다. 하나님의 선하심이 우리를 회개로 이끈다. 즉 하나님은 인간이 행한 공과를 따라서 죄들을 심판하기 이전에, 먼저 은혜를 통해서 빛과 은혜로 돌이킬 수 있는 문을 여신다. 따라서 은혜가 온전히 선포될 때, 진리가 거기에 있다면, 회개는 은혜 안에서 그리고 그리스도 안에서 하나님의 자신에 대한 완벽한 계시가 선포된 결과로 자연스럽게 나타나게 되어 있다. 그리스도의 이름으로 죄 사함을 받게 하는 회개가 모든 족속에게 전파되도록 정해졌다. 하나님께 나아올 때, 영혼 속에 일어나는 첫 번째 효과는, 그것이 실제적이기만 한다면, 하나님을 향한 의지의 전향과 구속에 대한 믿음과 복음을 선포한 결과로 죄 사함이 이루어지게 되어있다. 따라서 성경은 "회개하고 돌이키라"(행 3:19), 그리고 "회개하고 복음을 믿으라"(막 1:15)고 말한다. 이 구절은 우리에게 다만 어떻게 믿음이 회개의 유일하고도 절대적인 원천이 되는지를 보여줄 뿐이다. 회개를 일으키는 것은 말씀의 증거 때문이다. 선지자들 혹은 요나, 또는 세례 요한, 또는 주 예수님, 심지어 사도들도 사람으로 하여금 회개하고 하나님께로 돌이키도록 가르쳤다. 회개는 하나님의 증거를 통해서 되는 것이며, 그 증거를 믿는 것임을 성경은 가르치고 있다. 이제 이 증거란 바로 "그리스도 자신에 대한 증거"인 것이다. 회개와 아울러 죄 사함은 그리스도의 이름으로 전파되고 있다. 이제 심판 혹은 은혜가 하나님의 계시를 통해서 증거되고 있다. 어떤 경우엔 마음에 은혜가 작용하고, 어떤 경우엔 회개가 일어난다. 탕자가 스스로 돌이켰을 때 회개가 이루어졌다. "내가 일어나 아버지께 가리라"(눅 15:18)고 말했을 때 회심이 이루어졌다. 하지만 그가 아버지를 만나고 좋은 옷을 입었을 때에야 비로소 복음이 그에게 실제적으로 이루어진 것이다. 따라서 하나님께로 나아오는 사람은 하나님이 어떤 분이신지, 즉 하나님은 자기를 부지런히 찾는 사람들을 받아주시고 보상하시는 분이심을 믿어야 한다. 따라서 참된 회개 속에는 어느 정도 하나님의 선하심을 맛본 감각이 있기 마련이다. 탕자는 아버지의 선하심을 이렇게 회고했다. "내 아버지에게는 양식이 풍족한 품꾼이 얼마나 많은가."(눅 15:17) 만일 희망이 없었다면 돌아가고자 하는 마음도 없을 것이다. 비록 희미하긴 하지만, 자신을 받아줄 것이란 희망이 있었고, 선하심에 대해서 신뢰하는 마음도 있었다. 심지어 니느웨 사람들은 "하나님이 뜻을 돌이키시고 그 진노를 그치사 우리가 멸망하지 않게 하시리라 그렇지 않을 줄을 누가 알겠느냐?"고 말했다. 복음에 나타난 하나님의 충만한 은혜는 비록 심판도 내다보고 있긴 하지만, 실상은 회개를 촉구하기 위한 디딤돌이다. "이제는 어디든지 사람에게 다 명하사 회개하라 하셨으니 정하신 사람으로 하여금 천하를 공의로 심판할 날을 작정하시고 이에 그를 죽은 자 가운데서 다시 살리신 것으로 모든 사람에게 믿을 만한 증거를 주셨음이니라."(행 17:30,31) 하나님의 선하심이 회개로 이끌어줄 뿐 아니라, 도망갈 문을 열어준다. 장차 오는 진노로부터 도망하는 길은 하나님께로 피하는 길 외엔 없다. 왜냐하면 하나님께서는 그리스도께서 완성하신 사역을 통해서 죄 사함의 은총을 확보해놓으셨기 때문이다.

이 글의 주제는 회개가 무엇인지에 대한 성경적인 진술을 살펴보는 것이다. 실제적인 부분을 추가로 살펴보자.

실제적으로 마음 속에서 작용하는 복음의 참된 역사는 무엇보다 회개를 일으키는 것이다. 우리가 이미 살펴본 것처럼, 요나의 경고나 세례 요한의 사역은 사람들을 회개로 이끌었다. 완전한 복음도 동일한 일을 한다. 복음은 빛을 비춰주고 사랑을 말해준다. 왜냐하면 하나님은 빛이시고 또한 사랑이시기 때문이다. 따라서 하나님이 실제로 계시되었다면, 사랑은 우리 자신을 판단하도록 역사한다. 달리 역사할 수가 없다. 만일 사람이 이미 자신을 판단했다면, 단순하고 선명한 십자가 구속(救贖)의 전파는 은혜로 말미암아 영혼에 평안이 임하게 해준다. 복음은 영혼의 필요에 대한 응답이다. 자신을 충분히 살핀 결과로 이제는 그리스도를 통해서 하나님을 바라봄으로써, 하나님이 자신을 위하신다는 것을 보게 될뿐더러 또한 하나님의 거룩한 의를 자신에게 주시는 것을 보게 된다. 만일 사람이 이전에 자신을 판단한 일이 없을지라도, 참된 역사가 있는 곳에는, 완전한 은혜의 효력이 양심에 미친 결과로 회개에 이르게 해줄 것이다. 첫 번째 일어나는 일은 평안을 얻는 것이 아니라 영혼이 빛을 통해서 자기 속에 평안이 없음을 발견하고 자신에게 평안이 필요하다는, 진정한 영적 상태를 발견하는 것이다. 그간 하나님 없이 살아왔고, 어쩌면 공개적으로 하나님을 무시했을지도 모른다. 따라서 회개는 단순히 하나님이 거룩하실 뿐만 아니라 선하시다는 것을 발견하는 것이 아니다. 회개는 하나님에 대해서 그 마음이 변화하고 하나님을 사랑하는 것을 배우는 것이며, 자신을 살피고 또 과거 자신의 행적을 살피는 자기 성찰을 통해서, 즉 하나님의 임재 속에서 자신을 제대로 보고 또 그리스도께서 그 위대한 속죄 사역을 통해서 제거해버리신 죄를 판단하는 것이다. 이 때 회개가 일어나게 된다. 따라서 영혼은 자신이 하나님과의 관계에서 실패했고, 악을 행했고, 부패했고, 하나님이 없이 살아왔다는 것을 느끼면서 겸손해진다. 그리고 자신과 자신의 상태에 대해서 끔찍스러움을 느낀다. 두려움을 느끼지만 이내 소망을 가지게 된다. 결국에는 영혼이 단순할수록 쉬이 평안을 찾게 된다. 그렇다면 이러한 고백에 이르게 될 것이다. "이제는 눈으로 주를 뵈옵나이다 그러므로 나 자신을 혐오하오며 티끌과 재 가운데에서 회개하나이다."(욥 42:5,6) 물론 영혼에 따라서는 회개의 양상이 달리 나타날 수도 있고, 그 강도도 다양할 수 있다. 그럼에도 불구하고 이러한 일이 없다면, 참된 회개가 일어나지 않은 것이다.

부흥의 역사를 조사해볼 때, 이전에 영혼의 각성이 일어난 사람의 경우에는 만일 분명한 복음이 전해졌다면 즉시 행복한 상태에 들어간 것을 볼 수 있다. 평안을 얻지 못한 사람들은 결국에는 뿌리가 없었던 것으로 드러났다. 만일 얄팍하고 피상적인 복음과 성급한 평안이 제시되었다면, 이후에 양심의 깊은 곳을 찌르고 후벼 파는 역사가 있게 될 것이며, 종종 깊은 통한(痛恨)과 애통(哀痛)에 빠지는 일이 있을 것이다. 우리는 너무도 선명하고 또 너무도 완전하게 복음을 전파할 수는 없다. 다만 죄가 더한 곳에 은혜가 더욱 넘치고, 은혜가 의로 말미암아 왕 노릇하는 복음을 전할 뿐이다. 다만 이렇게 복음을 전할 때 그 효과는 반드시 나타나게 되어있고, 우리가 영혼에게서 기대할 수 있는 효과는 바로 회개인 것이다. 복음을 제시했을 때 나타나는 첫 번째 효과가 회개이다. 회개는 점점 깊어지는 양상을 띠면서 우리 생애에 걸쳐서 일어나기도 한다.

### 회개에 대한 단상

회개를 믿기 위한 예비적인 절차로서 믿음 앞에 설정하는 것에 대해서 나는 무척이나 해로울뿐더러 비성서적인 것으로 본다. 그러한 견해에 따르면, 회개는 하나님의 말씀 없이도 일어나는 것이 되고 만다. 만일 회개가 하나님의 말씀에 의해서 일어나는 거라면, 거기엔 말씀에 대한 믿음이 존재해야만 할 것이다. 그렇지 않으면 회개는 불신앙에 기초해서도 일어날 수 있는 것으로 볼 수밖에 없다. 그것은 말도 되지 않는다. 사실 회개는 완전한 형태의 복음, 즉 은혜로 거저주실 뿐만 아니라 완성된 구원에 대한 복음이 전파됨으로써 일어난다. 그러한 복음이야말로 내 마음이 사모하는 복음이다.

회개란 주제로 쓴 소책자들을 살펴보면, 회개의 수단과 효과를 혼동하거나, 두 개념이 서로 섞여 있는 것을 보게 된다. 사실 회개를 일으키는 수단은 바로 완전한 은혜의 복음(full free gospel)이다. 이렇게 완전한 은혜의 복음이 전파될 때 회개를 통해서 하나님을 향한 마음의 변화가 일어나게 된다. 나는 회개의 수단과 효과, 두 가지 모두를 믿는다. 하지만 여기서 다루고자 하는 것은 회개 자체에 대한 것이다.

성경에 따르면, 복음을 믿는 것이 회개가 아닐뿐더러, 단순히 마음이 변화되는 것도 회개는 아니다. 물론 회개하려면 우선적으로 마음이 변화되어야 한다. 하지만 회개는 단순히 마음의 변화가 아니다. 주님이 "회개하고 복음을 믿으라"고 말씀하셨을 때, 회개와 믿음, 이 두 가지가 하나라거나 동일한 것으로 의도하지 않으셨다. 게다가 여기서 제시하신 복음도 주님의 죽음, 부활, 그리고 승천에 기초한 복음도 아니었다.

성경에 나타난 몇 가지 회개의 사례를 살펴보자. 첫 번째, 사도행전 2장이다. 베드로가 백성들에게 그들의 죄를 책망했을 때, 그들은 마음에 찔림을 받고 "형제들아 우리가 어찌 할꼬?"라고 말했다. 그러자 베드로는 "너희가 각각 회개하여 … 세례를 받고 죄 사함을 받으라 그리하면 성령의 선물을 받으리니"(38절)라고 말했다. 그리고 나서 열매와 찬송이 나타났다. 여기서 복음은 단순히 그리스도 안에서 복되고 영광스러운 하나님의 계시를 제시한 것도 아니었고, (그리스도께서 십자가에서) 완성한 사역에 기초한 복음도 아니었다. 다만 그들(유대인들)이 그리스도께 행한 일과 하나님이 그리스도께 행한 일 사이의 차이점을 대조시킨 것이었다. 그들은 그리스도를 십자가에 못 박았다. 하나님은 그 분을 지극히 높이셨고, 그들이 본 대로, 하늘로서 오신 성령님께서 그 사실에 대한 증거였다. 그들은 은혜를 통해서 그 마음에 찔림을 받았다.

두 번째, 사도행전 3장이다. 여기서도 복음의 제시가 없다. 그리스도를 거절한 그들의 죄에 대한 추궁과 압박, 그리고 회개에 기초한(19절) 그들의 죄에 대한 사면과 그리스도의 귀환에 대한 약속이 제시되었다. 여기서 우리는 (회개의) 효과에 대한 기록을 볼 수는 없다. 결과는 대제사장들과 성전 맡은 자들이 와서 사도들의 강론을 방해한 것이었다.

세 번째, 사도행전 10장이다. 여기서 우리는 회개를 촉구하는 것을 볼 수 없다. 고넬료는 이미 경건한 사람이었다. 그의 기도와 구제가 하나님께 상달되어 기억하심이 되었다. 이것은 "하나님은 사람의 외모를 보지 아니하시고 각 나라 중 하나님을 경외하며 의를 행하는 사람은 다 받으시는"(34-35절) 것에 대한 계시였다. 비록 이방인일지라도 경건한 사람은 하나님이 구원하신다는 것이었다.

네 번째, 사도행전 13장이다. 이 경우가 이 글의 목적에 매우 적합한 사례이다. 이것은 그리스도의 부활을 통해서 그리스도 안에서 약속이 성취된 것을 선언함으로써 믿는 사람에게 죄 사함과 의롭다 하심을 얻게 해준다(38-39절). 하지만 회개에 대한 언급은 없다. 그럼에도 믿는 사람 속에 회개가 일어났다는 것을 의심할 이유는 없다.

### 회개와 경건한 근심

회개와 죄로 인한 근심(슬픔) 사이에는 명백한 차이가 있다. 회개는 자신을 판단하고 의지적으로 새로운 사람이 되는 것이라면, 죄로 인한 근심은 하나님의 뜻대로 하는 경건한 근심(슬픔)을 의미하며, 단순히 우리 자신에 대한 실망으로 끝나기도 한다. 그래서 항상 동일한 결론에 이르지 않을 수 있다. 나 자신의 실패 때문에 애통해하고 슬퍼하는 마음을 사무치게 갖는 것은 거기서 벗어나고픈 열망에서 시작된 것이긴 해도, 정작 나를 붙들어 매고 있는 것을 나의 가장 깊은 속 내면에서는 포기하고 싶어 하지 않을 수도 있다. 자아는 여전히 악의 편에 서서 나의 의지를 조종하려 들기 때문이다.

하지만 내가 실제로 회개하게 되면, 나의 의지는 전적으로 새로운 사람처럼 된다.

나는 내 마음 속에 있는 것을 싫어하게 되고, 깨끗하게 되고 싶어 하고, 참 빛을 통해서 그것이 더럽다는 것을 보게 된다. 자아에 대한 권세를 가지고 있는 동안, 나는 본래대로 보고 싶어 하지만, 그것을 보지 못한다. 따라서 영혼은 실제로는 악한 상태 가운데 있으며, 거기서 벗어나 바른 상태에 있고 싶을지라도 그럴 수가 없다. 경건한 근심(슬픔)이 일어날지라도, 경건한 근심 자체만으로는 이러한 상태를 감당할 수도 없고, 이 상태에서 벗어나 영적자유를 얻지도 못한다. 오로지 회개만이 그것을 가능케 한다. 싫어하는 것을 판단하고 벗어날 수 있는 힘은 회개를 통해서 의지가 새롭게 된 새 사람 속에 있다. 거기서 탈출할 수 있는 문은 그리스도 안에서만 - 그리스도와의 사귐을 통해서만 발견할 수 있다. 우리 영혼이 새롭게 되는 일은 그리스도의 정결케 해주는 제사의 효력과 연결되어 있다. 암송아지의 재를 뿌림으로써 영혼은 그 제사가 가진 효력에 의해서 하나님의 임재 속으로 들어가게 된다.

돌이킴과 회개에 대해서 생각해보자. 우리는 이에 대해서 추가적인 빛을 비추는 몇 개의 성경구절을 가지고 있다. 사도행전 3장에 보면, 우리는 "너희가 회개하고 돌이키는 것(Repent ye therefore, and be converted)"(19절)을 볼 수 있다. 그리고 사도행전 26장에 보면, "회개하고 하나님께로 돌아가는 것(repent and turn to God)"(20절)을 볼 수 있다. 나는 여기서 돌아가는 것(turn)이 단순히 의지의 변화라기보다는 하나님께로 방향을 전환하는 것으로 이해하고 있다. 하나님께로 돌아갈 때, 하나님은 우리에게 역사하실 것이고, 우리의 의지를 변화시켜 주실 것이다. 그렇다면 이 일은 우리를 회개로 이끌어줄 것이며, 하나님의 기준을 따라서 우리의 행실을 판단하도록 해줄 것이다. 그리고 나서 죄 사함이 주어지게 된다. 여기 보면 양심을 향한 호소는 있지만, 아직 하나님의 일하시는 것은 없다. 그들은 자신의 소위를 판단하고 하나님께로 돌아가도록 부르심을 받았다. 이것은 진리를 통해서 사람의 양심에 호소하는 측면인 것이다.

사도행전 2장과 3장의 차이점에 대해서 생각해보자. 사도행전 2장의 회개는 개인적인 회개로서 교회에 들어가는 방법을, 사도행전 3장의 회개는 민족적인 회개로서 하나님께로 돌아가는 방법을 보여준다. 이러한 차이를 잘 분별할 때, 참 회개의 본질에 대한 이해를 가질 수 있다.

### 회개와 하나님의 나라

이제 두 가지 주제를 다루고자 한다. 하나는 회개를 전파하는 것에 대한 것이고, 다른 하나는 하나님 나라를 전파하는 것에 대한 것이다.

사람이 회개해야 한다는 것에 대해선 아무도 이의(異議)를 제기하지 않을 것이다. 그래서 우선적으로 하나님 나라에 대해서 살펴보자. 사도 바울은 하나님의 나라에 대해서 사도행전 20장에서 에베소에서 온 장로들에게 이렇게 말했다. "보라 내가 여러분 중에 왕래하며 하나님의 나라를 전파하였으나" 뿐만 아니라 우리는 다른 곳에서 하나님의 나라에 대한 언급을 볼 수 있다.

이제 요한복음 3장에 보면, "사람이 물과 성령으로 나지 아니하면 하나님의 나라에 들어갈 수 없느니라."(5절) 이 구절이 하나님의 나라를 언급하고 있다는 사실은 종종 간과되곤 한다.

이 주제가 매우 중요하다는 점에 대해서 나는 전적으로 동의한다. 선지자들이 다른 것들도 전파하긴 했어도, 하나님이 하나의 왕국을 세우실 것이란 메시지는 선지자들의 주요한 메시지였다. 주님이 오셨을 때, 어떤 의미에서 주님은 아무 것도 달리 전하신 것이 없었다.

적어도 세례 요한과 주님은 동일한 사역을 수행하셨다. 하나님의 나라를 전파했고, 또 그럴 수밖에 없었다.

그 후에 다른 것이 왔다. 우리 구원의 복음이다(엡 1:13). 우리 구원의 복음은 십자가 이전에는 전파되거나 약속된 일이 없었다. 그리스도께서 오실 것이란 약속들은 있었지만, 장차 그리스도께서 나타나실 때에 가져다주실 은혜는 아직 나타난 일이 없었다. 물론 아담의 때로부터 은혜가 나타날 것에 대한 증거는 있었다. 하지만, 하나님 나라를 선포한 배경에는 이 은혜를 기초로 하고 있을 뿐만 아니라, 여기엔 단순히 사람들이 행복하도록 그들 속에 변화를 일으키는데 있는 것이 아니라, 하나님이 무언가를 세우신다는데 있었다. 하나님은 세상을 소유하시는 것이 아니라, 다만 한 나라를 세우고 계셨고, 만일 사람이 거듭나지 않으면 사람은 그 하나님 나라에 들어갈 수 없었던 것이다.

오늘날 기독교는 사람들로 하여금 자신들의 마음 속을 들여다보게 하고 자신들이 진정 거듭났는지, 그래서 안전을 확보했는지 여부만을 생각하도록 하는데 집착하고 있다.

이것은 상당히 외적인 것에만 관심을 두게 하는 것일 뿐, 사실상 적극적이고 실질적인 것은 전혀 없다.

두 가지 증거가 있었다. 주님이 고발을 당하신 대로 (주님에 대한 송사는 두 명의 거짓 증인들의 말이 일치하지 않았기 때문에, 정죄를 받지 않으셨지만) 주님 자신과 관련된 증거가 하나

있었고, 그것은 빌라도 앞에서 하신 것으로 주님이 왕이라는 증거였다. "네 말과 같이 내가 왕이니라."(요 18:37) 이것은 본디오 빌라도 앞에서 주님이 증언하신 선한 증거였다(딤전 6:13). 나머지 증거는 하나님이 이 땅에 하나의 나라를 세우신다는 것이었다.

그밖에 다른 것들, 교회도 있다. 가장 큰 실수는 하나님의 나라와 교회를 혼합하는 것이다. 하지만 하나님의 나라는 여전히 교회와는 별도로 전파되어야 하는 주제이다.

마태복음에서 우리는 상당히 많은 주제들을 볼 수 있지만, 무엇보다 그리스도께서 거절을 당하신 것을 볼 수 있다. 그리고 그 사실에 기초해서 다음 세 가지 것들이, 주님이 이 땅에 오신 목적을 대치시킨 것을 볼 수 있다. 즉 마태복음 13장의 천국, 16장의 교회, 그리고 17장의 장래 나타날 영광을 나타내신 변모 등이다. 물론 이 세 가지는 주님의 사역에 터를 잡고 있다.

이 세 가지는 각각 독특한 특징이 있다. 우리는 천국을 "그리스도의 신부" 혹은 "그리스도의 몸"과 동일시 할 수도 없거니와 그렇게 해서도 안된다. 하나님의 나라를 설립하는 것은 왕의 권한에 속한 일이며, 거기엔 왕과 그분의 백성들(신하들)이 있다. 하지만 몸이나 신부의 개념에서는 왕이 있을 수 없다. 그렇게 하는 순간, 모든 것이 뒤죽박죽이 될 것이다.

하나님 나라와 메시야가 오실 것에 대해서는 예언이 있었지만, 교회에 대해서는 전혀 예언이 없었다. 교회는 만세와 만대로부터 감추어졌던 것인데 이제는 계시를 통해서 나타났다. 우리는 이제 그 비밀을 풀 수 있는 열쇠를 가지고 있다.

성경은 그리스도께서 오시고 죽으시기 전까지 교회에 대한 계시는 조금도 주어지지 않았다고 선언하고 있다.

교회를 구약성경에서 찾는 것은 하나님이 계시하신 모든 것을 혼잡하게 할 뿐이다. 이는 그리스도의 십자가 이전에는 중간의 막힌 담이 제거되지 않았기 때문이다.

하지만 하나님의 나라는 증거되고 선포되었다. 왕이신 그리스도께서 오셨을 때, 그분은 거절을 당하셨다. 그래서 인격적이고 가시적인 임재는 철회되었다. 이는 왕께서 하늘로 떠나 가셨기 때문이다.

그리스도는 거절을 당하셨고 하늘로 올라가셨기에, 지상에 있는 자신의 보좌에 아직 앉지 않으셨고 다만 이렇게 말씀하셨다. "내가 네 원수로 네 발등상 되게 하기까지 너는 내 우편에 앉았으라."(히 1:13)는 말씀을 받으신 그리스도는 "이기는 그에게는 내가 내 보좌에 함께 앉게 하여 주기를 내가 이기고 아버지 보좌에 함께 앉은 것과 같이 하리라."(계 3:21)고 말씀하셨다.

요한계시록에서는 "감사하옵나니 옛적에도 계셨고 시방도 계신 주 하나님 곧 전능하신 이여 친히 큰 권능을 잡으시고 왕 노릇 하시도다."(계 11:17)고 말한다. 장차 그리스도께서 통치하실 것이지만 그리스도께 충성스러운 사람들은 지금 그분을 참된 왕으로 섬긴다. 믿는 사람들에겐 이와는 다를뿐더러 더 나은 것들이 있다. 그리스도의 나라는 지상에 공개적으로 세워질 것이다.

찰스 2세가 프랑스에 망명 중일 때, 그에게 충성했던 사람들은 그를 왕으로 받들어 섬겼다. 마찬가지로 왕이신 그리스도는 자신의 원수들을 발로 밟으시는 그 때까지 하나님 우편에 앉아계신다.

때가 되면 그리스도는 아버지 보좌를 떠나 자신의 나라를 세우실 것이다.

그 때까지 전개되는 천국의 모습을 우리는 마태복음 13장의 비유를 통해서 볼 수 있다. 마태복음 13장은 왕께서 부재해 계신 동안 이 땅에서 진행되는 천국의 상태를 설명하고 있다.

자연인의 눈에는 이 세상이 전혀 천국으로 보이지 않을 것이다. 왜냐하면 아직 그 전체 모습이 나타나지 않았기 때문이다.

마귀는 가라지를 교회가 아닌 세상에 심는다. 성경은 분명하게 "밭은 세상"이며, 거기엔 가라지들이 심겨질 것으로 말한다. 가라지를 심는 것은 마귀의 역사이며, 그것도 엄청난 양으로 할 것이다. 마지막 세 개의 비유를 보면, 우리는 그에 대한 하나님의 의도를 알 수 있다.

하나님은 보화를 얻기 위해서 세상을 사신 것이다. 그리고 값진 진주를 구하신다. 마지막으로 우리는 가라지들을 어떻게 처분하실지를 보여주시는 확실한 그림을 보게 된다. 즉 그물을 바다에 던져 다양한 종류의 고기를 잡아들인다. 그리고 좋은 것은 그릇에 담고 나쁜 것은 내어버린다. 이 모든 내용은 왕께서 이 땅에 계시지 않는 동안 일어나게 될 천국과 관련된 일들이다.

하나님의 나라가 권능 가운데 실제적으로 설립되는 일은 장래 일이다. 하지만 그 어간에 그리스도께서는 장차 자신과 더불어 왕으로 통치할 사람들을 불러 모으는 일을 하신다.

비밀스러운 방법으로 천국이 시작되었지만, 공식적으로 하나님의 나라가 설립된 것은 아니다. 하지만 그리스도께서 오실 때 우리는 그리스도와 더불어 보좌에 앉을 것이다. 왜냐하면 우리는 아버지 하나님을 위하여 왕들과 제사장이 되었기 때문이다 (계 1:6).

요한계시록 4장에 보면 이십사 장로들이 이십사 보좌들에 앉아 있는 것을 볼 수 있다. 킹제임스 번역자들은 보좌들이라고 번역하는 것을 두려워했다. 성도들이 이십사로 상징화 된 보좌에 앉아 있다는 것이 이상하게 보였기 때문이다. 따라서 그들은 보좌(thrones)라는 단어 대신 자리(seats)라는 단어를 사용했다.

어쨌든 만일 당신이 하나님의 나라가 영광 중에 나타나는 것을 보고자 한다면, 요한계시록 17장을 읽어보라.

공관복음서에 보면, 주님은 세 명의 제자, 베드로, 야고보, 그리고 요한을 데리고 산에 올라가셔서 자신과 동일한 영광 가운데 있는 모세와 엘리야의 모습을 그 산에서 보여주신다.

주님은 이러한 변모에 기초해서 이미 "여기 섰는 사람 중에 죽기 전에 인자가 그 왕권을 가지고 오는 것을 볼 자들도 있느니라."(마 16:28)고 말씀하셨다.

이제 베드로후서 1장 16-18절을 보자. "우리 주 예수 그리스도의 능력과 강림하심을 너희에게 알게 한 것이 공교히 만든 이야기를 좇은 것이 아니요 우리는 그의 크신 위엄을 친히 본 자라 지극히 큰 영광 중에서 이러한 소리가 그에게 나기를 이는 내 사랑하는 아들이요 내 기뻐하는 자라 하실 때에 저가 하나님 아버지께 존귀와 영광을 받으셨느니라 이 소리는 우리가 저와 함께 거룩한 산에 있을 때에 하늘로서 나옴을 들은 것이라." 우리는 베드로가 본 사건을 마태복음 17장에서 이미 보았다. "인자가 자기 왕권을 가지고 오는 것"이 바로 "우리 주 예수 그리스도의 능력과 강림하심"인 것이다.

세 명의 제자가 함께 이 광경을 보았지만, 주님이 죽은 자 가운데서 살아나실 때까지는 아무에게도 말하지 말라는 명령을 받았다.

누가복음 9장을 보면 참으로 복된 주님의 은혜에 대한 증거와 더불어 더욱 선명한 그림을 볼 수 있다. 하지만 마태복음 16장에서 베드로는 "주는 그리스도시요 살아 계신 하나님의 아들"로 고백했다. 물론 왕으로 고백한 것이다. 그러자 주님은 그들에게 아무에게도 말하지 말라고 경계하시면서 자신이 고난을 받고 죽임을 당하고 제 삼 일에 살아나야만 할 것을 알리셨다. 거기에 더하여 그리스도를 따르고자 하는 자는 자기 십자가를 지고 또 그리스도와 더불어 고난을 받아야 할 것을 말씀하셨다.

그리고 6일 후, 주님은 세 제자를 데리고 높은 산에 올라가신 것이다. 베드로는 변화산의 광경을 일컬어 "우리 주 예수 그리스도의 능력과 강림하심"에 관한 사건으로 소개하고 있다.

누가복음에서는 조금 달리 표현한다. 베드로에 따르면, 지극히 높은 영광의 상징인 구름(쉐키나)이 와서 자신들을 덮었고, 지극히 높은 영광의 구름 속에서 아버지의 목소리가 났으며, 모세와 엘리야가 그 속으로 들어갔다. 그렇다면 이것은 하나님의 나라에 대한 설명이 아니라, 그 보다는 더욱 좋은 것, 즉 아버지의 집에 대한 설명인 것이다. 분명 하나님의 나라에 대한 계시는 있었다. 그리고 그리스도와 함께 영광을 받은 성도들, 그리스도와 같이 변화된 성도들이 등장했다. 마지막으로 지상에 살게 될 성도들은 남았다.

하나님의 나라는, 그리스도께서 유대인들에게 그리스도로 영접 받지 못하실 것에 대한 선언 이후, 이러한 영광의 비전 가운데, 즉 영광 가운데 세워졌다. 그리스도로서 거절을 당하셔야만 했고, 그 일은 끝났다. 이제 인자가 고난을 받으셔야만 했다. 최종적으로 그리스도께서 오실 때, 하나님 나라는 공개적으로 설립될 것이며, 그 나라에서 모든 넘어지게 하는 것과 또 불법을 행하는 자들을 거두어 내실 것이다. 그 때에 의인들은 자기 아버지 나라에서 해와 같이 빛을 발할 것이다. 다시 말해서 나는 이 장면을 누가복음의 구름이 하늘에 속한 자들과 땅에 속한 자들을 분리시킨 것처럼, 장차 하나님의 나라에서 하늘에 속한 부분 혹은 위에 있는 부분을 설명하는 것으로 본다. 그리고 인자께서는 이 땅을 하나님 나라의 권능이 나타나는 영역으로 정하실 것이다.

유대인들이 바벨론 포로로 사로잡혀갔을 때, 그때 일어난 가장 중요한 사실은 바로 하나님의 보좌가 지상을 떠나 하늘로 올라갔다는 것이다. 하나님은 지상에 자신의 보좌를 세우시고, 그룹들(케루빔) 가운데 좌정하셨다. 유대인들이 포로로 사로잡혀 갔을 때, 그것은 끝났다. (하나님의 보좌가 하늘로 올라갔다고 말할 때, 이 땅에 대한 하나님의 섭리가 끝났다는 의미는 아니다. 참새 한 마리가 떨어지는 것도 하나님의 섭리에 속한 일이다. 그 두 가지는 별개의 사안이다.) 하지만 주님이 처음 세상에 오셨을 때 주님은 "하나님의 나라가 너희 가운데 있느니라."고 말씀하셨다. 이 말은 "하나님의 나라가 여기에 있다. 만일 너희가 받아들인다면 들어갈 것이다."라는 뜻이다. 하지만 그들은 그분을 왕으로 영접하기를 거절했다.

바벨론 - 금신상의 머리 - 이 세워졌을 때, 하나님의 보좌는 지상을 떠나간 후였다. 느부갓네살 왕이 예루살렘을 점령했다. 하나님은 그룹(케루빔) 사이에서 영광의 구름 가운데 계셨지만, 그곳을 떠나 감람산으로 옮겼다가, 최종적으로 하늘로 올라가셨다. 그리고 네 짐승의 보좌가 그 자리에 세워졌다. 그 이후, 그 자리는 마지막 짐승의 정부가 세워질 것이다. 하나님은 섭리를 통해서 항상 역사해오셨고, 모든 짐승들이 주 예수 그리스도께서 세상에 오시기 전에 모두 출현을 완료했다.

따라서 로마 짐승이 예루살렘을 통치할 때, 그는 유대인과 합세하여 그리스도를 대적했다. 헤롯과 본디오 빌라도처럼 "세상의 군왕들이 나서며 관원들이 서로 꾀하여 여호와와 그 기름받은 자를 대적하[였다.]"(시 2:2) 그들은 서로 손을 잡고 하나님이 세우신 왕을 거절했으며, 그리스도는 빌라도에게 자신이 하나님이 세우신 왕이심을 천명하셨다. 따라서 하나님의 나라가 권능 가운데 세워지는 일은 주님이 다시 오실 때까지 연기되는 일이 일어났다. 그리스도께서 다시 오실 때, 그분은 "만왕의 왕이시며 만주의 주"가 되실 것이다.

그 때 바벨론과 무신론자들은 모두 심판에 처해질 것이며, 가능한 신속히 심판을 받게 될 것이다. 사람의 의지와 짐승의 능력이 서로 결탁할 것이다. 하지만 그리스도께서 오시고 자신의 나라를 세우실 때, 모든 것을 굴복시키실 것이다. 시편 2편과 8편에서 보듯이, 그리스도는 유대적인 영역보다 더욱 광대한 영역을 자신의 통치영역으로 삼으실 것이다. 그리스도를 눈으로 보게 될 때 회개하는 사람은 다스림을 받는 지상 백성이 될 터이나, 우리는 그리스도를 보지 않고 믿었기 때문에 그리스도와 더불어 통치하는 왕이 될 것이다. 우리는 그보다는 더욱 좋은 것을 얻게 된다. 왜냐하면 우리는 그리스도와 함께 있을 것이며, 그리스도와 같이 변화될 것이기 때문이다. 하나님의 나라에 대한 진리는 오랜 동안 잊혀 왔지만 다시 전파되기 시작했다. 하나님은 그리스도와 함께 하나님의 나라를 통치할 공동 후사들을 불러 모으는 일을 하고 계신다. 그들이 모두 모이게 되면, 하나님의 나라가 올 것이며, 우리를 둘러싼 광경은 주 예수 그리스도의 심판의 광경으로 바뀌게 될 것이다.

베드로는 "우리에게 더 확실한 예언이 있[다]"(벧후 1:19)고 말한다. 이것은 문자적으로는 "확증된 예언의 말씀"이란 뜻이다. 왜냐하면 세 제자가 영광 중에 계신 그리스도를 친히 목격했고, 이로써 예언의 말씀을 확증했기 때문이다. 그리고 나서 베드로는 "어두운 데 비취는 등불과 같으니 날이 새어 샛별이 너희 마음에 떠오르기까지 너희가 이것을 주의하는 것이 가하니라"고 말했다. 왜냐하면 이제 우리 주변을 둘러싼 모든 것들이 더욱 깊은 어둠 속으로 들어갈 것이기 때문이다.

만일 당신이 하늘에 계신 그리스도를 소유하고 있다면, 이 땅에서 실망스러운 일에 집착하기 보다는 하늘에 계신 그리스도에게로 가까이 가는 것이 훨씬 좋은 일이다.

세상은 장차 오는 일에 대한 두려움에 더욱 사로잡힐 것이다. 모든 일이 결국에는 짐승, 곧 프랑스, 이탈리아, 스페인 등의 심판으로 귀결될 것이다. 여기에 영국도 가세할 것으로 생각하니 두려운 마음이 든다.

우리 그리스도인들에게 주 예수 그리스도의 강림은 광명한 새벽별에 해당된다. 반면 의로운 해가 떠오르게 되면, 세상에 대한 심판이 진행될 것이다.

말라기의 마지막 장을 읽어보면, 이것은 전혀 복음을 말하고 있는 것이 아님을 알게 된다. 하나님은 의인과 악인을 구분해내실 것이며(말 3:18), 그 날은 극렬한 풀무불과 같은 날이 될 것이다. 그리고 의로운 해가 떠오르는 것은 그리스도께서 이 세상에 오심으로써 악인들을 그리스도의 백성들의 발바닥 밑에 재와 같이 밟을 것을 의미한다(말 4:1-3).

그 일이 일어나기 전에, 우리는 이 세상에 우리를 빼내어 가시는 하늘에 계신 그리스도, 즉 새벽별이신 그리스도를 보게 될 것이다. 이것이 우리 그리스도인의 소망이며 분복(分福)이다. 이 일 후에 그리스도께서 나타나실 때 우리도 그리스도와 함께 나타날 것이다.

우리 그리스도인의 특권은, 주 예수 그리스도와의 연합이 완전한 것처럼 완전하다. 그리스도는 많은 형제들 가운데 장자이실 뿐만 아니라 자신이 가진 모든 것을 조금도 유보함이 없이 모두 우리와 똑같이 나누시는 분이시다.

그리스도께서 아들이실진대, 우리도 아들이다.
그리스도께서 영광 중에 오실진대, 우리도 영광 중에 올 것이다.
그리스도께서 평안이실진대, "나의 평안을 너희에게 주노라"고 말씀하신다.
그리스도께서 기쁨을 누리고 계신가? 그 기쁨을 우리에게 주시고, 우리 속에 그 기쁨을 온전케 하실 것이다.
하나님이 그리스도께 주신 모든 말씀을, 그리스도께서는 우리에게도 주셨다.

게다가 그리스도는 아버지의 이름을 알게 하셨다. 이는 "나를 사랑하신 사랑이 저희 안에 있고 나도 저희 안에 있게 하려[는]"(요 17:26) 것이었다. 이 모든 일은 그리스도에게 주신 것과 동일한 것을 우리에게 주시기 위한 것이다.

주님의 재림은 여전히 전파되어야 하는 중요한 주제이다. 이 진리가 전파되는 곳마다 하나님의 나라도 전파되어야 한다. 죄인들은 확실히 죄 사함이 무엇인지 알 필요가 있지만, 주님의 오심에 대한 진리도 함께 증거된다면 더욱 좋은 결과를 낼 것이다. 하나님은 자신의 약속에 대하여 어떤 이의 더디다고 생각하는 것같이 더디지 않으신다. 주님은 곧 오실 것이다. 우리는 그 때가 언제인지 말할 수 없지만, 그리스도와 함께 한 후사들이 다 모이기전까지는 오시지 않을 것이다. 주님이 오실 때에는, 우리가 누가복음에서 본 것처럼, 아버지께서 계신 곳, 곧 구름 속으로 들어가게 될 것이다.

나는 우리 모두가 이 글을 통해서 하나님 나라를 선명하게 보았다고 확신한다.

# 제 2부
# 죄 사함의 진리

## 제 4장 죄 사함이란 무엇인가?

　죄 사함에 있어서 가장 중요한 요소는, 내 생각으로는, 죄를 지은 사람의 허물에 대해서 용서해주는 사람 마음의 변화에 있다. 용서해주는 사람이 가지고 있는 법적인 권세 혹은 상해 때문에 생긴 권리, 상해를 입힌 사람을 징벌할 수 있는 재판권이 마음에서 포기된 곳에는, 잘못을 행한 사람을 향한 심판은 더 이상 존재하지 않게 된다. 권리를 가진다는 측면에서 볼 때, 잘못을 행한 사람에 대해서 합법적인 재판권 또는 일종의 권한이 생기게 된다. 그에 대한 권한이 존재한다면, 용서를 말할 때 우리는 일반적으로 허물을 심판할 수 있는 권한을 포기하는 것도 생각해보아야 한다. 그렇다면 심판을 받아야 하는 범죄자를 풀어주는 것이 가능해진다. 따라서 죄 사함은 범법의 사실을 인정한 사람을 심판할 수 있는 권리 혹은 권한을 넘어서 시행될 수는 없다. 재판권을 넘어서 사죄가 이루어진다는 것은 세상사가 다 그렇듯 불가능한 일이다. 도둑을 용서하고, 살인자를 용서하고, 그의 잘못을 용서해줄 수는 있지만, 그럴지라도 그를 율법에서 보호하거나, 회개치 않는 사람에 대한 하나님의 심판에서 그를 피하게 해줄 수 없다. 그렇다면 사람은 개인적으로 하나님에게서 죄 사함을 받아야 한다. 세상은 하나님의 섭리적인 차원에서 사죄의 효과를 볼 수도 있다. 왜냐하면 영역이 다르기 때문이다. 하나님의 임재 혹은 호의로부터 영원히 차단시키는 것은 죄가 가진 효력이다. 따라서 죄를 용서할 때 조건을 부여할 수도 있다. 이를테면 나의 자녀가 사과를 훔쳤다면, 나는 그에게 사과를 돌려주라고 요구한 뒤에도 그를 용서하지 않을 수 있다. 왜냐하면 여기엔 이중적인 관계가 놓여 있기 때문이다. 하나는 부모로서 가진 권위이고 다른 하나는 다른 사람에게 잘못을 행한 일에 대한 징벌권이다. 하지만 일반적으로, 죄 사함은 재판권을 가진 사람이 잘못을 행한 사람을 사면해주는 것으로 보아야 한다. 죄인을 풀어줄 권한을 가진 사람은 모든 잘못을 사면할 권한도 가지고 있으며, 이 모든 권한을 가진 사람은 심판의 측면에서 그를 무죄 방면할 수 있다.

사면에 따라 많은 결과들과 효과들이 따라 올 수 있을 것인데, 이것이 바로 죄 사함의 진면목이다. 권한이 집행되고 심판이 적용된 결과, 죄 사함이 가진 힘과 역량의 결과는 범죄자를 풀어주는 것이다. 그렇지만 한편 하나님은 죄는 용서하시지만 통치적인 차원에서 우리의 선을 위하여 징계를 행사하기도 하신다. 다윗의 경우와 민수기 14장 20절의 경우를 보라. 하나님과 죄를 지은 사람 사이에, 용서가 있고, 더 이상 그를 죄인으로 정죄하지 않지만, 그럼에도 징계가 시행되었다. 우리도 잘못을 행한 사람을 용서해주지만, 이것은 어디까지나 내가 용서해주는데 부여한 가치와 마음에서 정한 한계 내에서 이루어지는 것이다. 교회는 죄를 범한 그리스도인이 지은 죄를 징계의 차원에서 묶을 수도 있고, 아니면 징계를 통해서 회복시키거나 사면함으로써 풀어줄 수도 있다. 그리하면 하나님은 그것을 재가(裁可)하실 것이다. 하지만 이것도 죄 사함이 가진 역량과 영역을 넘어서지 못한다. 다만 하나님이 재가하시는 범위 안에서만 시행될 뿐이다. 만일 징계가 바르게 시행된 것이라면, 교회가 행한 일은 하늘에서도 묶이는 것이 사실이지만, 그렇다고 교회가 구원을 위한 영원한 죄 사함의 효력을 가진 죄 사함의 은총을 베풀 수 있는 것은 아니다. 이것은 교회의 영역이 아니다. 교회가 다룰 수 있는 영역은 이 땅의 일이며, 하나님은 교회의 결정에 자신의 인장(印章)을 찍으시게 된다. 따라서 우리가 고린도후서에서 읽은 내용처럼 사도 바울도 그런 식으로 용서할 수 있었다. 그렇다면 질병이 하나님에게서 온 징계라면 믿음의 기도를 통해서 치유될 수 있다. 하나님이 이런 식으로 죄를 다루시는 것은 회복의 역사를 위한 조치인 것이다. 욥기 36장을 읽어보라. 하나님은 교회가 본래 자

제 4장 죄 사함이란 무엇인가? 117

신의 영역 안에서 시행한 죄 사함에 대해서 재가하시지만, 교회는 하나님에게만 속한 죄 사함을 마치 자신이 줄 수 있는 것처럼 행세해서는 안된다. 죄를 사하는 권세는 하나님에게만 속해 있기 때문이다. 하나님은 내가 나의 원수를 용서한 것에 대해 재가해주시지만, 그것은 용서할 권한이 나에게 있는 경우에만 한하는 것이다. 하나님을 대적한 죄에 대한 사면권은 하나님에게만 있다. 교회가 가진 죄를 사하는 행정방식은 다르다. 하나님은 죄를 사하는 행정권을 교회에 맡기셨지만, 교회가 행한 일에 대한 하나님의 재가는 그 범죄자에 대해서 하나님이 베푸시는 영원한 자비의 영역에 속한 것과는 다소 다른 점이 있다. 즉 베드로가 땅에서 맨 것을 하늘에서도 매이게 하는 것은 그가 하늘에 있는 모든 것을 마음대로 할 수 있는 권한을 가지고 있다는 의미가 아니다. 예를 들자면, 왕은 총독이 자신의 영토에서 행한 모든 승리를 재가해줄 수 있다. 그렇다고 해서 총독이, 왕이 할 수 있는 모든 일을 할 수 있다는 말은 아닌 것과 같다.

사도들은 모두 죄 사함을 전하도록 사명을 받았고, 이것은 하나님에게서 온 소명이었다. 그럼에도 죄 사함은 교회의 권한이 전혀 아니었다. 말씀을 받아들인 것에 근거해서, 사람들은 교회에 가입되었고, 그들의 죄는 사함을 받았다. 그렇다면 더 이상 죄에 대한 책임문제는 없게 된다. 따라서 아나니아는 사울에게 "일어나 주의 이름을 불러 세례를 받고 너의 죄를 씻으라"(행

22:16)고 말할 수 있었다. 이것은 죄 사함의 지상적 행정이었으며, 그리스도께서 주시는 평안을 현재적으로 받아들이는 것이었다. 그리고 나서, 여기에 덧붙이자면, 교회에 대한 하나님의 통치가 시작되었다. 통치의 영역에서 교회는 심판을 통해서 용서하거나 묶는다. 하나님도 그렇게 하신다. 욥기 36장을 보라. 하나님의 마음을 인지한 교회는 그에 따라 사죄권(사면권)을 시행할 수 있고, 개인들은 믿음의 기도를 통해서 그 은택을 입는다. 이것은 영원한 심판에서 정죄를 면하게 해주는 일과는 아무 상관이 없다. 다만 교회는 한 제물로 영원한 죄 사함을 받은 사람들 - 영원히 온전케 된 성도들 - 을 대상으로 해서 그들의 죄문제를 다룰 뿐이다. "교회 안에 있는 사람들이야 너희가 판단하지 아니하랴 밖에 있는 사람들은 하나님이 심판하시려니와"(고전 5:12,13) 그들을 다시 받아들이는 것은 현재 행정적인 죄 사함에 속한 일이다. 그들은 하나님에게서 죄 사함을 받은 사람들로서 교회 안에서 자신들이 받은 특권을 다시 누리게 된다. 그들을 다시 영접하는 차원에서, 교회는 용서를 베푸는 것이다. 고린도후서 2장 7-10절을 보라. 따라서 교회는 교회에 위임된 죄 사함의 행정권을 소유하고 있다. 죄를 사하는 교회의 행정권은 믿음에, 나의 본성에 작용한다. 이것은 행정적인 권한으로, 세례(침례)식을 통해서 나타난다. 골로새서 2장 12,13절을 읽으라. 로마서 6장은 본성에 적용되는 측면을 설명한다.

그렇다면 교회 안에 있는 사람들은 교회가 판단하며, (구원을 위한 것이 아니라, 구원받은 사람들을 치리하는 측면에서) 교회가 가진 하나님의 통치적 행정권은 시작되었다. 따라서 욥기에 보면, 하나님은 "그의 눈을 의인에게서 떼지 아니하[신다.]"(욥 36:7) 의인, 성도들, 구원받은 사람들은 그 모든 죄가 용서되었고, 이렇게 죄 사함을 받은 두 세 사람이 그리스도의 이름으로 모인 곳에, 그리스도의 권위 아래서 혹은 그리스도와 및 그 권위로 행한 그들의 행동은 하나님의 재가를 받게 될 것이다. 이미 말한 바와 같이, 그들의 행동에 대한 하나님의 재가는 하나님의 진노나 정죄 여부를 결정하는 것과는 아무 상관이 없다. 왜냐하면 이 문제는 개인적인 믿음을 통해서 그들의 양심에 이미 해결되었기 때문이며, 또한 자신의 실제적인 상태에 대한 간증을 통해서 교회로 이미 영접되었기 때문이다. 그렇다면 징계 즉 하나님에게서 온 징계는 의인들을 위한 것이다. 우리가 판단을 받고, 주의 징계를 받는 것은 세상과 함께 심판을 받지 않게 하기 위한 것이다. 내가 사람의 죄를 용서하는 차원을 사람이 구원의 은혜를 받고 또 하나님의 가족으로 열납되는 것으로 만드는 순간, 나는 기독교를 무너뜨리고 또 하나님이 세우신 교회의 권한과 자리를 부인하는 것이 된다. 이렇게 하는 것은 그리스도의 사역을 부정하는 것이다. 이 문제가 해결되기 전까지 통치는 시작되지 않는다. 의인들은 지금 통치를 받고, 징계를 받고, 사죄를 받고, 판단을 받는다. 우리의 행동에 대한 하나님의 재가는 마치 하나님의 권한을 우리가 가지고 있는 양 행세하는 것이 아니다.

　죄 사함은 죄를 용서해주는 사람이 가진 권한에 기초해서 범죄한 사람이 저지른 범죄의 책임에서 면제시켜주는 것이다. 죄 사함은 바로 그러한 효과를 가지고 있다. 따라서 죄 사함은 사람과 허물에 모두 적용된다. 하지만 근본적으로는 사람에게 적용되는 것이며, 부수적으로 지은 죄들에 적용된다. 여기에 사용되는 단어는 달리 사용되고 있다. 여하튼 사람과 죄들에 적용되는 것은 누가복음 7:42, 고린도후서 2:7, 골로새서 3:13, 에베소서 4:32 등이다. 여기에 해당하는 단어는 '카리조마이'가 사용되었고, 죄들에 대해서는 '아페시즈'가 사용되었다. 한편 누가복음 17장 3절은 아페스 아우토, 즉 "그를 용서하라"에서 용서라는 단어가 사람에게 사용되었고, 고린도후서 2장 10절은 카리제스테호 티, 즉 "무슨 일이든지 용서하면", 그리고 고린도후서 12장 13절은 "나의 이 공평치 못한 것을 용서하라"에서 용서라는 단어가 죄나 허물에 사용되었다. 어원적으로 '용서하다 혹은 호의를 베풀다'라는 의미를 가진 '카리조마이'라는 단어는 용서를 받는 대상이 되는 '사람'에게 사용되었고, '아피에마이'라는 단어는 지은 '죄'에 사용되었다. '사하다 혹은 사면하다'는 의미를 가지고 있는 '아피에마이'라는 단어가 가진 힘은 마태복음 6장 12,14,15절과 누가복음 11장 4절에 잘 나타나 있다.

무엇보다 하나님 자신의 본성이 가진 거룩성이 충족되어야 한다. 그럴 때만이 죄 사함이 가능해진다. 반드시 하나님의 거룩성을 충족시키는 것으로 나타나야만 한다. 따라서 죄 사함은 여전히 심판과 형벌의 문제와 연결되어 있고, 그에 따른 관계적인 책임이 따르는 것이기에, 만일 화목이 이루어지지 않는다면 추방(내어 쫓기는 일)이 이루어질 수밖에 없다. 죄 사함은 내적인 역사이기에 죄 사함이 개인에게 일어날 때, 필수적으로 영원한 기쁨이 동반된다. 내적인 기쁨은 죄 사함이 주는 복이다. 잠시 천년왕국 시대에 지상에 살게 될 성도들에 대해 생각해보자. 그들은 성전의 휘장 안에 자신의 거처를 둘 수 없을 것이다. 그들은 전적으로 죄 사함을 받은 성도들이고, 주님이 그들과 함께 하시는 것도 사실이지만, 그럼에도 그들은 주님과 함께 하늘에 거하는 자들은 아니다. 죄는 항상 하나님의 눈앞에서 죄일 뿐이다. 이것은 하나님의 본성에 따른 것이기에, 반드시 그들은 그리스도의 완전한 순종과 자신을 희생한 결과인 그리스도의 피를 필요로 하게 된다. 이스라엘은 주님에게로 돌아올 것이다. 그들은 자신들이 거절한 구주를 자신의 눈으로 직접 보는 그 날, 회개하게 될 것이다. 이 일은 장차 일어날 것이며, 땅과 관련해서 일어나는 일이다. 그들은 땅에서 열매 맺는 백성이 될 것이다.

구약성경에는 죄 사함과 관련해서 네 개의 단어가 나온다. 카파르, 나사, 카사아, 사락흐. 카파르라는 단어는 속죄와 연관해서 사용되었다. 죄는 희생 제사를 통해서 하나님의 눈에 가리어진다. 하나님은 만족하시고 따라서 죄를 사하신다(카-파르). 나사라는 단어는 '제거한다'는 의미를 가지고 있다. 죄가 하나님의 눈 앞에서 제거되고, 따라서 죄가 사해진다. 카사아라는 단어는 '덮는다'는 의미를 가지고 있다. 죄는 덮어지고, 하나님의 눈에 숨겨진다. 그리고 마지막으로 사락흐라는 단어는 흔히 죄를 '용서한다'는 의미로 사용되는 단어로, 카-파르와 동일한 효력을 가지고 있다. 하지만 이 단어가 가지고 있는 가장 중요한 핵심은 '의로움을 전가시켜준다'는데 있다. 대속죄일(킵-푸르)을 생각해보자. 그 날은 죄가 속죄된 것을 기념하는 날이다. 악이 있고, 죄가 있음을 기억하는 날이다. 죄가 제거되지 않았다면, 하나님도 그 거룩한 성소에 들어가실 수 없다. 따라서 모든 특정한 죄에 대해서까지 속죄가 이루어져야만(카-파르) 하며, 죄가 제거된 것을 상징적으로 보여주는 행실의 갱신이 필요했다. 죄 사함은 죄 아래 있는 범죄자에 대한 심판을 종식시키고, 그에게 사죄의 호의를 베풀 때 일어난다. 사람의 상태, 즉 진노의 대상으로서 (육신에 속한) 영적 상태와 같은 것은 구약성경에 계시되지 않았다. 구약성경은 사람을 보호감찰의 차원에서, 속죄를 통해서, 화해를 제공함으로써 의롭다 함을 받을 수 있는 길을 제시할 뿐이다. 따라서 필요할 때마다 범법은 사죄를 받고, 하나님의 눈앞에서 제거되어야만 했다. 그렇다면 하나님에게는 카-파르(죄가 속죄되어 하나님의 눈에 가려지는 일)가, 사람에게는 카사아(죄가 덮어지는 일)가 이루어진 것이다.

기독교는 하나님의 의(義, righteousness)를 계시하고 있다. 휘장은 찢어졌고, 죄를 위하여 더 이상 회개할 필요가 없을 정도로 위대한 희생제사가 단번에 영원히 드려졌다. 그렇다면 회개를 반복하는 것은 그 희생제사의 가치를 부정하는 일이 된다. 죄를 제거하는(아데테시스; 죄를 무효화시키는, 단 9:24, "죄가 끝나며") 희생 제사를 하나님이 받으셨다. 이로 인해서 휘장이 열리고 빛 가운데 계신 하나님의 존전 앞으로 우리는 나아가 서 있을 수 있게 되었다. 그리스도께서 우리의 모든 죄를 담당하셨고 또 제거하심으로써 온전히 하나님을 영광스럽게 해드렸기 때문에 가능한 일이다. 예표를 통해서 예언된 것이지만 구약시대에는 죄(sin)를 제거하는 일은 없었다. 하지만 그리스도께서 마지막 때에, 즉 세대의 끝에 나타나셨고, 하나님을 위해서 그리고 우리를 위해서 죄(sin)를 제거하셨다. 따라서 신자는 그리스도께서 계신 영광의 자리로 영접되었다. 바로 이것이 하나님 앞에 있는 그리스도인의 자리(status, 상태, 신분)이다. 이는 그리스도께서 구속의 역사를 이루셨고, 심판을 대신 받으셨으며, 따라서 절대적이고도 영원한 죄 사함이 이루어졌기 때문이다. 이는 죄가 제거되었고, 엄밀한 의미에서, 하나님의 본성에 합당한 방법으로 심판이 집행되었고, 우리가 지은 모든 죄들이 사해졌기 때문이다. 따라서 하나님은 죄들이 초래한 모든 것을 철회하셨으며, 동시에 하나님의 공의는 충족되었다. 이것은 좀 더 고차원적인 의미에서 의(義)의 문제이다. "의에 대하여라 함은 내가 아버지께로 가니" 즉 의의 문제가 대두되었다. 죄 사함은 심판의 문제가 해결됨으로써 오는 것이다. 따라서 죄 사함의 은총이 복음에 선언되어 있다. 죄 사함이 선언될 때, 죄 사함을 받은 사람은 용서해주는 사람의 마음이 미리 정한 새로운 지위에 들어가게 된다. 이것이야말로 죄 사함이 무엇인지를 제대로 설명하는 것이다.

내가 이미 언급한 대로 죄 사함이 가지고 있는 완전한 효력은 장차 이루어질 일에 대한 계시의 문제였다. 주님의 생애 동안, 죄 사함은 성취를 앞두고 있었던 일이었을 뿐, 그 때에 실제로 이루어진 일은 아니었다. 우리는 이 사실을 주목해야만 한다. 주님이 죄 사함을 말씀하시는 각 경우를 살펴보면 그것은 절대적인 죄 사함을 말씀하시는 것이었다. 누가복음 7장에서 주님이 하신 "네 믿음이 너를 구원하였으니 평안히 가라"는 말은 완전한 죄 사함을 암시하고 있었다. 이것은 로마서 3장에 대한 지식은 다소 있었을지라도, 히브리서 10장 혹은 로마서 8장에 대한 지식은 없는 상태에서 이루어진 일이었다. 중풍병자의 경우는 보다 유대적인 특징을 가지고 있었지만, 그 당시 그의 처지를 생각해보면, 완전한 죄 사함을 의미했다. 이는 시편 103편, 사-락흐를 암시하고 있으며, 죄 사함을 통해서 현재적 호의를 얻는 자리에 들어가는 것을 의미한다. 하지만 이것은 또 다른 문제를 일으킨다. 만일 죄 사함이 마음의 결정을 행동으로 옮긴 것이라면, 입은 상해 때문에 생긴 권리를 가진 사람이 그것을 포기하는 것이라면, 그 때문에 생긴 불쾌한 감정도 버려야 하고, 그 사람을 향한 정죄에서도 그를 풀어 주어야 한다. 거기에 근거해서 잘못을 행한 일에 대한 사면이 이루어지게 된다. 아담이 죄를 지은 일이 없었다면 하나님은 그를 용서하실 수도 없었을 것이다. 사면이 선고되면 그 사람은 사면을 받게 되고, 사면을 통해서 베풀어진 호의 때문에 기쁨을 맛보게 된다. 불신이 개입하게 되면, 잘못을 당한 사람이 잘못을 저지른 사람을 사랑으로 대할지라도, 자신이 용서를 받았다는 생각에 나쁜 영향을 끼칠 것이 분명하다. 이런 일은 사람과 사람 사이에서 종종 일어난다. 그렇다면 이는 그 저지른 허물 때문에 불쾌한 감정을 유발시킴으로써 깨어진 관계적인 입장이 있다는 것을 의미한다. 성경은 "그를 믿는 사람들이 다 … 죄 사함을 받는다."(행 10:43)고 말한다. 죄 사함은 이렇게 개인들을 새로운 입장에 넣어준다. 따라서 죄 사함은 개인이 용서를 받는다는 측면에서 이미 저지른 범죄 이후에 오는 것이다.

우리가 죄 사함을 받을 수 있는 근거는 그리스도의 사역에 있다. 죄는 하나님의 임재로부터 추방시키고 격리시키는 일을 했다. 그럼에도 그리스도의 사역 때문에 가인 조차도 하나님께 호소할 수 있는 명분을 얻었으며, 하나님은 구약성도들의 죄에 대해서 길이 참으실 수 있었다. 이제는 죄 사함이 선포되었다. 죄 사함은 이제 신자들의 영구적인 상태, 즉 더 이상 죄인으로 여기지 않을 뿐더러, 의롭다고 여길 수 있는 근거를 마련해 주었고, 의인들에게 허물이 있다면 겸손을 위해서 징계를 행함으로써 죄를 용서해주는 일을 가능하게 해주었다. 사실 우리가 다른 사람의 죄를 사해주는 것에 대해서 말은 하지만, 그는 이미 죄 사함을 받은 사람임을 전제로 하는 것이다. 회개를 통해서 사람은 자기 의지와 고집을 꺾고 자신이 지은 죄들과 죄성을 판단하게 된다. 따라서 죄용서를 받을 때, 그는 죄에 대한 심판과 죄로 인한 불쾌감에서 벗어나 호의를 받는 상태에 들어가게 되고, 그렇게 심판에서 벗어나게 된다. 비록 하나님과 함께 하는 시간은 없었지만, 이제 믿는 사람에게는 죄에 대한 정죄가 없어지게 되고, 만일 죄 사함의 진리를 알고 있다면, 그는 더 이상 죄로 인해서 양심의 가책을 받지 않게 된다. 죄를 용서하는 사람의 마음이 심판에서 호의로 바뀌기 전까지 죄 사함은 하나의 사실이 될 수는 없었다. 하지만 이제는 그리스도인에게 어떠한 죄책도 지울 수 없다. 만일 그리스도인에게 죄에 대한 책임을 묻는 일이 가능하다고 말하는 사람이 있다면, 사실상 그 사람에겐 죄 사함의 경험이 없는 것이다. 그럼에도 통치적인 차원에서 하나님은 죄 사함을 받은 사람이 또 다시 허물이 있을 때 그가 지은 죄에 대해서 은혜로, 사면을 해주시는 일을 하신다. 요나를 보라. 교회가 죄 지은 사람을 용서하고 받아주는 것을 생각해보라. 그리고 말세에 이스라엘에게 이루어질 일을 생각해보라. 이 모든 것은 그리스도의 사역에 기초해서 이루어지는 일이다. 우리는 그리스도의 피의 가치를 알고 있다. 따라서 우리에게 아무 죄도 전가되지 않는다. 따라서 우리는 완전하게 죄 사함을 받았으며, 의롭다 함을 받은 것이다. 이러한 은혜는 오순절 이전에는 알려지지 않았다. 사실 구약성도들의 경우, 지속적이고 반복해서, 필요시마다 죄 사함을 받아야 했다. 이것은 통치적인 차원의 죄 사함을 의미한다. 이스라엘은 말세에 자신들이 찌른 주님을 뵐 때까지 완전한 죄 사함을 입지 못할 것이다.

의롭다 함을 받는 칭의는 우선적으로 사도행전 13장 38-39절, "그러므로 형제들아 너희가 알 것은 이 사람을 힘입어 죄 사함을 너희에게 전하는 이것이며 또 모세의 율법으로 너희가 의롭다 하심을 얻지 못하던 모든 일에도 이 사람을 힘입어 믿는 자마다 의롭다 하심을 얻는 이것이라"에서 언급되고 있다. 로마서 4장은 죄 사함을 넘어서지 않고 있으며, 로마서 3장 25,26절과 4장 5절도 마찬가지이다. 부활은 모든 것이 좋게 된 상태(status)이다. 승천과 영광은 부활의 결과로서, 이 모든 좋은 것은 부활의 결과인 것이다. 부활 자체만으로는 영광과 아무 상관이 없지만 사람의 상태가 심판을 받았다는 법적인 승인을 뜻하므로, 완성된 구속사역에 의해서 사람은 의롭다 함을 받고, "의롭다 하신 그들을 또한 영화롭게 하셨느니라"(롬 8:3)는 구절에 따라서 의롭다 함을 받은 사람은 영광을 얻게 될 것이다.

복음을 통해서 우리는 하나님의 의에 대한 계시를 가지게 되었다(롬 1:17). 이것은 엄격하게 말하자면 하나님의 공의이다. 로마서 3장 25-26절에서, 우리는 "엔데익시스"라는 단어를 볼 수 있다. 이 단어는 '나타내다, 그 모습을 드러내다'는 의미를 가지고 있다. 영어에서는 무엇을 입증한다는 의미에서 보여주다는 의미가 강하다. 이것은 과거세대의 죄들에 대해서 오래 참는 것을 끝내고, 현재 시대에 하나님의 공의를 드러냄으로써 하나님께서는 공의로우실 뿐만 아니라 예수님을 믿는 자들을 의롭다고 하시는 칭의자되신 것을 선포하는 것이다.

로마서 4장에 보면 사람이 의롭게 되는 것은 하나님의 의가 전가되는 것이 아니라, 의롭다고 선포되는 것이다. 그런 의미에서 여겨진다는(롬 4:22,23) 의미는 '로기제타이'가 아니라 '엘로제이타이'이다. 엘로제이타이는 누군가에게 제안되고, 오직 한 사람의 허락이 있을 때만이 의롭다고 인정을 받는 것을 의미한다. 로기제타이는 의롭다고 여기는(계산하는) 것으로써 하나님의 공의를 전가 받는 것을 의미하지 않는다. 전자는 후자를 따를 때에만 가능하다. 하나님은 죄를 전가하시거나 혹은 의를 전가시키지 않으신다. 의의 전가가 핵심은 아니다. 죄인들이 의롭다 함을 받는다(롬 3,4,5장). 로마서 8장에서 우리는 하나님 앞에 서있는 하나의 조건(상태)를 볼 수 있는데, 그것은 그리스도 안에 터 잡고 있으며, 성령님께서 우리로 들어가게 하신 자리이다. 하지만 로마서 5장 18절-21절을 보면, 우리는 디카이오시스(의롭다 하심을 받아)와 카타스테데손타이 디카이오이(의인이 되리라)를 동시에 볼 수 있다. 이것은 로마서의 초반부를 이루고 있는 교리적 선언이다. 로마서 6,7,8장은 다만 그렇게 의롭다 하심을 받는 사람들의 신분(status, 지위), 즉 죄에 대하여 죽었고 하나님을 향해 살아났으며, 성령님의 임재하심의 효력 아래 있는 신자의 신분을 설명해준다. 사도행전 13장에서 그들은 모든 일에서 의롭다 함을 받았다. 부활은 칭의를 가능케 해준 상태(state)이며, 부활을 통해서 더 높은 영광에 들어갈 수 있는 근거가 마련된 것이다. 따라서 부활은 하나님의 목전에서 우리를 죄인으로 몰았던 모든 범죄로부터 사면을 가능케 해주고 또 하나님 앞에서 법적으로 깨끗하게 해주는 것으로 우리의 존재에 적용된다. 그럼에도 의(義)는 추상적인 단어이다. 나는 의로운 자로 여김을 받고 있다(constituted righteous). 이것이 하나님 앞에서 나의 신분이다. 게다가 의로운 사람으로 여김을 받을 수 있는 근거가 있다. 이 모든 것은 법적으로 그렇게 간주되는 것이다(accounted). 여기에는 그리스도의 순종이 토대를 이루고 있다. 나는 그리스도의 순종 덕분에 하나님 앞에서 의인으로 여김을 받고 있다. 그렇다면 그리스도의 죽음과 부활이 가진 이익을 소유한 자가 되어 나는 내가 지은 모든 죄들로부터 의롭게 되었으며, 그리스도께서 이루신 사역의 가치를 따라서 실제적으로 의로운 신분을 소유하고 있는 것이다. 그리스도의 사역의 가치를 따라서 나는 의로운 사람으로 평가를 받고 있다. 따라서 히브리서 11장은 "의로운 자라 하시는 증거를 얻었으니 하나님이 그의 예물에 대하여 증거하심이라"(히 11:4)고 말한다.

의롭다 함을 받는 것은 법적인 문제이다. 따라서 에베소서에서 우리는 칭의에 대한 언급을 볼 수 없다. 사람이 새로운 피조물이 되면, 하나님은 의롭다고 하실 필요가 없다. 반대로 칭의는 사람을 책임있는 존재로 다룬다. 즉 칭의는 사람의 책임 문제이다. 따라서 사람에게는 정의(공의) 문제가 따라 다닌다. 그래서 칭의는 우선적으로, 우리가 아담의 자손으로서 유죄상태에 있다는 사실로부터 시작한다. 그리고 나서 생명의 부활을 통해서 심판하는 권세가 있는 사람에게 속한 심판이 법적으로 해결되었음을 선언한다. 칭의는 하나님의 경륜 가운데 장차 나타날 영광과 직접적인 연관은 없다. 다만 의로우신 하나님 앞에, 부활로 인해서 긍정적인 신분을 주는 것에 불과하다. 그럼에도 하나님의 (법적인) 마음은 구원을 통해서 우리를 자기 앞에 소유하시되, 육신에 있는 옛 상태에서가 아니라, 오직 새로운 상태에서, 의롭다 함을 받고 하나님을 향해 살아있는 상태로, 하나님 앞에서 아무 흠도 없이, 그리스도 죽음의 공로 위에 세우는 것이다. 이는 우리가 아는 대로, 우리가 실제적으로 아무 흠이 없다는 것이 아니다. 비록 새 사람은 죄를 지을 수 없는 존재이긴 해도, 우리는 그리스도로 말미암아 법적으로 그 자리에 들어왔다. 이것이 바로

"의롭다 하심을 받아 생명에 이르렀[다]"는 의미이다. 즉 생명의 칭의 덕분에 의롭다 하심을 받은 상태에 있는 것(디카이오마 에 이스 디카이오신 조에스)이다(롬 5:18). 비록 새 사람이, 그리스 도의 죽음 때문에 죄와 유혹이 건들 수 없는 새로운 상태에 들어 갔기에, (법적으로는) 흠이 없고 자유 상태에 있지만 그럼에도 실제적으로는 아직 아닌 상태에 있다. 하나님의 경륜 가운데에 는 영광에 들어가는 일이 남아 있다. 그리스도의 경우엔, 의로 인해서 지금 영광을 받으셨다. 지금 영광은 그리스도에게만 해 당된다. 우리에겐 앞으로 영광에 들어갈 확신과 보증만 있다. 영 광을 받으신 그리스도께서 우리를 위해서 하나님의 존전에 나타 나신다. 따라서 그리스도는 영광을 받는 일에 우리의 선두주자 이시다.

로마서 5장 19절은 우리에게 "한 사람의 순종치 아니함으로 많은 사람이 죄인 된 것같이 한 사람의 순종하심으로 많은 사람 이 의인이 되리라"는 추상적인 개념을 전달하고 있다. 두 사람 (즉 아담과 그리스도)과 관련된 특징들을 열거하고 있다. 이것은 20절에 있는 율법과 대조시키기 위한 것이 분명하다.

죄 사함과 관련해서 생각해보아야 할 또 다른 요소가 있다. 메 시야가 오셨을 때 죄 사함은 선포되었지만, 죄를 용서하시는 하 나님의 마음 속에만 있었을 뿐, 실제적으로 이루어진 것은 아니었다. 복음은 현재적 죄 사함을 선포했고 제안했을 뿐이다. 누군가에게 현재적 죄 사함이 소개되었을 때, 그것이 실제로 적용된다면, 그는 죄에서 놓임을 받을 수 있었다. 이것은 통치적 차원의(governmental) 죄 사함의 경우에도 해당된다. 통치적 죄 사함은 지금까지 이스라엘에게 적용되고 있으며, 또한 이스라엘이 장차 올 진노로부터 건짐을 받는 것에도 적용된다. 하지만 그리스도께서 오셔서 "네 죄 사함을 받았느니라"(마 9:2)고 말씀하셨고, "인자가 땅에서 죄를 사하는 권세가 있는 줄을 너희로 알게 하려 하노라"(막 2:10)고 말씀하셨다. 그리고 그 사람은 병 고침을 받았다. 누가복음 7장과 사도행전 13장에 보면 영혼과 하나님 사이에서 완전한 죄 사함이 이루어지는 것이 선포되었고, 따라서 사람은 죄 사함 받은 상태에 들어가게 되었다. 아무 죄도 법적으로 그에게 전가되지 않는 상태인 것이다. 이것은 단순히 내가 누군가를 용서했다는 의미가 아니라, 죄 사함을 받은 사람은 완전히 사면되는 것을 가리킨다. 그렇다면 여기서 드러나는 것은 (죄 사함 받은) 상태이다. 요한복음 20장에 보면, 죄를 사하는 권세(행정)가 열두 사도들에게 위임되었다. 이것은 베드로에게만 한정된 것은 아니었다. 죄를 사하는 일은 부활하신 그리스도를 통해서 이 세상에서 해야 하는 사도들의 사명이었다. 따라서 그리스도는 생명주는 권세로 사도들을 향해서 숨을 내쉬었다. 그리스도는 사도들 가운데 서서 평강을 전하시고, 이어서 아버지께서 자신을 보내심같이 그들도 보내시면서 숨을 내쉬셨고,

그들이 누군가의 죄를 사하면 사하여질 것으로 선언하셨다. 이것은 천국 복음이 아니라, 열두 사도들이 증거해야 하는 복음 메시지였다. 게다가 이것은 단순히 통치적 차원의 죄 사함과는 관계가 없었다. 고린도에서처럼 능력이 나타날 수도 있지만, 그럼에도 이것은 사람들에게 현재적인 죄 사함을 주는 것이었다. 세례(침례)가 죄 사함과 동반하는 것일 수 있지만, 요한복음 20장은 이 부분을 명확하게 진술하기 보다는 상당히 추상적으로 표현하고 있다. 다만 그리스도께서 아버지의 이름으로 받으신 것처럼, 사도들은 죄 사하는 권세를 그리스도에게서 사명으로 받은 사실이 명확하게 진술되고 있다.

죄 사함을 전하는 것이 하나님의 종의 사역이고, 또 죄 사함을 전파함으로써 자신도 힘을 얻는 것이 사실이지만, 죄 사함을 전하는 것은 하나님의 종의 영혼의 상태에 달린 일이라기보다는 하나님과 그의 영혼 사이에서 전달되는 광대한 은혜에 달려 있다. 따라서 만일 하나님의 종이 은혜에 합당하지 못하게 행동하거나, 은혜를 망각하거나, 자신의 도덕적 상태에 주의하지 않음으로써 그러한 은혜를 다루는데 적합하지 못하게 된다면 그 영혼은 극심한 고통을 겪을 수밖에 없다. 왜냐하면 죄 사함이 전해지는 것은 순전한 은혜에 속한 일이기 때문이다. 따라서 하나님의 종이 하나님의 은혜를 받은 자로서 자신의 행실 속에 은혜가 없거나 아니면 하나님과의 친밀함이 부족하다면 그것은 얼마나 엄청난 악인지 모른다. 이 사실에 주의하라.

# 제 2부
# 죄 사함의 진리

## 제 5장 현재적 죄 사함, 영원한 죄 사함, 그리고 통치적 죄 사함

모든 죄 사함은 주 예수 그리스도의 복된 사역에 기초하고 있다. 하지만 하나님 앞에서 우리의 모든 죄가 단번에 깨끗하게 되고 영원한 사죄를 받는 것, 그로 인해 의롭다 함을 받고 또 하나님과의 화평을 누리는 것, 그리고 우리가 죄 사함을 받고 구원을 받은 자로서 하나님의 통치 아래서 계속해서 죄 용서를 받는 것을 구분하는 것은 매우 중요하다.

그리스도의 십자가 사역이 없다면, 거룩하고 의로우신 하나님, 곧 진리의 하나님께서는 사람을 본래 범죄한 죄인으로서, 자신의 행위를 따라서 심판받아야 하는 존재로 대하실 수밖에 없다. 우리는 이미 하나님 말씀을 통해서, '의인은 없으며 하나도 없다.'는 사실을 알고 있다. 참으로 크고도 큰 하나님의 사랑, 우리를 위해서 자기 아들을 아끼지 아니하신 그처럼 큰 사랑은 죄를 죄가 아니라고 말하거나 혹은 선과 악에 대해서 무관심할 수 없었다. 왜냐하면 하나님은 자신의 본성 때문에 그렇게 할 수 없는 분이시기 때문이다. 만일 하나님께서 사람이 행한 일에 대해 정당하게 심판하신다면, 하나님은 반드시 사람을 공의롭게 심판하셔야만 한다.

게다가 우리는 마음과 생각에서 하나님을 멀리 떠나있었고, 따라서 이미 잃어버린바 된 존재였다. 이 말은 우리가 영구적으로 잃어버린 바 되었거나 또는 지금도 그러한 상태에서 구원받을 수 없다고 말하는 것이 아니다. 하지만 만일 우리가 구원을 받을 수 있다면, 그것은 그리스도께서 잃어버린 자를 찾아 구원하기 위해서 오셨기 때문이다. 만일 우리가 회개치 않거나, 믿지 않는다면 심판이 있을 것이다. 심판은 우리가 행한 행위를 따라서 될 것이며, 그 결과 정죄를 받게 될 것이다. 모든 사람이 죄를 범했기 때문이다.

하지만 하나님은 사랑이시다. "하나님이 세상을 이처럼 사랑하사 독생자를 주셨으니 이는 그를 믿는 자마다 멸망하지 않고 영생을 얻게 하려 하심이라." (요 3:16) 하나님은 지금은 은혜를 베푸시지만, 장래에는 심판을 베푸실 것이다. 찬송을 받으실 하나님의 아들께서 인자로서 심판석에 앉으실 것이며, 그 영광스러운 날 곧 이 땅에 자기 나라를 세우시기 전에 산 자와 죽은 자를 심판하실 것이다. 그 날이 오기 전 이미 구주로서 오셨고, 성경대로 우리의 죄들을 위해서 죽으셨다. 따라서 "하나님의 아들을 믿는 사람은 구원을 받을 것이며, 믿지 않는 자는 정죄를 받을 것이다." 이것은 모든 사람에 대한 매우 엄중한 경고이다. 이 부분에 대해서는 더 이상 언급하지 않겠다. 이 문장 자체만으로도 경고의 메시지로 충분하다고 본다. 믿지 않는 사람들은 자기 죄 가운데 죽을 것이며, 이중적으로 정죄를 받게 될 것이다. 그들은 하나님의 거룩성을 거슬려 죄를 지었을 뿐만 아니라, 하나님의 자비하심도 멸시했기 때문이다.

이제 성령님이 우리 마음에 역사하신 믿음과 은혜와 죄 사함의 필요를 절실하게 느끼는 양심을 가지고서 하나님의 아들을 믿는다고 생각해보자. 사실 이 상태는 매우 중요한 분기점이다. 우리 자신을 정죄 받아 마땅한 존재로 여기고 이를 수용하는 상태로 만들어주는 것은 하나님의 뜻대로 하는 근심이다. "하나님의 뜻대로 하는 근심은 후회할 것이 없는 구원에 이르게 하는 회개를 이루는 것이요 세상 근심은 사망을 이루는 것이니라."(고후 7:10) 이러한 경건한 근심은 참 회개를 일으키며, 경건한 근심과 참 회개가 어우러진 믿음은 그리스도와 그리스도의 사역, 그리고 하나님의 은혜를 우리에게 소중한 것으로 만들어준다. 우리는 사실 하나의 역사적 사실로서 복된 주 예수님을 믿게끔 애를 쓰지만, 그렇게 하는 것은 사람의 양심을 각성시키고 일깨워진 상태에서 필요를 느끼도록 한 후에 주 예수님을 믿도록 하는 것과는 너무도 다른 결과를 낸다.

어쨌든 내가 주 예수님을 믿는 참된 믿음을 가지고 있다면, 그 믿음은 나로 하여금 주님이 나를 위해서 필요한 모든 일을 하셨다고 말하는 것을 가능하게 해준다.

"성경대로 그리스도께서 우리 죄를 위하여 죽으[셨다.]"(고전 15:3)
"친히 나무에 달려 그 몸으로 우리 죄를 담당하셨[다.]"(벧전 2:24)
"그리스도께서도 단번에 죄를 위하여 죽으사 의인으로서 불의한 자를 대신하셨으니 이는 우리를 하나님 앞으로 인도하려 하심이라"(벧전 3:18)

따라서 질문은 이것이다. '만일 내가 참 마음으로 그리스도를 믿고, 그리스도께서 나를 위해서 죽으신 것을 믿는다면, 그리스도의 죽으심이 나를 위해서 가지고 있는 효력은 무엇인가?

그에 대한 대답은 이렇다. 즉 "나는 하나님의 영광에 일치된 완전하고도 영원한 죄 사함과 구속을 소유하게 된다." 이것은 진정 큰 구원이다. 나는 이처럼 큰 구원을 등한히 여기는 사람들에 대해서 염려한다. 그러한 사람들은 이중적으로 정죄를 받을 것이다. 그렇다면 이처럼 큰 구원에 실제적으로 참여한 사람들을 위하여 그리스도의 사역이 가지고 있는 가치는 무엇인가?

1) 율법으로 의롭다 하심을 얻지 못하던 모든 일에 그리스도를 힘입어 믿는 자마다 의롭다 하심을 얻게 해준다.
"그러므로 형제들아 너희가 알 것은 이 사람을 힘입어 죄 사함을 너희에게 전하는 이것이며 또 모세의 율법으로 너희가 의롭다 하심을 얻지 못하던 모든 일에도 이 사람을 힘입어 믿는 자마다 의롭다 하심을 얻는 이것이라"(행 13:38, 39)

2) 그리스도의 피로 말미암아 속량 곧 죄 사함을 받게 해준다.
"우리는 그리스도 안에서 그의 은혜의 풍성함을 따라 그의 피로 말미암아 속량 곧 죄 사함을 받았느니라"(엡 1:7)

3) 예수 그리스도는 우리의 범죄 때문에 내줌이 되었고, 또한 우리를 의롭다 하시기 위하여 살아나셨다.
"예수는 우리가 범죄한 것 때문에 내줌이 되고 또한 우리를 의롭다 하시기 위하여 살아나셨느니라"(롬 4:25)

4) 우리는 믿음을 통해서 의롭다 함을 받았고 하나님과의 화평을 소유하게 되었다.
"그러므로 우리가 믿음으로 의롭다 하심을 받았으니 우리 주 예수 그리스도로 말미암아 하나님과 화평을 누리자 또한 그로 말미암아 우리가 믿음으로 서 있는 이 은혜에 들어감을 얻었으며 하나님의 영광을 바라고 즐거워하느니라"(롬 5:1, 2)

5) 그리스도의 순종을 통해서 의인이 되게 해준다.
"한 사람이 순종하지 아니함으로 많은 사람이 죄인 된 것 같이 한 사람이 순종하심으로 많은 사람이 의인이 되리라"(롬 5:19)

6) 부르심을 받았고, 의롭다 하심을 받았으며, 또한 영화롭게 된다.
"또 미리 정하신 그들을 또한 부르시고 부르신 그들을 또한 의롭다 하시고 의롭다 하신 그들을 또한 영화롭게 하셨느니라"(롬 8:30)

7) 그리스도의 피로 영원한 속죄를 이루셨고 우리로 성소에 들어갈 수 있게 해준다.
"염소와 송아지의 피로 하지 아니하고 오직 자기의 피로 영원한 속죄를 이루사 단번에 성소에 들어가셨느니라"(히 9:12)

게다가 그리스도의 사역이 가지고 있는 효과는 이것이다. 즉 그리스도의 피가 우리 양심을 죽은 행실에게 깨끗하게 해주며, 우리로 하여금 살아 계신 하나님을 당당히 섬기게 해준다. "하물며 영원하신 성령으로 말미암아 흠 없는 자기를 하나님께 드린 그리스도의 피가 어찌 너희 양심을 죽은 행실에서 깨끗하게 하고 살아 계신 하나님을 섬기게 하지 못하겠느냐?" (히 9:14)

그렇다면 이제 질문은 이것이다. **이 효력은 영원한 것인가?** 우리는 이미 그리스도의 사역은 영원한 구속이며, 죽은 행실에서 우리의 양심을 깨끗하게 해줄 뿐만 아니라 또한 우리로 하나님과의 화평을 누리게 해준다는 것을 살펴보았다. 성경은 이 사실을 매우 선명하게 증거하고 있다. 그리스도는 항상 하나님 우편에 계시므로, 언제라도 자신의 보배로운 피를 하나님께 보여드린다. 따라서 이것은 하나님의 눈 앞에 항상 사실로 있게 된다. 성경은 이 점에 대해서 매우 분명하게 말한다. "오직 그리스도는 죄를 위하여 한 영원한 제사를 드리시고 하나님 우편에 앉으[셨느니라.]"(히 10:12) 항상 제단에 서서 섬기며 자주 같은 제사를 드렸지만 그럼에도 죄들을 없게 하지 못했던 유대 제사장들과는 달리(히 10:11), 그리스도는 죄를 위하여 한 영원한 제사를 드리셨기 때문에 앉아 계신다. 이는 그리스도께서 구속과 죄 사함을 위하여 총체적인 사역을 완성하셨기 때문이다. 그 결과로 "그가 거룩하게 된 자들을 한 번의 제사로 영원히 온전하게 하셨[다.]"(히 10:14) 이제 그리스도는 자기 원수들로 자기 발등상이 되게 하실 때까지 하나님 우편에 앉아 계신다. 그 후에 그리스도는 그들을 심판하기 위해서 오실 것이다. 이 모든 일은 자신의 친구들, 즉 참 신자들을 위해서 행하신 일이었다. 이제 그리스도는 모든 사역을 완성하셨기에 앉아 계신다. 따라서 그리스도의 사역을 믿고 의지하는 사람들은 "단번에 정결하게 되어 다시 죄를 깨닫는 일이 없[다.]"(히 10:2) "불법이 사함을 받고 죄가 가리어짐을 받는 사람들은 복이 있고 주께서 그 죄를 인정하지 아니하실 사람은 복이 있도다."(롬 4:7,8) 이러한 복은 일부의 신자들만을 위한 것인가? 결코 그렇지 않다. 주님이 그 죄를 인정하지 아니하실 사람은 정말 복이 있다. 이는 성령님께서 "그들의 죄와 그들의 불법을 내가 다시 기억하지 아니하리라"(히 10:17)고 명백하게 증언해주시기 때문이다. 그리고 성령님은 "이것들을 사하셨은즉 다시 죄를 위하여 제사 드릴 것이 없느니라"(히 10:18)고 확증해주신다. 따라서 이 모든 죄들이 완전하게 용서가 되고 사면이 된 것이 아니라면, 죄의 정죄, 또는 심판으로부터 벗어날 길은 아주 없게 된다.

우리가 이 사실을 더 깊이 생각해보면, 더 선명해질 것이다. 그리스도는 재판장이시다. 따라서 만일 내가 믿음으로 그리스도께서 나를 사랑해주셨고, 그 자신의 피로써 나의 모든 죄를 씻어주셨다고 말할 수 있을진대, 장차 내가 심판석에 섰을 때 그리스도는 자신이 친히 떠맡으시고 또 제거해버린 그 모든 죄들에 대한 책임을 어떻게 나에게 물을 수 있단 말인가? 그것은 자신의 십자가 사역이 가지고 있는 가치를 부인하는 것이 될 것이기에, 그러한 일은 절대 가능하지 않다.

만일 우리가 신자라면 우리는 영광스러운 것으로 다시 살아난 사람이다(고전 15:43). 그리스도는 우리를 자기와 함께 있게 하고자 오실 것이다. 그리고 "그는 만물을 자기에게 복종하게 하실 수 있는 자의 역사로 우리의 낮은 몸을 자기 영광의 몸의 형체와 같이 변하게 하실"(빌 3:21) 것이다. 그리스도께서 오셔서 우리를 영광에 들어가게 하실진대, 만일 우리의 죄들이 해결된 것이 아니라면, 그곳은 우리의 죄 때문에 많은 문제를 일으키게 되지 않겠는가? 이에 대해 요한복음 5장 24절은 분명하게 말하고 있다. "내가 진실로 진실로 너희에게 이르노니 내 말을 듣고 또 나 보내신 이를 믿는 자는 영생을 얻었고 심판에 이르지 아니하나니 사망에서 생명으로 옮겼느니라."(요 5:24)

그렇다면 하나님께서 죄들에 대해서 무관심하다는 것인가? 그럴 수 없다! 오히려 하나님은 우리를 위해서 기꺼이 자기 아들을 내어주셨다. 그리스도는 이미 우리의 죄들을 담당해주셨기 때문에, 이제 자기를 믿고 또 사랑으로 그 아들을 보내신 아버지를 믿는 사람들에게는 그 죄를 물을 수 없다. 우리는 주님께서 "너희가 만일 내가 그인 줄 믿지 아니하면 너희 죄 가운데서 죽으리라"(요 8:24)고 말씀하신 것을 알고 있다. 따라서 만일 우리가 그리스도를 믿는다면, 우리는 우리가 지은 죄들의 사면을 받게 된다. 만일 모든 죄들에 대한 사면이 아니라면, 나머지 죄들 때문에 정죄를 받게 될 것이다. "그들의 죄와 그들의 불법을 내가 다시 기억하지 아니하리라"(히 10:17)고 하셨다. 왜냐하면 "그가 거룩하게 된 자들을 한 번의 제사로 영원히 온전하게 하셨

[기]"(히 10:14) 때문이다. 이제 우리는 "불법이 사함을 받고 죄가 가리어짐을 받는 사람들은 복이 있고 주께서 그 죄를 인정하지 아니하실 사람은 복이 있도다"(롬 4:7,8)라는 말씀에 담긴 복됨을 소유하고 있다. 계속해서 회개와 죄 사함이 예수님의 이름으로 전파되어야만 했다. 이제 그리스도인은 그리스도에게서 온 새 생명을 소유하고 있고, 이 생명은 그 행실을 통해서 자연스럽게 나타날 것이다. 그리스도인은 성령으로 난 사람이며, 그리스도를 믿는 믿음을 통해서 죄 사함을 받은 사람이다. 이 사실이 그리스도인에게 그리스도께서 모든 것이 되게 해준다. 골로새서 3장에 기록된 것처럼, 그리스도는 만유시며 또한 만유 가운데 계신다. 이 말은 그리스도께서 우리 마음에 모든 것이며, 또한 그리스도는 우리 생명이라는 뜻이다.

이제 구속과 죄 사함이라는 주제에 대해서 자세히 살펴보자.

이제 구속과 죄 사함은 동일시된다. 둘 다 그리스도의 피가 가지고 있는 영구한 가치에 뿌리를 내리고 있다. 이제 우리가 지은 죄들은 전혀 우리에게 전가될 수 없다. 하나님은 더 이상 아무 죄도 기억하지 않으신다. 우리는 우리 주 예수 그리스도를 믿는 믿음 덕분에 이 두 가지 모두에 참여하고 있으며, 여기로 들어가는 문은 하나님을 향한 회개에 있다. 그리스도의 말씀을 믿는 믿음은 항상 이러한 결과를 산출한다. 우리는 영적인 눈을 뜨게 되었고, 어둠에서 빛으로, 사탄의 권세에서 하나님께로 돌아왔으며, 우리가 지은 모든 죄들은 사면(赦免)되었을 뿐 아니라 예수님을 믿음으로써 거룩하게 된 무리 가운데서 기업을 얻게 되었다(행 26:18).

구약시대 유대인들에게는 이와 같은 완전한 죄 사함은 알려지지 않았다. 그들은 자신들이 지은 각각의 죄들에 대해서 사죄(赦罪)를 받았다. 그들에게는 휘장에 의해서 지성소로 들어가는 길이 막혀 있었고, 휘장은 그렇게 하나님이 자신을 나타내셨던 지성소 앞을 가리고 있었다. 따라서 히브리서 9장 8절은 "성령이 이로써 보이신 것은 첫 장막이 서 있을 동안에는 성소에 들어가는 길이 아직 나타나지 아니한 것이라"고 설명하고 있다. 우리는 이 모든 것들의 원형이 되는 실제적인 사역이 구주의 죽음과 성전의 휘장이 위로부터 아래까지 찢어진(마 27:51) 일을 통해서 성취되었다는 것을 보았고, 이제 그리스도의 사역의 공로 덕분에 우리가 죄 사함을 받게 되었기에(히 10:17,18), "우리가 예수의 피를 힘입어 성소에 들어갈 담력을 얻었나니 그 길은 우리를 위하여 휘장 가운데로 열어 놓으신 새로운 산 길이요 휘장은 곧 그의 육체니라."(히 10:19,20) 따라서 "우리가 마음에 뿌림을 받아 악한 양심으로부터 벗어나고 몸은 맑은 물로 씻음을 받았으니 참 마음과 온전한 믿음으로 하나님께 나아가자"(22절)는 권면을 받고 있다. 단번에 영원히 이루어진 그리스도의 사역은 결단코 반복되지 않으며, 게다가 우리 양심에 평안을 주는 효력이 있다. 이것을 기초로 해서 우리는 영원한 구속과 완전한 죄 사함을 받았다. 따라서 하나님은 더 이상 우리 죄들과 불법들을 기억하지 않으신다(히 10:17). 이제 우리는 하나님의 임재 가운데 당당히 들어갈 수 있을뿐더러 영광 가운데 있는 하나님의 자녀들의 영원한 기업에 참여하게 되었다.

복되신 주님의 죽음 이전과 이후 신자들의 상태에는 엄청난 차이점이 있다. 게다가 이 사실이 그리스도의 선두주자인 세례 요한의 아버지 사가랴에 의해서 송축되었다. "주의 백성에게 그 죄 사함으로 말미암는 구원을 알게 하리니"(눅 1:77) 따라서 주 예수 그리스도의 옆에서 십자가에 달렸던 회개한 강도는 그리스도와 함께 곧바로 낙원에 갈 수 있었다. 마찬가지로 누가복음 7장 48-50절에 보면 죄인이었던 한 여인이 주님의 말씀을 통해서 죄 사함을 받았을 뿐만 아니라 구원받은 것을 볼 수 있다. "네 죄 사함을 받았느니라"(48절) 그리고 "네 믿음이 너를 구원하였으니"(50절)

그렇다면 그리스도께서 우리의 죄들을 담당해주신 사역, 결코 반복될 수 없으며, 그 가치가 전혀 퇴색되지 않을뿐더러 거기에 무엇을 더할 수도 없는 십자가 사역을 믿는 믿음에 기초해서 주어지는 현재적이며 또한 영원한 죄 사함이 있다. 하나님은 그리스도를 영광 중에 자기 우편에 앉게 하심으로써 그 가치를 입증하셨는데, 그 자리는 창세 전에 하나님의 아들로서 하나님과 함께 계시던 곳이었다. "피 흘림이 없은즉 사함이 없느니라."(히 9:22) 이제 이 일은 반복될 수 없다. "그리스도께서는 참 것의 그림자인 손으로 만든 성소에 들어가지 아니하시고 바로 하늘에 들어가사 이제 우리를 위하여 하나님 앞에 나타나시고 대제사장이 해마다 다른 것의 피로써 성소에 들어가는 것 같이 자주 자기를 드리려고 아니하실지니 그리하면 그가 세상을 창조한 때부터 자주 고난을 받았어야 할 것이로되 이제 자기를 단번에 제물로 드려 죄를 없이 하시려고 세상 끝에 나타나셨느니라 한 번 죽는 것은 사람에게 정해진 것이요 그 후에는 심판이 있으리니 이와 같이 그리스도도 많은 사람의 죄를 담당하시려고 단번에 드리신 바 되셨고 구원에 이르게 하기 위하여 죄와 상관없이 자기를 바라는 자들에게 두 번째 나타나시리라."(히 9:24-28) 주님은 자신의 죄들이 제거된 사람들을 영광 가운데 데리고 가기 위해서 오실 것이다. 그들은 이제는 더 이상 죄와 상관이 없다. 이는 주님이 이미 그 모든 죄들을 제거해주셨기 때문이다.

하지만 구속받은 사람들은 이 세상을 살아가는 동안 하나님의 통치를 받는다. "주께서 그 사랑하시는 자를 징계하시고 그가 받아들이시는 아들마다 채찍질하심이라."(히 12:6) 따라서 하나님이 징계를 하실 때에는, 항상 사랑 가운데서 우리의 선을 위해서 하신다. 그렇게 하나님의 징계를 통해서 우리 영혼이 참으로 겸손케 되면, 하나님은 지혜 가운데서 징계를 멈추시고 용서하신다. 그렇다면 하나님의 현재적 통치와 그 방법은 구속받은 이후에 짓는 죄 때문에 필요한 것이다. 하나님은 통치적 차원에서 우리를 찾아 오시는 일을 하시는데, 그러한 모든 방문이 죄 때문인 것은 아니다. 어쨌든 세상은 죄로 인해서 참혹한 상태에 있고, 모든 사람이 이처럼 거짓과 죄악에 먹잇감이 되기 좋은 상태에 노출되어 있다.

하나님은 영혼의 상태를 살피도록 영혼의 목자들을 보내는 일을 하신다. 하지만 목자들의 심방이 항상 죄와 연관이 있는 것은 아니다. 그들로 인해서 죄가 억제되기도 하고, 고집을 꺾기도 하고, 우리 상태와 연관해서 우리를 겸손케 만들기도 한다. 바울은 여러 계시를 받은 것이 너무 많았기 때문에 그를 쳐서 너무 자만하지 않도록 육체에 가시 곧 사탄의 사자를 가지고 있었다. 이것을 제거해주시도록 세 번 주께 기도했지만, 주님은 그것이 바울에게 선을 이루는 것이므로 허락하지 않으셨다(고후 12:7-9).

이러한 하나님의 통치와 통치적 죄 사함, 그리고 하나님의 손에 의한 현재적 시련 등은 신약성경과 구약성경 모두에서 모두 발견할 수 있다.

하나님께서 아합을 향해서 그 악함에 때문에 끔찍한 심판을 선언하셨을 때 아합은 자신을 겸손하게 했다. 그러자 하나님은 그에게 메시지를 전달했던 엘리야에게 "아합이 내 앞에서 겸비함을 네가 보느냐 그가 내 앞에서 겸비하므로 내가 재앙을 저의 시대에는 내리지 아니하고 그 아들의 시대에야 그의 집에 재앙을 내리리라"(왕상 21:29)고 말씀하셨다. 이것은 아합의 영혼의 구원과는 아무 상관이 없는 일이다. 사실 역사가 우리에게 알려주는 대로라면, 아합 왕은 자기 죄 가운데 죽었다. 하지만 그는 자기 집에 쏟아 부어질 특별한 재앙에 대해서는 사면을 받았던 것이다.

다윗의 경우도 마찬가지이다. 다윗은 하나님의 총애를 받았고, 하나님께 영광을 돌리는 삶을 산 사람이었지만 그럼에도 특별히 매우 악한 일을 했다. 그래서 나단 선지자는 "이제 네가 나를 업신여기고 헷 사람 우리아의 아내를 빼앗아 네 아내로 삼았은즉 칼이 네 집에서 영원토록 떠나지 아니하리라"(삼하 12:10)고 선언했다. 그럼에도 다윗은 일반적으로는 하나님의 마음에 합한 사람이었다. 이와 같은 사례들은 구약성경에 너무도 많다. 따라서 현재적 징계와 죄 사함이 동시에 존재하고 있었다. 다윗은 심판을 면했고 죽임을 당하지 않았지만, 이 죄로 인해서 생긴 아이는 죽음을 면치 못했다.

출애굽기에도 있다. 하나님께서 모든 백성을 멸망시키고자 하셨을 때, 모세는 하나님의 약속에 호소했고, 그럼에도 하나님은 "내가 보응할 날에는 그들의 죄를 보응하리라 여호와께서 백성을 치[셨다.] 이는 그들이 아론의 만든 바 그 송아지를 만들었[기]"(출 32:34,35) 때문이었다. 그들이 광야에서 엎드러진 것은 그들의 영혼의 구원과는 아무 관련이 없다. 모세와 아론도 광야에서 죽음을 당했다. 우리는 그들이 참된 주의 성도들인 것을 잘 알고 있다.

욥기도 이것을 우리에게 가르치고 있다. 엘리후는 33장 17-30절에서 하나님의 방식을 해석하고 있다. 그리고 36장 7절에서 매우 분명하게 의인에 대해서, "(하나님은) 그 눈을 의인에게서 돌이키지 아니하시[지만]" 죄가 있으면 징계하신다고 말했다. 그리고 욥에게 하나님과 다투지 말도록 경고했다. 만일 욥이 마음으로 순복했다면 그는 자신이 당하고 있는 시련에서 즉시 건짐을 받았을 것이다(16절). 그는 그렇게 경고를 받았다. 하나님은 이렇게 그를 다루고 있었고, 땅에서 끊어지지 않도록 돌보셨다. 그럼에도 욥은 지상에서 가장 경건한 사람이었고, 자신을 좋게만 생각하는 것은 처음부터 교정을 받을 필요가 있었다(욥 31:16). 욥기 29장 11절 "귀가 들은즉 나를 축복하고 눈이 본즉 나를 증언하였나니"와 42장 5절 "내가 주께 대하여 귀로 듣기만 하였사오나 이제는 눈으로 주를 뵈옵나이다"를 비교해보라.

신약성경에 보면, 마찬가지로 우리는 땅에 있는 사람들을 그들의 선을 위하여 하나님이 현재적인 통치의 방법으로 징계와 죄 사함의 방법을 사용하시는 것을 볼 수 있다. 고린도전서 11장 30-32절을 보라. 그들은 주의 만찬을 보통 식사처럼 격을 떨어뜨렸고, 그 결과 가난한 사람들은 충분히 먹지 못했고, 부자들은 탐욕스럽게 식사하고 술독에 빠질 지경이었다. 그래서 그들 중 약한 자와 병든 자가 많고 "잠자는 자", 즉 죽은 자도 적지 않았다. 하지만 이 모든 것은 이 세상에 받는 현재적 징계였다. 따라서 사도 바울은 "우리가 판단을 받는 것은 주께 징계를 받는 것이니 이는 우리로 세상과 함께 정죄함을 받지 않게 하려 하심이라"(고전 11:32)고 말했다. 고린도 사람들은 자신들의 허물 때문에 징계를 받았다. 하지만 세상에 있는 불신자들처럼 정죄를 받은 것은 아니었다.

이제 요한일서 5장 15절을 읽어보자. "누구든지 형제가 사망에 이르지 아니하는 죄 범하는 것을 보거든 구하라 그리하면 사망에 이르지 아니하는 범죄자들을 위하여 그에게 생명을 주시리라 사망에 이르는 죄가 있으니 이에 관하여 나는 구하라 하지 않노라." 이 구절은 우리에게 사망에 이르는 죄가 있음을 말해준다. 이것은 징계를 받아 죽음에 이르게 되는 죄를 가리키며, 그리스도인들이 형제의 목숨을 구해달라고 기도해도 소용이 없는 죄이다. 이 죄가 아니라면, 그리스도인들은 얼마든지 기도할 수 있고, 그 기도는 응답을 받고 범죄한 사람의 목숨을 살릴 수 있다. 그렇다면 그는 (통치적) 죄 사함을 받은 것이다. 아나니아와 삽비라를 향한 베드로의 분노는 그들을 죽게 만들었다. 이것은 그들의 죄 때문에 내려진 현재적 심판이었다.

야고보서 5장 14-16절도 마찬가지이다. "믿음의 기도는 병든 자를 구원하리니 주께서 그를 일으키시리라 혹시 죄를 범하였을지라도 사하심을 받으리라." 병 고침을 받은 사람은 이 세상에서 진행되는 현재적 하나님의 통치의 일환으로서 죄 사함을 받은 것이다.

여기서 우리는 하나님이 우리를 다루시는 차원에서의 이러한 죄 사함과 및 하나님의 사랑 때문에 임하는 징계 혹은 우리를 겸비케 하시고 우리를 위경에서 건져주시는 것과 (그 가치를 아무 것도 약화시킬 수 없는) 그리스도의 피를 통한 구속으로 말미암아 우리에게 주어진 우리 영혼의 영원한 죄 사함을 혼동해서는 안된다. 만일 하나님께서 자기 자녀가 된 누군가를 그의 선을 위해서 징계하시고 또 그 징계를 해제하셨다면, 그것은 그가 겸손하게 되었기에 그 특별한 죄를 사면하신 것이고, 이것은 그 영혼의 구원과는 아무 관련이 없다는 것을 이제는 쉽게 이해하게 되었을 것이다.

이제 우리가 살펴볼 또 하나의 구절이 있다. 요한복음 20장 23절이다. "너희가 누구의 죄든지 사하면 사하여질 것이요 누구의 죄든지 그대로 두면 그대로 있으리라." 부활하신 주님은 곧 하늘로 올라가실 것이지만, 제자들 가운데 오셔서 그들에게 평안을 전하시고, 이제는 다른 사람들에게도 평안을 전하도록 그들을 보내고자 하신다. 아버지께서 자신을 보내신 것처럼 그들을 보내시되, 그들에게 사도적 권위를 덧입히고자 하신다. 따라서 그들은 믿는 모든 사람들에게 죄 사함을 주어 그리스도인 되게 하는 사역을 감당하게 될 것이다. 따라서 유대인들로 하여금 그리스도를 거절한 그들의 죄를 깨닫게 했을 때, 그들은 자신들이 그리스도를 거절했다는 생각에 두려움에 떨며 "형제들아 우리가 어찌 할꼬?"라고 말했고, 베드로는 이에 "너희가 회개하여 각각 예수 그리스도의 이름으로 세례를 받고 죄 사함을 받으라 그리하면 성령의 선물을 받으리니"(행 2:37,38)라고 대답했다. 따라서 베드로의 사역을 통해서 그리스도인이 된 그들은 그리스도께서 자신들을 위해서 획득하신 완전한 죄 사함을 받았던 것이다.

사도행전 10장 43절 "그에 대하여 모든 선지자도 증언하되 그를 믿는 사람들이 다 그의 이름을 힘입어 죄 사함을 받는다 하였느니라"는 구절도 마찬가지이다. 유일하게 이곳에서 베드로는 이방인 가운데서 믿는 사람을 받아들이는 것을 매우 어려워했다. 하지만 베드로는 나중에 그들이 복음을 받아들이기 이전에 하나님께서 증거를 주셨다고 말했다. 따라서 누구도 그들을 신자로 받아들이는 것을 거절할 수 없었다. 따라서 바울도 동일한 증거를 하고 있다. 사도행전 13장 38,39절을 보라.

오늘날에도 누군가 이방인이 그리스도를 믿고 또 세례(침례)를 받아 그리스도인이 된다면, 그는 즉시 완전한 죄 사함을 받게 된다. 우리를 위해서 남겨진 확실한 진리는 이것이다. "이 사람을 힘입어 죄 사함을 너희에게 전하는 이것이며 또 모세의 율법으로 너희가 의롭다 하심을 얻지 못하던 모든 일에도 이 사람을 힘입어 믿는 자마다 의롭다 하심을 얻는 이것이라."(행 13:38,39)

마찬가지로 통치적 죄 사함도 남아 있다. 베드로는 아나니아와 삽비라를 위해서 기도하지 않았다. 그것은 사망에 이르는 죄였고, 그래서 그들은 죽었다. 고린도전서 5장 3-5절 보자. "내가 실로 몸으로는 떠나 있으나 영으로는 함께 있어서 거기 있는 것 같이 이런 일 행한 자를 이미 판단하였노라 주 예수의 이름으로 너희가 내 영과 함께 모여서 우리 주 예수의 능력으로 이런 자를 사탄에게 내어주었으니 이는 육신은 멸하고 영은 주 예수의 날에 구원을 받게 하려 함이라." 마찬가지로 바울도 그런 사람을 육신은 멸하고자 사탄에게 내어주었다. 여기엔 사도적 분별과 권위와 능력이 있었다. 이제 모든 성도는 하나님의 교회로서 가지고 있는 자신들의 책임에 합당하게 행동하도록 부르심을 받았다는 것을 알아야 한다(12-13절). 따라서 바울도 성도들과 연합해서 그 사람의 문제를 권위 있게 처리한 것이다.

이런 의미에서 사도들은 후계자가 없었다. 지역 교회에서 장로들과 집사들에게 맡겨진 권위가 있다. 사도는 사도일 뿐이었고, 가는 곳마다 그리스도의 권위를 가지고 일을 처리했다. 베드로는 특별히 유대인들 가운데서, 바울은 특별히 이방인들 가운데서 사역했다(갈 2:7,8).

하나님이 인정하시는 영적인 권위의 계승이 있다. 그리스도의 임재 가운데서 그리스도로부터 나오는 권위이다. 마태복음 18장 15-20절을 보자. 만일 한 사람이 잘못을 했다면, 그는 잘못을 행한 사람에게 말하고, 만일 그가 들으면 그를 얻게 된다. 만일 듣지 않는다면, 두 세 사람을 더 데리고 가서 권면해야 한다. 만일 이것도 실패하면, 그는 이 사실을 - 성직자나 혹은 사제에게 말할 것이 아니라 - 교회에 말해야 한다. 만일 잘못을 행한 사람이 교회의 말도 듣지 않으면, 교회 밖에 있는 사람처럼 마치 이방인이나 세리처럼 대할 필요가 있다. 그에 대한 이유는 이렇다. 두 세 사람이 그리스도의 이름으로 모인 곳에 또한 그리스도를 바라보며 모인 곳에, 따라서 그리스도의 이름 앞에 겸손하게 행하며 또한 그리스도의 이름으로 실제적으로 행할 때, 그리스도는 자신의 약속을 따라서 그곳에 함께 하신다. 그렇다면 교회가 내린 결정은 그리스도의 권위를 입은 교회의 권징이 되며, 그리스도는 그것을 인정하시고 재가하신다.

　이상의 내용은 그리스도의 이름으로 개인적으로 사도적인 권세를 행사하는 것이 아니다. 베드로와 바울은 자신들의 죽음 이후에 사도적인 권세가 계승되는 것이 아님을 밝혔다(행 20:29-33 참조). 사실 베드로는 애니아를 향해 "예수 그리스도께서 너를 낫게 하시니 일어나 네 자리를 정돈하라"(행 9:34)고 말할 수 있었고 또 바울은 범죄한 형제를 사탄에게 내어줄 수 있었지만(고전 5:5), 이 모두는 말씀을 가지고 자신이 받은 의무의 한계 내에서 행한 일이었다. 그렇다면 이 일 또한 두 세 사람이 모인 가운데서 그리스도의 임재와 권위에 의해서 실행한 일을 그리스도께서 재가하신 일이다. 그들은 그리스도의 이름으로 모인 중에 하나됨 가운데 있었고, 성령에 의해서 그리스도를 바라보았으며, 하나님의 말씀을 안내서로 삼아 마치 한 몸처럼 영적 권위를 사용했던 것이다. 이것은 하나님의 말씀에 기록된 대로, 그리스도께서 그 가운데 함께 하시고 역사하신 가운데 사도적인 권위를 사용해서 일어난 일이다. 여기서 사도적인 권위라는 말은 이것이 사도들 개인들에게 부여된 개인적 권세가 아니라는 의미이다. 왜냐하면 이 일은 사도들에게 부여된 개인적인 권세(apostolic power)의 문제가 아니라, 다만 사도적인 권위(apostolic authority)의 문제이기 때문이다.

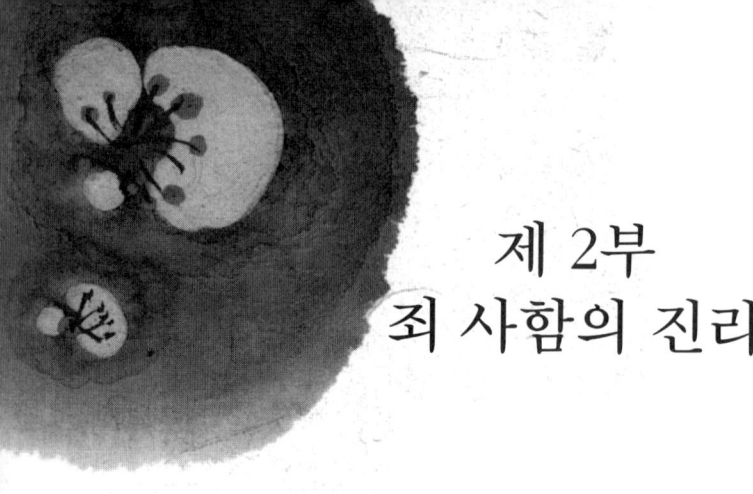

# 제 2부
# 죄 사함의 진리

## 제 6장 죄 사함과 영적 자유

죄 사함의 기쁨을 맛보았지만, 실제적으로는 죄 사함에 대한 상당한 오해 때문에 결과적으로는 고통과 어려움에 빠진 영혼들이 많이 있다. 비록 자신들이 하나님께 열납된 사실을 의심하는 것은 아닐지라도 때때로 죄와의 갈등에 빠진다. 죄 사함은 해방이 아니다. 사람들은 그 둘을 상당히 혼동하고 있다. 어떤 사람이 그리스도의 보혈을 통해서 평안을 얻었을 때, 죄 용서를 받고 의롭다 함을 받은 영혼으로서 자신이 지은 죄들이 용서되었고, 양심은 깨끗해졌고, 지극히 선한 것으로 마음이 충만해졌으며, 이제는 죄와의 관계가 끝났다고 생각하는 것이 일반적인 경험이다. 왜냐하면 그것만으로도 우리 영혼은 기쁨으로 가득해지고, 주님의 선하심과 은혜로우심을 맛볼 수 있기 때문이다. 그럼에도 죄 사함을 받은 것은 영적 자유를 누릴 수 있는 상태에 들어가게 하는 영적 해방은 아니다. 이 둘은 전혀 별개의 사안이다.

양심상 죄의 짐을 벗어버리게 해주는 해방은, 오랜 동안 우리 영혼이 자기 속에 죄가 여전히 자리를 차지하고 있다는 사실을 발견하고는 깜짝 놀랄 때까지는 경험되지 않는다. 죄 사함을 받은 후 죄책감에서 해방을 받는 일은 영혼 속에 자유를 느끼게 해주며, 마치 하나님 앞에서 새로운 지위에 들어간 것 같이 느끼게 해준다. 그럼에도 이것은 영적 해방이 아니다. 영혼을 그간 불확실성 가운데 붙들어두었던, 그래서 종노릇하게 했던 상태와 비교해보면 해방은 영적 자유를 의미한다. 육신 속에 있는 죄(sin)의 문제가 해결되지 않는 한 죄 아래서 종노릇할 수밖에 없다. 그럼에도 해방은 소위 말하는 그리스도인의 완전(完全)이 아니다. 완전은 그리스도인의 상태와 소망에 대해서 모든 건전한 분별을 묵살하는 것이며, 그렇다면 예외 없이 그리스도인의 성결의 기준을 낮추며 죄에 대한 판단을 상실시키는 것으로 작용할 뿐만 아니라 양심을 무마시키고 하나님 앞에서 영혼의 상태를 추락시키는 것으로 나타난다. 그리스도인에겐 완전이란 없으며, 그것은 우리의 목표가 아니다. 우리의 목표는 오로지 영화롭게 되신 그리스도와 같이 되는데 있다. 한편 죄 사함의 진리를 생각해보면, 이미 언급한 식으로 행복감에 젖어있는 영혼은 오로지 실제적으로 자신이 지은 죄들의 짐을 덜게 해주는 죄 사함만 알 뿐, 영적 해방에 대해선 전혀 모를 수밖에 없다. 죄 사함은 육신,

곧 옛 사람이 지은 죄들에 대해서만 적용되고, 양심을 정결하게 해줄 뿐이다. 육신, 옛 사람이 죄들의 원천이며, 그 모든 죄들은 아담 생명의 열매들이다. 죄 사함은 타락한 아담의 자손으로서 사람이 행한 일들을 다룬다. 죄 사함을 통해서 하나님이 베푸신 은혜를 아는 지식에 이르게 된다. 또한 그리스도 안에서 계시된 영광을 바라고 즐거워하게 해준다. 이렇게 하나님의 은혜의 방식을 따라서 하나님을 알게 되었을지라도, 여전히 은혜에 대한 총체적인 측면, 나(자아)를 본질적으로 아는 지식, 하나님 앞에서 그리스도 안에 있는 자로서 들어간 새로운 지위에 대한 인식을 가지고 있는 것은 아니다. 우리가 범죄했고, 우리는 유죄상태에 있으며, 정죄를 받아 마땅하다는 것 등이 고작 아는 전부인 것이다. 우리가 육신 안에 있다는 것이 무엇인지, 또 우리가 그리스도 안에 있다는 것이 무엇인지는 아직 경험적으로 알고 있지 못한 상태에 있다. 이 상태에 있는 영혼은 아직 하나님 앞에서 새로운 지위에 들어가지 못했고 해방을 경험한 일이 없을 뿐더러, 하나님 앞에서 나의 자리가 그리스도 안에 있는 것인지 아니면 옛 사람 안에 있는 것인지를 구분하지 못하는 상태에 있으며, 아직 그리스도인의 자유를 모른 채 다만 죄의 권세 아래서 살아갈 뿐이다.

영적 해방은 이중적인 특징을 가지고 있다. 하나님 앞에서 사랑 가운데 하나님과 더불어 완전한 자유를 누리는 것이 하나이고, 내 속에 있는 죄의 권세로부터 자유를 누리는 것이 다른 하나이다. 전자를 위해서 우리는 그리스도 안에 있다. 후자를 위해서 그리스도께서 내 안에 계신다. 해방의 역사를 통해서 우리는 더 이상 첫째 아담의 자리에 있지 않게 된다. 비록 외적으로는 세상에 살고, 육신은 변한 것이 없어보일지라도, 우리는 과거의 일처럼 "우리가 육신에 있을 때에는"(롬 7:5)이라고 말할 수 있게 된다. 그때 죄들의 운동은 율법으로 인해서 내 속에서 각양 정욕을 이루었다. 이제 새로운 자리(지위)는, 우리가 새로운 자리(지위)에 들어간 사실을 인식하고 있기에, 우리 속에 거하시는 성령의 내주를 통해서 확고하게 유지된다. 성령님은, 우리가 들어간 새로운 지위가 (우리 속에서 역사하는 성령의 사역이 아니라) 그리스도의 사역 덕분인 것을 잊지 않도록, 밖에 있는 그리스도의 사역을 바라보도록 하신다. 영적 해방이 이루어진 이 시점에서는, 더 이상 그리스도께서 나의 모든 죄들을 담당하셨고 나를 그 모든 죄책에서 깨끗하게 해주셨다는 것이 아니라, 다만 이제 나는 하나님 앞에서 그리스도 안에 있으며, 사랑하는 자 안에서 열납되었고, 더 이상 육신에 있지 않고 영에 있다고 말한다. 나는 하나님 앞에서 책임의 자리에 있는 아담의 자손의 상태에 있지 않다. 나는 나의 현재적 상태와 연결해서 하나님 앞에서 나의 조건을 생각한다. 나는 전적으로 그리고 절망적인 악에 대해서 죽었고, 내가 그리스도 안에서, 사랑하는 자 안에서 열납된 새로운 신분 가운데 있다는 것을 성령님을 통해서 알고 있다. 나는 육신에 있지 않고 영에 있다(롬 8:9). 그리스도는 죄(sin)에 대해 죽으셨으며 나도 그리스도 안에서 죽었다. 이제 그리스도께서 나의 생명이시다. 나는 하나님 앞에서 그리스도 안에서 새 생명으로 하나님을 향해 살아있으며, 성령님을 통해서 나 자신을 그렇게 여긴다. 나의 자리는 첫째 아담이 아니라 둘째 아담 안에 있다. 내가 지은 죄들이 용서되었을 뿐만 아니라 내가 유죄상태로 있을 때 살았던 자리와 본성에 대해서 죽음을 통해서 벗어났다. 나는 그리스도 안에서 하나님을 향해 살아있다. 성령님께서 이러한 인식을 나에게 주신다. 그리스도 예수 안에 있는 자에게는 정죄함이 없다. 당신이 나를 정죄할 수 있으려면, 먼저 영광 중에 계신 그리스도를 정죄해야만 한다.

어떻게 이렇게 되는 것인지 살펴보자. 나는 분명히 죄 사함을 경험했다. 죄 사함을 경험한 일이 없다면 해방은 경험되지 않을 것이다. 만일 나의 죄 사함을 위해서 그리스도의 죽으심과 부활을 통해서 완성된 그리스도의 사역을 (물론 그리스도의 위격을 믿는 믿음과 더불어) 믿는다면, 그 사실에 근거해서 나는 성령으로 인치심을 받는다. 왜냐하면 그리스도의 사역은 이미 완성된 사역이기에, 현재적으로 언제라도 적용가능하고, 언제라도 유효하기 때문이다. 여기에 새로운 지위가 함께 더해진다. "주와 합하는 자는 한 영이니라."(고전 6:17) 나는 부활하신 그리스도 예수를 믿는 믿음을 통해서 아들의 자리를 얻었다. 왜냐하면 하나님이 그 아들의 영을 내 마음에 보내주심으로써 아바 아버지로 부르게 하셨기 때문이다. 나는 아들로서 하나님과의 관계를 알고, 그 아들된 관계 속에서 산다. 죄 사함을 받은 상태와는 달리 이 상태는 첫 사람 아담 안에서 사는 삶이 아니다. 게다가 요한복음 14장에서 말씀한 것처럼, 나는 내가 그리스도 안에 있으며, 그리스도는 내 안에 있는 것을 알고 있다. 나는 하나님 앞에서 나의 자리를 바꾸었으며, 전적으로 새로운 자리에 있다. 바로 죽으셨다가 다시 살아나신 그리스도의 자리이다. 나는 내 자신이 죄에 대하여 죽은 것으로 여긴다. 옛 사람은 그리스도와 함께 십자가에 못 박혔으며, 더 이상 옛 사람을 섬기지 않는다. 나는 자유를 얻었다. "주의 영이 계신 곳에는 자유함이 있느니라."(고후 3:17) 나는 더 이상 육신에 있지 않고 영에 있다. 단순히 회심한 것이 아니라, 하나님의 영이 내 안에 내주하시는 것이다. 나는 내가 그리스도 안에 있음을 안다. 그리스도는 죄를 처리하셨고, 죄와 사망과 사탄의 권세를 심판하셨다. 그것이 바로 하나님 앞에서 나의 신분과 자리이다. 만일 죽음이 온다면, 죽는 것도 유익하다. 몸은 아직 구속을 받지 않았다. 우리는 다만 몸의 구속을 기다릴 뿐이다. 이제 나는 나 자신을 죄에 대해서 죽은 자로 여긴다. 나의 옛 사람은 그리스도와 함께 십자가에 못 박혔다. 나는 영광을 받으신 분 안에서 하나님 앞에 있다. 즉 그리스도 안에 있다. 이것이 사도 바울이 영광 중에 계신 그리스도에게서 받은 진리(the doctrine)이다.

우리는 이제 그리스도를 믿는 믿음을 가지게 되었다. 즉 우리는 육신 안에서 하나님과 멀리 격리된 채 살아왔기에, 이제 하나님과 함께 하기 위해서 구주이신 그리스도의 죽음 안에 연합되었다. 그리스도께서 죄에 대하여 죽으심은 단번에 죽으신 것이다. 따라서 우리도 우리 자신을 죄에 대하여는 죽은 자요 하나님께 대하여는 산 자로 여긴다. 우리는 이제 그리스도 안에 있다. 이제 성령의 능력 안에서 그리스도는 우리의 생명이시다. 그 결과가 로마서 8장에 나타나 있다. 거기서 우리는 자유 가운데 생명을 누리며, 그리스도께서 사시는 능력을 따라서 산다. 이것은 십자가에 달리신 그리스도의 죽음을 통해서 죄가 정죄되었고, 따라서 우리도 죄에 대하여 죽었기에 가능한 일이다. 이제 우리는 그리스도 안에 있다. 이것이 가능한 이유는, 나를 포로로 사로잡고 괴롭혔던 죄가 십자가에서 그리스도를 통해서 정죄되었기에, 새롭게 된 사람으로서 나는 더 이상 죄로 인해서 정죄를 받지 않게 되었기 때문이다. 이것은 내가 그리스도와 죽음에 연합되었기 때문에 된 일이다. 그리스도께서 나를 위해서 십자가에서 죄가 되심으로써 정죄가 지나갔고 끝났 듯이, 마치 내가 십자가에 달린 것처럼 나에게서도 정죄가 지나가버렸다. 이제 육신에 대해서, 육신 안에 있는 죄에 대해서 나는 죽었다. 그럼에도 내가 사는 것은 내가 아니라 내 안에 그리스도께서 사시는 것이다. 이제 이 믿음으로 인해서 나는 육신 안에 있는 죄로부터 해방되었다. 그리스도와 연합하여 죽었고, 이제 그리스도께서 나의 생명이시다. 해방은 그리스도와 함께 하는 부활과 직접적으로 연결되어 있지 않고, 다만 그리스도와 함께 죽는 죽음에 연결되어 있다. 함께 부활했다는 사실은 그 이상으로 우리를 이끌고 간다. 하지만 십자가에서 그리스도와 함께 연합하여 죽은 것은 옛 사람과 옛 상태에 적용된다. 우리는 죽음을 통해서 육신과 죄와 율법으로부터 벗어나며 해방을 받는다. 이제는 하나님 우편에 계신 그리스도께서 나의 생명이시다. 이상의 내용들이 영적 해방의 교리이며 효력이다. 죽으신 그리스도께서 나의 생명이시며, 나는 그리스도 안에 있고, 성령의 능력 안에 있다. 그것을 통해서 죄에 대하여 죽었고, 그리스도께서 죽으신 것을 통해서 나의 육신 속에 있는 죄는 정죄를 받았으며, 이제는 믿음을 통해서 나도 죄에 대하여 죽었음을 안다. 이는 내가 그리스도 안에서 죽었기 때문이다. 그리스도께서 담당하신 정죄는 죽음을 통해서 해결되었다. 따라서 나는 그리스도의 죽음 안에서 나 자신 또한 죄에 대하여 죽은 것으로 여긴다. 이제 그리스도께서 나의 생명이시며, 내 안에 그리스도께서 사신다. 나는 이것을 성령을 통해서만 알 수 있으며 또한 성령을 통해서만 이 사실을 의식하며 그 실제적인 능력을 경험하게 된다.

나는 더 이상 육신에 있지 않다. 아담의 자리는 하나님 앞에서 더 이상 나의 자리와 신분이 아니다. 육신이 여전히 나와 함께 하고 있지만, 그럼에도 나는 더 이상 육신에 있지 않고 그리스도 안에 있다. 나는 육신에 있지 않고 영에 있다. 왜냐하면 하나님의 영이 내 속에 거하시기 때문이다. 이제 나의 자리는 로마서 8장에 소개되어 있다. "그러므로 이제 그리스도 예수 안에 있는 자에게는 결코 정죄함이 없나니 이는 그리스도 예수 안에 있는 생명의 성령의 법이 죄와 사망의 법에서 나를 해방하였음이라 율법이 육신으로 말미암아 연약하여 할 수 없는 그것을 하나님은 하시나니 곧 죄를 인하여 자기 아들을 죄 있는 육신의 모양으로 보내어 육신에 죄를 정[죄]하사"(롬 8:1-3) 나의 육신 속에 있는 죄는 정죄를 받았고, 십자가에서 완전히 처리되었다. 따라서 "만일 너희 속에 하나님의 영이 거하시면 너희가 육신에 있지 아니하고 영에 있[으며]"(롬 8:9), 또한 "누구든지 그리스도의 영이 없으면 그리스도의 사람이 아니라 또 그리스도께서 너희 안에 계시면 몸은 죄로 인하여 죽은 것이나 영은 의를 인하여 산 것이[다.]"(롬 8:9,10)

이제 내가 그리스도께서 나의 생명이시며 또한 내 안에 그리스도께서 사신다고 말할 때, 몸은 그 자체의 생명력을 가진 채 살아서 절로 열매를 맺는 죄(sin)로 인해서 죽게 되며, 죄는 더 이상 나에게 힘을 발휘하지 않게 된다. 하지만 이것은 그리스도의 영원 속죄 사역(이미 완성되었기에 하나님이 받으신 사역)을 통해서 되는 것이 아니다. 물론 그 사역이 한편으로는 나를 위해서 실제적이고도 유효적으로 이루어진 것이긴 해도, 그 사역만을 알고 있다면, 곧 율법적인 노력을 통해서 하나님을 기쁘시게 해드리고자 애써보게 되고, 동시에 늘 실패하기 때문에 다시 무서워하는 종의 영의 상태에 빠지게 된다. 이것이 오늘날 많은 신자들이 경험하는 상태이다. 만일 그리스도께서 당신 안에 계신다면, 몸은 죄로 인해서 죽은 것이다. 나는 나 자신을 죽은 자로 여긴다. 달리 말해서, 이것은 경험의 문제이다. 로마서 6장과 8장은 그리스도께서 행하신 일에 대한 믿음의 근거를 제공해주면서, 나 자신을 죽은 자로 또한 그리스도 안에서 하나님을 향해 산 자로 여기도록 교훈하고 있다. 왜냐하면 그리스도께서 죽으셨고, 죽은 자 가운데서 다시 사셨기 때문이다. 이 둘 사이에 있는 내용이 로마서 6장에 전개되어 있으며, 그 효과는 8장에서 누리게 되어 있다. 이는 우리가 고통스러운 경험을 통해서 해방을 경험할 수 있기 때문이다.

해방의 역사는 십자가를 통해서 그리스도의 죽음에 연합할 때 이루어진다. 따라서 그리스도 안에 있는 믿음을 통해서 우리의 상태는 죄에 대하여는 죽은 자요, 도덕적으로는 생명을 얻은 자 되었다. 이것이 십자가의 다른 측면이다. 죄가 없으신 그리스도께서 죄가 되셔야만 했지만, 전적으로 죄를 끝내셨고 죄가 닿지 않는 영역으로 들어가 세세토록 살아계신다. 즉 오직 하나님을 향하여 살으신 것이다. 따라서 해방은 우리의 노력에 의한 것이 아니라, 오직 은혜를 통하여 믿음으로 말미암아 이루어진다. 유죄상태를 자각하는 것이 죄 사함 이전에 오듯이, 해방 이전에 경험적으로 자신을 제대로 볼 수 있는 지식이 오게 된다. 우리의 노력으로 죄책감을 없앨 수는 없다. 마찬가지로 우리의 노력으로 해방을 경험할 수도 없다. 따라서 자신을 제대로 아는 지식, 즉 자기 속에 선한 것이 전혀 없다는 것을 철저히 깨닫는 것이 먼저 와야 한다. 즉 자기 개선이나 조그만 승리를 통해서는 자유를 얻을 수 없다는 것을 철저히 경험하는 것이 필요하다. 그렇다면 그 때까지 죄책감을 느끼고 사죄를 받는 것이 반복된다. 바로 이러한 패배의 생활을 통해서 자신을 아는 지식에 이르게 되고 죄가 주인 노릇하는 현재적 경험을 통해서 철저한 자기 부인에 이르게 된다.

이 부분에서 율법이 하는 역할이 있다. 그렇다면 율법은 항구적인 도구이다. 만일 우리가 이미 죄 사함을 경험했다면, 형태는 달리 나타나게 되며, 어쨌든 우리 자신을 속이지 않고자 소망하는 형태를 띠게 된다. 율법은 항상 우리에게 하나님이 요구하시는 것을 통해서 우리의 상태를 보게끔 해준다. 그것이 율법의 역할이다. 율법은 우리의 상태를 제대로 보게 해주는데 매우 유용하다. 따라서 율법을 통해서 우리 자신을 비춰본다면, 우리의 상태는 종노릇하는 상태임이 밝히 드러날 것이다(롬 7:1-24). 이것을 아는 것은 매우 중요하다. 우리의 상태를 생각해보고 거기에서 하나님이 우리를 받아주신 것을 생각해볼 때, 이것은 원칙적으로 율법이 어떻게 작용하는지를 볼 수 있는 단초가 된다. 즉 탕자가 마음을 돌이켜 집으로 돌아오는 그의 회심 상태와 아버지를 만나는 그 사이에 일어난 일을 생각해보라. 율법은 그 자체로 성결을 요구하며, 성결이 없다면 아무도 주님을 볼 수 없다고 주장한다. 성결은 필수적이며 영원히 참된 것이지만, 하나님이 우리를 받아주신 사실과 결부되어 있으며, 성결과 우리의 상태는 서로 연결되어 있다. 따라서 여기서 우리가 집중해야 하는 것은 의(義)의 문제이지 성결의 문제가 아니다. 성결 안에서 우리는 악을 미워한다. 그렇다고 악 때문에 우리가 하나님의 호의 밖에 있는 것이 아니다. 악이 어떠한 형태를 띠든지, 우리를 하나님 앞에 적합하지 못한 사람으로 만드는 악의 문제는 항상 율법을 통해서만 드러난다.

이제 중요한 교리는 우리가 그리스도 안에서 죽었다는 것이다. 율법은 살아있는 사람, 물론 아담의 자손으로서 책임 있는 사람을 대상으로 역사한다. 율법은 사람이 살 동안에만 사람에게 권세를 행사한다. 율법은 죽은 사람에 대해서는, 현재적으로 책임 있는 존재로서 다룰 수 없다. 나는 죽은 사람을 악한 정욕과 자기-의로 가득한 결과로 맺게 된 현재적인 일들로 고소할 수 없다. 사도 바울은 여기에 결혼 관계를 도입시켰다. 죽음은 결혼 관계를 해체시키며, 사람을 자유롭게 해준다. 우리는 율법 아래서 죽었다. 즉 율법에 대하여 죽은 것이다. 이제는 다른 이 곧 죽은 자 가운데서 살아나신 그리스도에게로 가서 결혼을 했다. 그리스도는 사람을 전적으로 새로운 자리, 즉 죄(sin) 문제가 해결된 곳에 넣어주었다. 이제는 첫째 남편, 즉 율법 아래 있는 영혼의 경험을 새롭게 부각시킨다. 죄책감에 대한 자각이 아니라, 우리 속에 내주하는 죄의 권세에 대한 자각을 불러일으킨다. 여기서 나는 (내가 행한 일들에 대한 것이 아니라) 내 속에 선한 것이 거하지 않는다는 것을 배우게 된다. 육신은 단순하게 말하자면 나쁜 것이며, 그것도 항상 나쁜 것이다. 둘째로, 육신은 하나님으로부터 새롭게 태어나게 된 나(myself, being born of God)가 아니다. 나는 육신을 싫어한다. 그렇다면 육신은 내가 아니다. 이 사실을 깨우치게 되는 것은 그 자체로 해방은 아니지만, 종종 커다란 슬픔을 불러온다. 세 번째로, 비록 육신은 내가 아니지만, 내가 감당하기엔 너무도 강하다. 나는 육신에 포로로 사로잡혀 있다. 나의 모든 노력은 이것이 사실인 것을 입증할 따름이다. 노력과 싸움이 계속될수록, 나는 절망 상태에 더욱 깊이 빠지게 되고 와서 나를 해방시켜줄 다른 사람을 바라보게 된다. 나는 이미 나에게 힘이 없다는 것을 배웠다. (이것은 내가 지은 죄들을 인정하는 것과는 전혀 다른 문제이다.) 나는 전적으로 무력하다는 것이 또한 내가 배워야만 하는 교훈이다. 이것이야말로 하나님이 나에게 가르치기 원하시는 중요한 교훈이다. 마침내 이 모든 것이 이루어졌다는 인식이 생긴다. 나는 전혀 육신에 있지 않고, 나를 괴롭히던 육신이 십자가에서 완전히 정죄되었으며, 이제 나는 이 모든 일을 이루시고 부활하심으로써 높은 곳에 계신 그리스도 안에 있다는 믿음이 온다. 이 사실에 기초해서 나는 성령을 통해서 생명과 능력과 자유를 소유하게 된다. 이로써 나는 다시 살아나신 그리스도 안에 있는 자가 되는 것이 무엇인지를 알게 된다. 그리스도 예수 안에 있는 생명의 성령의 법이 죄와 사망의 법에서 나를 해방시켰으며, 나의 육신 안에 있는 죄가 십자가에서 정죄되었고, 이 사실에 근거해서 나는 그리스도와 함께 죽었다. 이제 나는 육신에 있지 않다. 육신에 있는 것은 더 이상 하나님 앞에서 나의 신분이 아니다. 오히려 나는 그 영 안에 있다. 그리스도께서 들어가신 자리로 영접된 것이다. 이제는 심판의 날에 대해서 담대한 마음을 갖게 된다. 이는 "주의 어떠하심과 같이 우리도 세상에서 그러하[기]"(요일 4:17) 때문이다.

이 사실이 가진 효력은 여러 가지 방면에서 매우 중요하다. 우선적으로 우리 영혼은 행복감을 느낀다. 양자의 영을 가지고 있고, 하나님 앞에서 사랑 안에서 자유를 가지고 있다. 둘째로, 자아가 의지하던 지팡이와 힘이 모두 파괴되었다. 비록 가장 진실된 마음의 동기를 따라 행했을지라도 한번도 깨어진 적이 없는 자아가 그 중심에 있을 수가 있다. 지금까지 당신은 이런 사실은 결코 생각해본 일이 없을 것이다. 이것은 모세가 자기 형제들을 돌아보고자 하는 마음으로 한 사람의 원통한 일 당함을 보고 원수를 갚고자 애굽 사람을 쳐 죽인 일과 같다. 경험 있는 그리스도인은 그 차이점을 금새 알아차릴 것이다. 많은 사람들이 이런 일을 나쁜 일인 줄 모르고 교회에서 스스럼없이 자행하고 있다. 우리는 자아를 만족시키고 싶어 하지만, 사실은 항상 자아를 판단해야 한다. 자기-만족은 또 다른 것이다. 거기엔 하나님을 기다리는 것이 없다. 하나님을 기다리는 것은 영혼을 연단시킨다. 여기에 한 가지 더하고 싶은 것은, 해방을 경험하지 않았을지라도 자기 판단은 필요하다는 점이다. 자신을 판단하는 일은 해방에 이르는 유일한 길이다. 그럼에도 이 시점에서는 과연 하나님이 자기에게도 해방을 이루어주실 것인지를 확신하는 것은 부족할 수도 있다.

게다가 해방의 경험은 예배에 영향을 미친다. 단순히 죄 사함만 알고 있는 곳에는 다만 죄책감과 지옥에서 건짐받은 것만을 구원으로 생각하는 경향이 있다. 그것이 진실된 일이긴 해도, 우리의 행실이 하늘에 속한 도덕성의 특징을 띤 것으로 나타나지는 않는다. 다만 범죄한 죄인으로 살았던 과거의 행실이 우리 영을 지배하게 된다. 이제 내가 믿는 바로는, 우리를 구속한 은혜의 경이로움과 그리스도의 보배로운 피의 가치는 여기 보다는 하늘에서 더욱 빛을 발할 것이며, 우리는 그곳에서 그 실제적인 가치를 누릴 것이고, 결코 과거에 우리가 습관적으로 생각하던 대로는 아닐 것이다. 사실 우리의 행실(혹은 시민권)은 지금 하늘에 있다. 새로운 사람을 위한 관계들도 하늘에 있다. 우리는 하늘에 속해있고, 우리는 그리스도 안에 있다. 우리의 애정을 위에 있는 것들에 두어야 하며, 하늘에 있는 것들과의 관계를 증진시켜야 한다. 성령님은 하나님이 우리에게 은혜로 주신 것들을 알게 하신다.

영적 해방은 그리스도인의 내적 삶의 모든 부분에 영향을 미칠 뿐만 아니라, 외적인 삶과 봉사에도 영향을 미친다. 죄 사함을 통해서 평안을 얻게 된 사람들은 많지만, 영적 해방의 진리에 대해서 말씀으로 가르침을 받아 본 사람들은 그리 많지 않다. 로마서는 두 부분으로 나누어져있다. 단순히 장별로 읽을 것이 아니라, 내용상 구분해서 읽어야 한다. 로마서의 첫 번째 부분은 1장부터 5장 11절까지이다. 이 부분은 사람의 유죄 상태와 은혜를 통한 해결을 다루고 있다. 두 번째 부분은 5장 12절부터 8장 39절까지이다. 이 부분은 아담의 죄를 통해서 들어가게 된 우리의 육신 상태와 그에 대한 치유책을 다루고 있다.

한 가지 더 첨언하자면, 만일 사람들이 이 주제에 대해서 무관심 혹은 게으름을 나타낼지라도 놀랄 필요가 없다는 것이다. 성령의 마음과는 반대로 행하는 곳에 해방을 찾아볼 수 없는 것은 당연한 일이다. 게다가 그리스도인이 열심을 가지고 추구하는 내용을 보더라도, 성령의 능력을 통해서 이루어지는 해방에 대한 것은 전혀 찾아볼 수 없는 것도 사실이다. 게다가 만일 해방을 경험하게 된 사람이라도, 비록 그 영혼이 다시금 그 신분상 불확실한 상태로 돌아가거나 또는 로마서 7장 상태로 떨어지지는 않을지라도 이처럼 새로운 상태의 능력이신 성령님을 근심시켜 드리거나, 아버지와 아들과 함께 하는 사귐(교통)을 잃어버린다면, 새로운 지위에 속해 있는 것들로 충만한 영적 정서와 거룩한 관계에 대한 지식은 잃지 않을지라도, 그 영혼 속에는 모든 것이 혼돈스럽고 모호한 상태에 빠지게 될 것이다. 내가 자녀일진대 나의 아버지는 어디 계신가? 나는 하늘에 속한 사람이지만, 내가 속한 하늘은 어디에 있는 것인가? 이 두 가지 모두 내게 유효하다는 것은 알고 있지만, 나는 이 두 가지 모두를 잃은 듯한 상실감에 빠지게 될 것이다. 따라서 이것은 내가 아들이라는 주관적인 믿음에는 아무 영향을 미치지 못할지라도, 객관적으로는 아들이 누릴 수 있는 영적 특권에는 이르지 못하는 실패를 가져다 준다. 그렇다면 영혼은 어둠 속으로 빠지게 된다. 나는 실제로 이런 상태를 경험해본 일은 없지만, 이렇게 될 것에 대한 의심은 없다. 이에 대한 유일한 치료제는 자기 겸비이며, 주님을 가까이 하고, 주님과의 친교를 방해하는 우상을 제거하는 것이다.

다른 사람들의 영혼을 대하는데 있어서, 첫 번째 요소는 그 영혼이 진정 해방을 경험했는가를 분별하는 것이며, 그리스도 안에서 하나님 앞에 있는 그리스도인의 지위를 바르게 이해하고 있는가를 살피는 것이다. 이것은 영적인 분별력을 요하는 일이다. 율법과 자아가 있는 곳에서 이렇게 분별하는 것은 쉬운 일이 아니다. 그럼에도 우리가 반드시 기억해야 할 것은 하나님을 향해 아바 아버지라 부르는 많은 참된 영혼들이 잘못된 가르침 때문에 그리스도 안에 있는 자리에 들어가는 것을 두려워하고 있다는 것이다. 이 점을 우리는 말씀을 통해서 분명할 필요가 있다.

# 제 2부
# 죄 사함의 진리

## 제 7장 죄 사함과 구원

사람들은 자신이 잃어버린바 된 존재라는 것을 실제로는 믿지 않는다. 그들은 그저 자신들이 죄를 지었다고 믿으며 잃어버린바 된 존재라는 것은 아예 생각조차 하지 않는다. 당신이 지은 죄들은 당신을 유죄상태로 만들지만, 본질적인 당신의 상태는 바로 당신이 잃어버린 자(you are lost)라는데 있다. 나에게 지은 죄가 있다는 것을 보는 것과 내가 잃어버린 존재라는 것을 양심상 깨닫는 것은 전혀 별개의 사안이다. 나의 본질적인 상태를 생각해보면, 두 가지는 함께 가지만 그럼에도 둘은 별개이다. 유죄상태는 심판을 초래하지만, 잃어버린바 된 상태는 현재 내가 처해 있는 상태를 그대로 말해준다. 만일 내가 이 부분을 선명하게 보게 되면, 그리스도께서 이 상태를 처리하신 것과 이제 내가 구원받았다는 확증을 가지게 된다. 하지만 사람들은 자신들이 잃어버린바 된 상태에 있다는 것을 모를뿐더러 자신들이 구원받았다는 것이 무엇인지도 모른다. 그리스도인이 되면 하나님은 새로운 상태에 넣어주신다. 즉 그리스도인은 새로운 피조물이 된 사람이다. 그렇다면 나의 자리는 둘 중 하나이다. 첫째 사람(아담) 안에 있거나, 아니면 둘째 사람(그리스도) 안에 있다. 오늘에라도 새로운 피조물이 되는 것이 무엇인지를 알게 되면, 그것은 당신 생애에 대단히 중요한 날을 맞이한 것이 될 것이다.

세상에서 진행되는 모든 종교와 의식들은 육신 안에 있는 사람들을 위한 것이다. 과연 우리가 하늘에서도 그러한 것들을 소유할 거라고 보는가? 첫째 사람은, 비록 육신이 우리 속에 여전히 존재하지만, 믿음으로 인해서 끝났다. 하나님은 타고난 본질적인 나의 상태에서 완전히 나를 꺼내주셨다. 그럼에도 가련한 나의 몸은 여전히 육체 안에 있다. 하나님은 나를 세상으로부터 완전히 구별시켜주셨다. 그럼에도 나는 세상 가운데 살아가고 있다.

당신은 세상이 도덕적으로 종말을 맞이한 사실을 알고 있는가? 하나님이 첫째 사람을 다루신 일은 완전하고 총체적으로 이루어졌다. 사람들은 유대적인 예식을 모방해서 다시 세우고자 하지만, 그것은 모두 끝났다. 우리를 둘러싸고 있는 모든 종교성은 다 이 문제와 연관이 있다. 나는 과연 이 세상에 대해서 살아

있는 존재로서 하나님과의 관계를 생각해야 하는가? 아니다. 그리스도인으로서 나는 세상에 대하여 죽었다. 나는 그저 세상에서 살아가는 존재가 아니다! 그리스도인은 자신의 생명과 삶을 어디서 얻는가? 하늘로부터 얻는다. 그리스도는 자신을 하늘에 있는 인자로 말씀하실 수 있으셨다(요 3:13, KJV 참조). 그리스도와 연합된 자로서 우리는 위에 계신 그리스도 안에 있는 생명으로 살아 간다. 당신은 첫째 아담을 개선하는 일에 자신의 삶을 낭비하고 있는가? 당신은 아담에게서 무슨 선한 것을 얻고자 하는가? 당신은 결코 성공하지 못할 것이다. 하나님은 사람들을(이스라엘을) 시험하셨지만 아무 것도 얻지 못하셨다. 내 속에 있는 육신은 그리스도께서 나타나셨지만 그를 거절했다. 육신은 항상 그렇다. 오늘날 그리스도를 십자가에 못박을 수 없기에 못하지만, 여전히 그리스도를 거부한다. 육신을 그대로 두면 무법주의에 빠질 것이다. 육신은 하나님의 법에 굴복치 않을뿐더러, 율법 아래 있을 때에도 그럴 수 없었다. 오늘날 그리스도께서 오신다 해도 육신은 그리스도 보다 세상에 있는 것들을 더 선호할 것이다.

하나님이 무슨 선한 일을 시작하실 때마다 사람이 한 첫 번째 일은 그것을 망가뜨리는 것이었다. 순서대로 역사를 살펴보라. 무엇이 먼저 등장하는가? 에덴동산 안에 있는 사람을 볼 수 있다. 그는 무엇을 했는가? 그리고 홍수가 왔다. 당신은 어쩌면 무슨 방도로든지 사람의 방식을 개선할 수만 있다면 잘 될 것이라고 말하고 싶을 것이다. 하지만 그렇지 않다. 모든 것이 황폐화될 뿐이다. 노아가 한 첫 번째 일은 포도주를 마시고 취한 것이었다. 아브람은 은혜로 부르심을 받았다. 하지만 그 후 율법이 주어졌다. 이스라엘이 행한 첫 번째 일은 금송아지를 만든 것이었다. 제사장 제도가 세워졌다. 하지만 나답과 아비후는 첫날부터 다른 불을 드렸다. 다윗의 아들이 후사를 이었다. 하지만 솔로몬은 이방의 많은 여인들을 사랑했고 왕국은 파괴되었다. 황금 신상의 머리로 세워진 느부갓네살은 우상을 세웠다. 그리고 교회도 황폐화되었다. 우리는 이미 사도 시대에 "그들이 다 자기 일을 구하고 그리스도 예수의 일을 구하지 아니"(빌 2:21)했던 것에 대해서 읽고 있다. 누가 그 말을 했던가? 바로 사도 바울이다. 사도 바울이 살아있을 당시에 이미 상황이 그러했다. "육신의 생각은 하나님과 원수가"(롬 8:7) 된다. 당신에게는 육신의 본성이 있는가, 없는가? 우리 그리스도인에겐 그러한 육신의 본성이 없다. 따라서 우리는 하나님과 원수 관계에 있지 않다. 하나님과 원수 되는 것은 교육으로 되지 않고, 계발해서 되는 것도 아니다. 어찌 하나님과 원수 되는 것을 따로 계발할 필요가 있는가?

이것이 바로 사람들은 자신이 잃어버린바 된 존재라는 것을 모른다고 했을 때, 내가 의도한 것이었다. 그리스도께서 세상에 오시고 착한 일을 시작하셨을 때, 하나님이 함께 하셨음에도 사람들은 그를 싫어했다. 어째서 그런가? 하나님이 그리스도를 통해서 나타나셨기 때문이다! 무신론자들이 옛 나무에서 선한 열매를 얻고자 노력하는 것은 오히려 자연스러운 일이다. 하지만 나는 그리스도인들에 대해서 말하고 있다. 우리 영혼이 최우선적으로 힘써야 하는 것은, 그리고 반드시 그리해야 하는 것은, 만일 내가 영광을 보고자 한다면, '나는 잃어버린바 된 자'라는 진리를 아는 것으로 시작해야 한다. 당신이 이 진리를 보기 전까지는 구원받는 것이 무엇인지를 결코 알 수 없을 것이다.

바리새인들의 육신적인 모습이 최고의 종교적 모습을 갖추었을 때, 그리스도께서 세상에 오셨다. 그리스도께서 오셨을 때, 참으로 웅장한 성전을 볼 수 있었다. 바로 이러한 모습이 사람들이 보기를 원하는 것이다. 영국 국교회의 예배당에 들어서면 모자를 벗어야 한다. 이렇게 말하면 사람들은 나를 예배당에 가길 꺼리는 사람으로 오해하는데, 그게 아니라 그런 걸 사람들이 좋아한다는 의미이다. 사람들은 무엇 때문에 그렇게 하는가? 하나님이 그러한 것, 성전과 제사장을 통해서 육신에 있는 사람이 할 수 있는 모든 것을 시험하신 때가 있었다. 이제 사람들은 그때로 돌아가고자 한다. 그리곤 이렇게 말한다. '당신도 사람들에게 영향력을 행사하려면 음악, 성전, 제사장의 옷을 갖춰야 한다.' 무슨 영향력을 행사한다는 것인가? 바로 그들의 육신이 가진 히

힘이다! 하지만 나는 "육신에 있지 않다."

"단번에…세상 끝에 나타나셨느니라." 거기서 사람의 역사는 도덕적으로 끝났다. 사람들은 "이는 상속자니 자 죽이고 그의 유산을 차지하자"(마 21:38)고 말했다. 하나님의 심판은 세상 끝에 나타날 것이다. 따라서 지금은 심판이 집행되지 않고, 다만 선언되었다. 하지만 새로운 하나님의 시작이 있었다. 어디에 새로운 시작이 있었는가? 바로 그리스도의 무덤이다. 육체로 오신 그리스도께서 십자가에 달리셨고, 무덤에 묻혔다. 죽음에 처해지셨다. 그리스도께서는 사람에 대해선 사랑의 완전성 가운데서, 하나님께 대해선 완전한 순종 가운데서 사역을 완성하셨다. 사람으로서 십자가에 달려 죽으심으로써 육신 안에 있는 사람과 연관된 모든 것을 종결시키셨고, 은혜와 율법 모두를 충족시키셨다. 하나님은 그 일을 이루신 사람이신 그리스도를 하나님의 우편에 앉게 하셨다. 첫째 사람의 죄악성이 그리스도의 죽음을 통해서 입증되었고, 둘째 사람이신 그리스도는 부활을 통해서 세상을 이기셨다. 그 사실이 죄에 대하여, 의에 대하여, 심판에 대하여 세상을 책망한다. 죄에 대하여라 함은 그리스도를 거절했기 때문이요, 의에 대하여라 함은 그리스도께서 아버지께로 가심으로써 세상이 더 이상 은혜 가운데 오신 그리스도를 보지 못하기 때문이요, 심판에 대하여라 함은 사탄이 이 세상 임금으로 나타났기 때문이다. 하지만 하늘에 인자가 계신다. 기독교는 그리스도께서 하늘에서 영광을 받으신 사실에 기초를 두고 있다. 첫째 사람의 종말이 죽음을 통해서 첫째 사람에게 이루어졌고, 총체적으로 새로운 자리가 둘째 사람을 통해서 준비되었다. 이제는 무죄한 사람이나 유죄한 사람이나 동일한 취급을 받게 되었다. 이 사실을 제대로 알 때까지 성경에서 말하는 구원이 무엇인지 모를 수밖에 없다.

죄 사함은 첫째 사람으로서 내가 행한 일에 적용된다. 나는 지금도 죄를 지을 수 있다. 물론 그리스도인이 된 이후에도 죄를 지을 수 있다. 만일 내가 죄를 짓는다면, 그것은 첫째 사람이, 곧 육신이 죄를 짓는 것이다. 구원은 아담의 자손으로서 나의 상태와 연결되어 있다. 내가 지은 죄들에 대해서 말할 때, 나는 구원 받았다고 말하지 않는다. 나는 죄 용서를 받았다고 말한다. 사람들은 아담의 자손으로서 자신이 지은 죄들이 정결하게 되었다고 생각한다. 그렇다면 이것은 죄 사함일 뿐이다. 죄 사함은 내가 지금 처해있는 상태(즉 육신의 상태)에서 건져주지 못한다. 하나님은 사람을 심판하셨고, 이 세상 임금은 쫓겨났다. 이제 나는 하나님의 우편에 계신 그리스도 안에 있다. "누구든지 그리스도 안에 있으면 새로운 피조물이[다.]" (고후 5:17) 물론 나의 몸에 대해서 말하자면, 아직 새로운 상태에 들어간 것은 아니다. 따라서 나는 나의 감각을 사용해서 이 세상에 살면서 선악을 분별하고, 믿음으로 행하고 보는 것으로 행하지 않도록 조심한다. 이 말은 이 땅의 눈에 보이는 것들을 조심하라는 의미가 아니라, 당신이 아직 하늘에 속한 것들을 볼 수 있는 영적 통찰력을 받지 못했음을 의미한다. 물론 나는 이 세상을 살면서 그러한 것들을 접촉할 수 있지만, 그러한 것들은 내게 아무 효력도 미치지 못한다. 나는 여전히 이 땅에서 살아가는 존재이며, 이것은 절대적으로 사실이다. 하지만 그러한 것은 우리 앞에 있는 목표에 속한 도덕적 문제와는 아무 연관이 없다. "우리의 돌아보는 것은 보이는 것이 아니요 보이지 않는 것이니 보이는 것은 잠깐이요 보이지 않는 것은 영원함이니라."(고후 4:18) 그리고 나서 사도 바울은 무슨 말을 했는가? "참으로 우리가 여기 있어 탄식하며 하늘로부터 오는 우리 처소로 덧입기를 간절히 사모하노라."(고후 5:2) 어째서 나는 이 장막에 있는 동안 짐 진 것 같이 탄식하며, 하늘로부터 오는 나의 처소로 덧입기를 간절히 사모하는 것인가? 이는 사도 바울과 동일한 것을 우리에게도 이루어 주신 분이 하나님이시기 때문이다. 하나님이 나에게도 이루어지게 하셨다. 이는 장차 하늘에 들어갈 자리를 마련하신 것만 아니라, 이 땅에서부터 그것을 위해서 나에게 이루어주신 일이 있기 때문이다. 그 이루어주신 일이란 나를 '그리스도께서 영광을 받으신 자리'에 들어가게 하셨다는 것이다. 이제 세상은 나에게 와서 나를 유혹할 것이다. 하지만 하나님의 성소 휘장 안에 있는 모든 것이 나의 소유이다. 나는 이처럼 하늘에 속한 사람이 되었다. 이것이 바로 성경에서 말하는 구원이다.

로마서 7장에 있는 사람은 새롭게 된 사람이지만(즉 거듭났지만) 아직 구원을 누리고 있지 못한 상태에 있다. 그는 분명 거듭난 사람이지만 율법 아래 있다. 율법은 아담의 자손을 위한 하나님의 규범이다. 그렇다면 당신은 누구인가? 하나님의 자녀이지만 그럼에도 육신에 속한 자이다. 율법은 육신에 있는 사람을 다룬다. 영적 해방을 통해서만이 나는 "육신에 있지 않고 영에 있게 된다." 내가 더 이상 육신에 있지 않고, 이제는 그리스도 안이라고 하는 새로운 자리로 들어가게 될 때 나는 구원을 소유할 뿐만 아니라 구원을 누리는 사람이 된다. "전에 율법을 깨닫지 못했을 때에는 내가 살았더니 계명이 이르매 죄는 살아나고 나는 죽었도다."(롬 7:9) 율법은 나를 죽이는데 매우 유용한 도구이다. 율법은 말한다. '사망과 저주가 너의 분깃이다.' 나는 말한다. '그렇다. 저주가 쏟아 부어진 십자가에서 나는 죽었다.' 만일 범죄한 사람이 율법의 손에 떨어지고, 거기서 죽게 되었다면, 이제 율법은 그에게 어찌할 것인가? 다만 장사하도록 시신을 내어줄 뿐이다!

따라서 그리스도인은 하나님 앞에서 육신에 있지 않다. 나의 자리 - 나의 신분 - 은 전혀 육신에 있지 않다. 그렇다면 어디에 있는가? 바로 그리스도 안에 있다. 성경은 "우리가 아직 연약한 때에 기약대로 그리스도께서 경건하지 않은 자를 위하여 죽으셨도다"(롬 5:6)라고 말한다. 로마서 7장에서 배우는 것은, 우리가 처한 유죄상태에 대한 것이 아니라 우리가 처해 있는 (육신)상태에서 빠져나올 힘이 없다는 것이다. 그리스도께서는 전에 내가 처해있던 상태에서 나를 꺼내주시고, 자신의 자리에 넣어주시고자 오셨다. "그리스도 안에서 역사하사 죽은 자들 가운데서 다시 살리시고 하늘에서 자기의 오른편에 앉히[신]" (엡 1:20) 하나님의 능력으로, 하나님은 "우리를 그리스도와 함께 살리셨고 또 함께 일으키사 그리스도 예수 안에서 함께 하늘에 앉히[셨다.]" (엡 2:5,6) 만일 내가 그리스도 안에서 하늘에 앉아 있다면, 나는 구원받았는가 아니면 구원받지 못했는가?

구원이 이룬 일은 단순히 내가 지은 죄들을 용서받는 것으로 끝난 것이 아니다. 죄 사함, 깨끗케 함, 의롭다함을 받음 등. 이 모든 것들은 첫째 아담 안에 있는 나의 책임과 유죄 상태에 적용된다. 하지만 구원은 둘째 사람 안에 있는 나의 상태에 적용된다. 구원은 새로운 피조물이 되게 해준다. 만일 야생 능금나무에서 열매를 얻고자 한다면, 무엇을 해야 하는가? 거름을 주고, 가지치기를 하고, 땅을 깊이 파고 또 비료를 줄 것인가? 그것이 바로 하나님께서 자신의 무화과나무에 하신 일이었다. 당신이 그 일을 진작 알고 있다면, 야생 능금나무를 싹둑 잘라내고, 거기에 접붙이기를 할 것이다. 마찬가지로 당신 속에 있는 옛 사람이 전적으로 쓸모없을뿐더러 개선의 가능성도 없다는 사실을, 진정으로 깨우칠 때까지 당신은 결코 육신에게서 열매를 거두려는 노력을 포기하지 않을 것이다. 만일 당신이 야생 능금나무를 계발해서 아름다운 꽃들을 기대한다 해도, 오로지 커다란 돌 사과만을 얻을 뿐이다.

하나님은 십자가까지 인간의 도덕적 역사에 대한 보호감찰 기간을 정하셨고 약간의 추가적인 시험 기간, 즉 그리스도께서 이스라엘 민족을 위해서 중재하는데 충분한 3년 반의 시간도 허락해주셨다. 하지만 그 기간은 끝났다. 나는 전체적인 그림을 보고 있다. 사람이 처해있는 상태에서 사람을 건지고 싶으신 하나님의 은혜는 자기 아들을 죽음에 내어주고, 그리스도를 다시 살리심으로서, 사람으로서 전적으로 새로운 자리에 들어가게 하는 것으로 나타났다. 이 새로운 자리는 아담에 속한 사람과는 아무 상관이 없고, 하나님이 나를 그리스도 안에 넣어줌으로써 들어갈 수 있는 자리이다. 물론 육체적으로 그곳에 있는 것은 아니다. 하나님께서 나로 들어가게 하신 그 자리에 합당하게 행하도록 해주시는 분은 하나님의 영이시다. 그리스도의 죽음을 통해서 사람에게 속한 모든 것이 끝났고, 그 후에야 하나님은 자신의 사역을 시작하실 수 있으셨다. 인자이신 영광의 주님께서 이 세상에 오셔서 참으로 끔찍스러운 잔을 받으셨고, 우리를 위한 죽음을 죽으시기 위해 십자가로 가셨고, 심판을 받으셨으며, 홀로 저주를 담당하셨다. 하나님과 더불어 문제를 해결하셨고, 하나님의 영광을 위하여 그 모든 문제를 완전히 해결하셨다. 이에 하나님은 영광 중에 자신의 우편에 사람(a Man)을 앉히셨다. 하나님의 모든 생각과 계획이 결과적으로 여기에 기초하고 있다.

디모데후서 1장 9-10절은 이 주제의 근거가 되는 구절이다. "하나님이 우리를 구원하사 거룩하신 소명으로 부르심은 우리의 행위대로 하심이 아니요 오직 자기의 뜻과 영원 전부터 그리스도 예수 안에서 우리에게 주신 은혜대로 하심이라 이제는 우리 구주 그리스도 예수의 나타나심으로 말미암아 나타났으니 그는 사망을 폐하시고 복음으로써 생명과 썩지 아니할 것을 드러내신지라." 나는 사람으로서 나의 책임을 다했기 때문에 구원받지 않았다. 즉 행위로 구원받은 것이 아니다. 구원받는 것과 부르심의 소명은 나의 책임이라는 기초 위에서 나에게 주어진 것이 아니다. 오히려 나는 십자가로 구원받았다. 사람들은 '당신은 십자가에서 어떤 부분을 감당했소?'라고 묻는다. 만일 당신이 십자가로 구원받았다면 당신이 십자가에서 감당한 부분은 오직 당신이 지은 죄들 외에는 없다는 것을 알아야 한다. 당신의 원수가 그리스도를 거기에 못 박은 것이다. 나는 십자가에서 죽음을 본다. 죽음은 한편으론 나의 모든 죄들을 정결하게 해주었고, 다른 한편으론 나를 구원으로 이끌어주었다. 이 모든 것이 다 하나님의 역사이다. 그리스도와 하나님 사이에는 이 십자가 사역이 있다. 십자가를 덮은 흑암은 그리스도께서 홀로 하나님과 함께 계셨다는 외적인 증거였다. 하나님의 능력이 그 죽음의 잔에서 그리스도를 건지지 않았고, 오히려 그 잔을 마시도록 역사했다. 그리고나서 그리스도는 아버지께로 가셨고, 그리스도께서 심판을 행하러 오시기까지 세상은 더 이상 은혜로 오신 그리스도를 볼 수 없다.

"이제는 우리 구주 그리스도 예수의 나타나심으로 말미암아 나타났으니"(딤후 1:10) 그리고 디도서 초반부에 다시 "영생의 소망을 위함이라 이 영생은 거짓이 없으신 하나님이 영원 전부터 약속하신 것인데 영원한 생명의 소망 안에서 주어진 것으로, 이 영생은 거짓말하실 수 없는 하나님께서 세상이 시작되기 이전에 약속하셨다가 자기 때에 자기의 말씀을 전도로 나타내[신]"(딛 1:2,3) 것이라는 언급을 볼 수 있다. 우리를 둘째 사람 안으로 들어가게해 준 이러한 하나님의 목적을 이루는 토대는 십자가였다. 그러므로 우리를 둘째 사람, 즉 그리스도 안으로 들어가게 하는 일은 십자가 사건 이전에는 없었다.

그리스도께서 오셨을 때, 이 목적만을 위해서 오신 것은 아니었다. 그리스도는 이스라엘 민족에 대한 약속도 가지고 있었다. 이 점을 상기하라. 하지만 육신에게는 아무런 약속도 없다는 점도 잊지 말라. 뱀에게는 여자의 후손이 뱀의 머리를 상하게 할 것이란 선고가 내려졌다. 이 여자의 후손은 아담을 가리키는 것이 아니었다. 아담은 여자의 후손이었는가? 그는 유일한 남자였지만 여자의 후손은 아니었다. 약속은 여자의 후손, 곧 그리스도에게만 주어졌다. 하나님은 세상이 존재하기도 전에 은혜의 목적을 가지고 계셨지만, 하나님은 아담을 책임 있는 존재로 다루기 시작하셨고 그래서 아담을 시험하셨다. 아담이 어떤 존재인지를 시험하시는 일을 통해서 나는 하나님의 역사를 볼 수 있었다. 하나님은 이렇게 일해 오셨다. 사람이 행한 일을 보면, 오직 죄와 정죄 뿐이었다. 하지만 하나님은 자기 아들을 죽은 자 가운데서 살리셨고 그리스도의 죽음 이후, 그리스도 안에서 하나님과 함께 하는 자리를 내게 주셨다. 사탄의 권세는 파괴되었고, 나의 모든 죄는 완전히 제거되었다. 나는 이제 새로운 피조물이다. 나는 둘째 사람 안에 있고, 더 이상 육신에 있지 않다. 당신이 그리스도 안에 있는 존재라는 사실을 알 때까지 당신은 구원이 무엇인지 결코 알 수 없다. 하지만 "그리스도 예수 안에 있는 생명의 성령의 법이 죄와 사망의 법에서 나를 해방하였음이라 율법이 육신으로 말미암아 연약하여 할 수 없는 그것을 하나님은 하시나니 곧 죄로 말미암아 자기 아들을 죄 있는 육신의 모양으로 보내어 육신에 죄를 정(죄)하셨다.]"(롬 8:2,3)는 구절을 경험적으로 이해하게 되면, 새로운 신앙의 지평이 열리게 된다. 이제 육신에 있는 죄(sin)는 정죄를 받았다. 용서를 받은 것이 아니라 정죄를 받은 것이다. 그리스도는 정죄가 있는 곳에, 사망이 임한 곳에, 죄(sin)를 위한 속죄 제사를 드리셨다. 따라서 이제 내게 더 이상 정죄는 없다. 나는 죄에 대하여 죽었다.

더 이상 이 주제를 전개하고 싶지는 않지만, 이 사실이 당신의 마음에 새겨졌는지 무척 궁금하다. 지금은 매우 중요한 시간이다. 우리는 아버지께로 돌아온 탕자와 같다(눅 15장). 입을 맞추고, 좋은 옷을 입히고, 손가락에 반지를 끼우고, 살진 송아지를 잡았다. 우리는 아버지 품으로 돌아왔다. 하지만 이 모든 것이 탕자가 한 일의 결과인가? 그렇지 않다. 그는 다만 죽음 직전에 있었다. 다만 그는 하나님께로 돌아가는 길을 향해 떠났다. 이 일의 효력은 무엇인가? 그저 많은 사람들의 마음에 떠오르는 생각은 이렇다. 즉 "나를 품꾼의 하나로 보소서 하리라"(19절)는 것이 전부일 뿐이다. 이러한 탕자의 생각은 그가 아직 아버지를 만난 적이 없다는 사실을 말해줄 뿐이다. 결국 그는 자신의 경험을 통해서 무엇을 배웠는가? 아버지를 떠난 사람은 궁핍해지며 종국에는 죽음 뿐이란 사실을 배웠다. 사람들은 비록 느리긴 하지만 어쨌든 자신들이 아버지를 향해 달려 가고 있다고 말하고 싶어 한다. 자신이 걷는 그 길에 장애물이 있을 수 있지만, 어쨌든 옳은 일을 하고자 노력하고 있다고 말한다. 하지만 나의 아버지의 품에 안기기 전까지는 그저 궁핍과 죽음 밖에는 없다는 사실을 잊지 말아야 한다. "살진 송아지를 끌어다가 잡으라 우리가 먹고 즐기자"(23절)고 말한 사람은 아버지이다. 제일 좋은 옷을 내어다 입힌 사람도 아버지이다. 그렇다면 탕자는 비록 옳은 일을 하는 노상(路上)에 있었을 지라도, 아버지의 사랑을 직접 목격하기 전까지는 그저 탕자일 뿐이었다. 그 때까지 그는 아버지

집에 들어가 살 자격을 갖출 수 없었다는 점을 잊지 말라.

　물론 이제부터 우리는 좋은 열매를 맺어야 한다. 만일 내 안에 그리스도의 생명을 소유하게 되었다면, 나는 모든 면에서 그리스도의 생명이 나타나도록 해야 한다. "무엇을 하든지 말에나 일에나 다 주 예수의 이름으로"(골 3:17) 하는 것이다. 나는 이렇게 묻고 싶다. "당신은 모든 일을 주 예수의 이름으로 하고 있는가?" 만일 그렇지 않다면, 당신은 그처럼 어리석은 일을 위해서 그리스도를 포기하고 있는 것이다. "너희가 세상의 초등학문에서 그리스도와 함께 죽었거든 어찌하여 세상에 사는 것과 같이 규례에 순종하느냐?"(골 2:20) 나는 육신에 대하여 죽었고, 죄에 대하여 죽었다. "몸은 죄로 말미암아 죽은 것이나 영은 의로 말미암아 살아 있는 것이니라."(롬 8:10) 나는 세상에 대하여 십자가에 못 박혔고, 그리스도의 몸으로 말미암아 율법에 대하여 죽었다. 이제 이것은 나에게 하나의 사실이 되었다. 즉 나는 세상에 속해 있지 않다. 죽었고 장사지낸 사람은 세상에서 벗어나기 때문이다. 물론 나는 이것을 도덕적인 의미에서 이렇게 말하는 것이다. 이제 내가 가진 나의 영적인 특권에 대해서 말한다면, 나는 내가 하늘에 앉아 있다고 말할 것이다. 만일 세상에서 나의 지위에 대해서 말한다면, 그리스도께서 세상을 통과하셨듯이 나도 그것 외에는 달리 아무 것도 할 것이 없다.

주님께서 우리에게 구원이 무엇인지 선명하게 보여주셨길 바란다. 구원은 나를 첫째 아담에게서 꺼내서 둘째 사람 속으로 넣어주신 것이다. 따라서 성경은 이렇게 말한다. "우리를 그리스도와 함께 살리셨고 (너희는 은혜로 구원을 받은 것이라) 또 함께 일으키사 그리스도 예수 안에서 함께 하늘에 앉히시니"(엡 2:5,6) 그리스도 안에서 함께 하늘에 앉아 있는 것. 이것이 바로 성경이 말하는 구원이다.

# 제 2부
# 죄 사함의 진리

## 제 8장 칭의와 하나님의 의*

    로마서 1장의 특징이 이전보다 더욱 선명하게 다가온다. 우선, 복음의 최우선적인 주제로 삼위일체의 제 2위이신 그리스도의 위격이 제시된 후에 약속, 성취, 그리고 능력의 순서로 소개되고 있다. 마지막으로 소개된 능력은 성결의 영과 연결되어 있으며, 복음이 가지고 있는 신적 특성의 증인이신 성령님을 통해서 복음의 도덕적인 특징이 소개되고 있다. 이후에 복음에는 하나님의 의(righteousness, 공의)가 나타난 것이 소개되고 있다(17절). 이러한 내용이 일반적인 서론이지만 사실상 서론은 "하나님의

---

\* 역자주: 칭의는 단순히 죄 사함과 동의어가 아니다. 칭의는 그리스도께서 부활 승천하시고 또 하나님 우편에서 영광을 받으신 결과로, 신자에게 하나님의 의(義)를 수여하신 결과이다. 이 주제에 대해서는 형제들의 집에서 출간된 찰스 스탠리의 「므비보셋, 룻, 그리고 욥 이야기」와 에드워드 데넷의 「회복된 진리, 6+1」에 잘 소개되어 있다.

진노가 하늘로 좇아 나타났다."(18절)는 것으로 끝난다. 이렇게 끝나게 되는 이유를 설명하고자 한다. 이것은 흔히 말하는, 땅에 대한 통치적 진노를 말하는 것이 아니라 하나님의 본성에서 나오는, 즉 본성상 반대적인 성격을 가진 악에 의해서 충동되어 작용하는 모든 것에 대한 진노를 가리킨다. 따라서 세상의 모든 것은 불의할 수밖에 없다. 하나님의 본성은 그 자체와 반대되는 모든 것을 대적하는 것으로 작용한다. 이것이야말로 기독교가 가진 가장 영적이면서도 중요한 특징이다. 이것은 하나님과 악 사이에 놓인 절대적인 문제이며 풀어야 할 숙제로써, 이 문제에 대한 유일한 해답으로서 하나님의 공의가 등장하게 되었다.

하나님의 의(義, righteousness, 공의)를 통해서 의롭다 함을 받는 것이 성서적인 칭의의 토대이며, 우리의 칭의는 하나님의 공의와 조화를 이룰 때만이 가능하다. 따라서 하나님의 의는 칭의보다 더 중요하다. 의롭다 함을 받는 것은 책임을 전제로 하고 있기에, 나의 상태의 변화를 요구한다. 사람은 실제로 죄인이기에, 하나님과 풀어야 할 문제가 있다. 사람이 의롭다 함을 받는 것은, 공의로우신 하나님의 존재 때문에 확고한 원리에 의해서 사람의 상태가 심판을 받은 이후에, 확고한 원리에 따라서 모든 송사로부터 깨끗해짐으로써 오게 된다. 신자는 그리스도의 화목제물로 인해서 그리스도의 피를 믿는 믿음으로 말미암아 깨끗함을 받는다(롬 3:25). 그 피의 가치가 신자를 하나님 앞에서 모든 범법에서 깨끗하게 해준다. 하나님은 신자에게 죄에 대한 책임을 지우지 아니하시며, 이런 의미에서 하나님이 요구하시는 조건 또는 하나님의 심판이 요구하는 조건을 충분히 충족시킬 수 있는 의를 전가해주신다. 하나님의 심판은 신자에 대해서 아무런 할 말을 잃게 되고, 나는 그 필요한 모든 조건을 충족시켰다고 말할 수 있다. 이제 하나님도 만족스럽고 또한 나도 만족스럽게 되었다. 그렇다면 이 시점에서 의롭다 함을 받는 칭의는 이루어지고, 칭의와 공의는 같아진다. 이러한 의미에서 공의, 즉 전가된 의는 우리가 서있는 관계와 일치를 이루게 된다. 이제 과거 우리의 자연적 관계들과 그에 대한 실패와 우리를 의롭게 해준 그리스도의 보배로운 피가 한 자리에서 만난다. 우리는 그리스도의 순종으로 말미암아 그 어떠한 관계에도 실패하지 않은 사람이 되었다. 따라서 칭의는 우리를 향한 고소와 우리의 실패를 잠재우며, 우리를 하나님의 공의에 이르게 해준다. 왜냐하면 이제 의롭게 된 우리는 실패한 관계들과 단절되었기 때문이다. 죄와 에덴으로부터의 추방은 모든 것을 파괴시켰다. 원시적인 형태로 주어진 율법이 있었던 것으로 보이며, 율법은 이 모든 관계의 기초이며 규범이었고, 그 관계를 유지시키는데 도움을 주고자 주어진 것이지만, 관계를 존립시키며 삶을 돕는 도우미 역할을 할 수가 없었다. 하나님의 의는 이 모든 것을 치유할 뿐더러 이보다 더 나아간다.

우리의 관계는 새로운 역사에 터 잡고 있다. 여기서 새로운 역사란 하나님이 영광을 받으시고, 사람을 하나님 자신의 임재와 영원한 공의에 합하게 열납을 받는 새로운 자리에 들어가게 해주는 효력을 가지고 있다. 사람의 의(義)는 이제 이 관계를 따라 형성된다. 신자는 그리스도 안에서 하나님의 의가 되었다. 일반적으로 말해서, 신자는 의롭다고 여김을 받게 된 것이다. 하나님은 신자를 대적하지 않으시며, 오히려 의롭다고 하신다. 따라서 로마서 8장 33절은 무언가 변화를 전제로 하고 있다. **의롭다는 것은 아무런 송사할 것이 없는 현재적 상태를 의미한다. 하나님이 요구하시는 것에 일치된 자리에 우리가 들어온 것이다. 따라서 의롭다고 칭함을 받는 것(칭의)과 하나님의 공의를 받아 의롭게 된 것(득의)은 동일하다.** 칭의를 통해서 우리가 들어온 실제적인 상태를 살펴보면, 우리는 하나님의 성품에 대한 완전한 계시와 일치하는 공의에 이르게 되었는데, 바로 이 공의가 그리스도를 영화롭게 한 것이다. 십자가에 죽기까지 순종하심으로써 영광을 받으신 그리스도는 우리를 하나님의 자녀로서 하나님의 임재 속으로 들어가게 해주었고, 이것은 하나님의 성품의 충만한 계시에 완전히 일치하도록 역사하신 결과였다. 이것은 천사들도 보기를 간절히 원하던 것이었으며, 그 공의가 그리스도를 사람으로서 아버지의 우편에 앉게 했다. 그리스도는 하나님이 계시하신 우리의 의로움이시다. 이제 하늘로 좇아 나타날 진노는 하나님의 임재와 일치를 이루지 않는 모든 것에 대하여 쏟아 부어지는 것으로 나타났다. 따라서 성경은 모든 사람이 죄를 범하였고 하나님의 영광에 이르지 못했다고 선언한다.

로마서 3장에서 주목할 것은, 하나님이 비록 은혜 가운데 화목제물을 준비하셨지만, 그럼에도 하나님은 여전히 재판장이라는 사실이다. 로마서 4장은 하나님을 능력으로 역사하시는 구주 하나님으로 소개하고 있다. 하나님은 그리스도를 우리의 범죄함 때문에 내어주셨고, 이후에 그를 죽은 자 가운데서 다시 살리셨다. 이 부분은 이미 그리스도의 피를 좌우문설주에 바르는 것과 홍해를 건너는 것으로 예표되었다.

내가 확신하는 바로는, 로마서 8장 1절은 일반적으로 결론을 맺는 문장이며, 그 자체로 독립된 문장이다. 2절의 "이는(for, gar(헬); 가르)"은 앞의 문장을 설명하는 접속사가 아니라 별도의 문장을 이어가고자 사용하는 일반적인 접속사로서, 사도 바울의 마음에 내린 결론을 이제 3절에서 또 다른 방식으로 설명해가는 글쓰기 방식인 것이다. 3절은 전체 문제의 토대를 설정하는 내용을 담고 있으며, 율법주의자들의 반대에 대한 그리스도인의 해법을 제시하고 있다.

인간의 보호감찰의 역사는 십자가에서 끝났다. 사람은 하나님의 영광을 충족시켜야 했지만, 전혀 하나님을 만족시키지 못했다. 그래서 모든 사람이 죄를 범하였고 그 영광에 이르지 못했다. 따라서 그들은 하나님의 얼굴과 그의 힘의 영광을 떠나 영원한 멸망의 형벌을 받을 것이다. 하지만 그리스도께서 하나님을 온전히 영광스럽게 해드렸고(요 13, 17장), 사람으로서 하나님의 영광 속으로 들어가셨다. 구속은 완성되었고, 영광에 따라서, 영광에 합당하게 성취되었다. 따라서 사람이 영광 중에 들어갈 수 있는 길이 열렸고, 그리스도와 같이 영광 중에 있을 수 있게 되었다. 그리스도는 우리가 지은 죄들을 담당하셨고, 옛 사람이 행한 모든 일에서 우리로 의롭다 함을 받게 해주었으며, 그것을 통해서 하나님을 영광스럽게 해드렸다. 이제 하나님이 영광을 받으신 것은 공의(righteousness) 가운데 영화롭게 되신 것이며, 이제 공의(righteousness)는 영광과 연결되어 있다. 왜냐하면 공의는 영광을 따라 이루어졌기 때문이다. 그렇다면 공의(righteousness)는 의롭다 함(justifying)을 받는 것보다 더 큰 것이다. 새로운 사실은 의롭다 함을 받는 것(justifying, 칭의)과 의로운 사람으로 여김을 받는 것(accounting righteous)이 같게 되었다는 것이다. 하지만 이미 언급한 것처럼, 칭의 문제를 해결한 것은 오직 공의가 하나님의 영광에 합당하게 이루어졌다는데 있으며, 우리에게 전가된 의가 그러한 영광에 합당하게 된 의(義)라는데 있다. 하나님은 자신의 공의에 일치하게 역사하는 분이심을 그리스도를 자신의 우편에 앉히는 것으로 입증하셨고(요 16장), 범죄에 대한 문제를 부활을 통해서 해결하셨다. 로마서는 이 부분 이상 나아가지 않지만, 결론적으로 그리스도께서 영광에 들어가신 것까지만 다룬다. 이상의 사실은 우리 모두를 휘장이 제거된 상태에서 하나님의 임재 속으로 들어가는 길을 열어 준다. 하나님의 임재 가운데 조금의 경건치 않음도 용납하실 수 없으신 하나님의 영광 때문에 죄가 넘친 곳에 진노가 넘친다. 그럼에도 이상의 내용들은 장차 앗시리아, 바벨론 등을 향하여 쏟아 부으시는 통치적 진노와는 대조적인 그림이다. 하지만 그리스도는 하나님을 영광스럽게 해드렸다. 이것은 단순히 우리가 영광의 임재 속에 있다는 것이 아니라, 선과 악에 대한 심판이 영광에 따라서 처리되었으며, 그것을 통해서 하나님이 영광을 받으셨다는데 있다. 따라서 우리를 향한 주권적인 은혜는 공의 가운데서 우리를 위하여 작용하고 있으며, 우리가 들어간 영광은 그리스도께서 아버지의 영광을 따라 죽은 자 가운데서 살아나심으로써 받으신 공의의 일부라는데 있다. 따라서 성경은 우리가 그리스도 안에서 하나님의 의가 되었다고 말한다. 그 상태에 들어간 우리의 존재는 그러한 공의(righteousness)의 일부인 것이다.

성경은 이 사실을 성결의 영을 따라서 능력으로 하나님의 아들로 선포되신 그리스도의 위격 안에서 추상적인 방식으로 설명하고 있다. 그리스도를 다시 살리신 능력은 단순한 능력이 아니다. 게다가 그 능력은 장차 악한 자들을 모두 다시 살릴 것이지만, 그렇다고 해서 그들을 하나님의 아들로 선포하기 위한 것은 아니다. 왜냐하면 이 일은 성결의 영을 따라서 될 것이며, 하나님의 본성과 성품에 일치하도록 역사할 것이기 때문이다. 그렇다면 그들은 하나님의 거룩한 본성에 따라 심판을 받고 하나님을 떠나 영원한 형벌에 들어가게 될 것이다. 이 거룩한 능력이 그리스도의 모든 역사를 영화롭게 했으며, 인을 쳤으며, 부활로 역사했으며, 사람으로 하나님의 성결에 일치한 하나님의 임재 속으로 들어가 전적으로 새로운 상태에 서있게 했다. 그리스도께서 빛 가운데 계신 것같이 사람으로 빛 가운데서 행하도록 해주었다(롬 6:4과 비교하라). 이제 그리스도인의 삶에 능력이 임했다. 죽은 자들 가운데서의 부활이 능력을 줄 뿐만 아니라 성결의 영, 즉 하나님의 거룩한 본성에 따른 능력을 가져다주었다. 그리스도인이 들어간 자리는 참으로 복된 자리이다. 다른 측면에서 보면 이것은 하나님의 공의 속에 들어간 자리이다. 그렇다면 하나님을 좇아 의롭고 참 성결의 삶이 시작되는 자리이다. 그렇다면 이제 성결이 우리의 삶이 되고, 성결이 우리 속에 새로운 본성으로 자리 매김하게 된다.

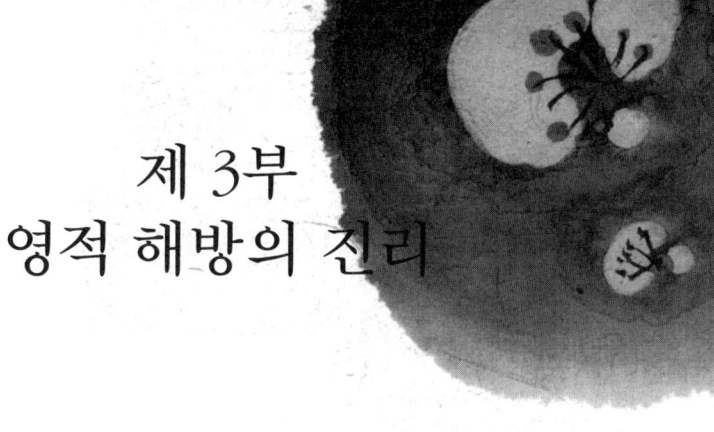

# 제 3부
# 영적 해방의 진리

## 제 9장 영적 해방*이란 무엇인가?

로마서는, 우리가 만일 그리스도인의 상태를 이면 저면 비교하는 것이 가능하다면, 가장 낮은 상태에 있는 그리스도인을 대상으로 해서 쓴 글이다. 예를 들어서 에베소서를 보면, 우리는 그리스도인을 "함께 일으키사 그리스도 예수 안에서 함께 하늘에 앉[아]" 있는 존재로 볼 수 있다. 하지만 로마서에서는 그런 설명을 볼 수 없다. 비록 로마서 8장 끝부분에서, 그리스도인을 영광에 이르게 하고자 하시는 하나님의 본래의 목적으로 예정된 사람으로 언급하고 있기는 해도, 우리는 결코 로마서에서 그리

---

\* 역자주: 영적 해방은 신자가 그리스도의 죽으심에 연합한 자가 된 결과이다. 이 주제에 대해서는 형제들의 집에서 출간된 존 넬슨 다비의 「영적 해방」, 「영적 해방의 실제」, 그리고 프레드릭 W. 그랜트의 「영적 해방이란 무엇인가」에 잘 소개되어 있다.

스도인을 부활해서 하늘에 앉아 있는 존재로 설명하고 있는 것을 볼 수 없고, 다만 이 땅에 있는 존재로만 볼 수 있을 뿐이다. 이제 사도 바울이 그리스도인을 이 땅에 있는 존재로 어떻게 보고 있는지를 살펴보자.

로마서는 그리스도인이 비록 그리스도와 함께 하늘에 앉아 있지는 않지만, 그럼에도 그리스도께서 그리스도인의 생명되신 사실을 설명하고 있음을 명심하기 바란다. 로마서는 이렇게 시작한다. 즉 지금 나는 죄인이며, 나의 육신 속에는 선한 것이 전혀 없는 존재이다. 로마서 전체가 이 세상에 있는 존재로서 그리스도인이 누구인지를 총체적으로 전개해나가고 있으며, 영적 해방을 언급하고 있는 로마서 6-8장은 로마서에서 특별한 주제를 다루는 장으로서, 유죄상태에 대한 것이 아니라 그리스도인이 새롭게 들어간 활동적인 상태와 신분에 대한 것을 다루고 있다. 그리스도인의 유죄상태에 대한 것은 로마서 중반부까지, 즉 로마서 1장부터 5장 11절까지 충분히 다루고 있다.

사도 바울은 이렇게 시작하고 있다. "내가 복음을 부끄러워하지 아니하노니 이 복음은 모든 믿는 자에게 구원을 주시는 하나님의 능력이 됨이라 먼저는 유대인에게요 그리고 헬라인에게로다 복음에는 하나님의 의가 나타나서"(롬 1:16,17) 그리고 나서 어째서 하나님의 의가 나타나야만 했는지를 설명해나간다. 단순하게 말하자면, 사람에게는 전혀 의가 없기 때문이다. 하나님의 율법이 왔고, 사람에게 공의(righteousness)를 요구했지만, 전혀 의를 찾아 볼 수 없었다. 하지만 복음이 왔고, 하나님의 의를 계시해주었으며, 이제 우리는 복음을 부끄러워하지 않는다. 왜냐하면 복음은 하나님의 의를 계시하고 있기 때문이다. 바울은 우리에게 율법 아래 있는 유대인과 율법 없는 이방인의 상태를 보여줌으로써, "모든 입을 막고 온 세상으로 하나님의 심판 아래에 있[도록]"(롬 3:19) 했다. 율법은 유대인들에게 무슨 유익을 주는 것으로 작용한 것이 아니라, 다만 그들의 유죄상태만을 입증해 줄 뿐이었다. 이방인들은 하나님이 만드신 만물을 통해서 충분히 하나님을 알 수 있었음에도 우상숭배에 빠짐으로써 결코 변명할 수 없게 되었다.

바울은 그 다음 단계로 하나님이 그리스도를 보내사 "그의 피로써 믿음으로 말미암는 화목제물로 세워[신]" 것과 그리스도의 죽음을 과거와 현재 세대에 적용시키신 것을 보여주면서, 복음은 하나님께서 길이 참으시는 중에 과거 세대에 속한 사람들의 죄들을 사해주시는 하나님의 의를 선포하고 있다고 말하고 있다 (롬 3:25). 하나님은 그들에 대해서 오래 참으셨지만 공의를 통해서 그들의 죄를 사해주시는 것을 언급한 적은 한번도 없었다. 하지만 이제는 십자가를 통해서 하나님의 공의를 나타내셨다. 이 뿐만 아니라, 이제 하나님은 "자기도 의로우시며 또한 예수를 믿는 자를 의롭다"(롬 3:26)고 하시는 칭의자이시다. 지금 하나님의 의가 계시되었고, 우리는 계시된 이 하나님의 공의(righteousness)의 터 위에 서있다. 이러한 의로움을 드러내고 나타낸 자리가 바로 그리스도께서 앉으신 하나님 우편 자리이다. 이것은 온 세상 죄를 입증해준다. 왜냐하면 세상이 그리스도를 믿지 않기 때문이다. 게다가 의를 입증해준다. 왜냐하면 "내가 아버지께로 가니 너희가 다시 나를 보지"(요 16:10) 못하기 때문이다. 그들이 거절한 구주, 곧 만주의 주님께서 심판장으로 다시 오실 때까지 그들은 그분을 보지 못할 것이다. 따라서 복음이 왔고 그리스도께서, 그 완성된 십자가 사역 때문에 (게다가 하나님의 아들로 선포되셨기 때문에) 하늘에 앉아 계신 것을 우리에게 보여주셨다. 바로 그 자리에 하나님의 공의가 나타났으며, 오직 믿음의 눈으로만 그것을 볼 수 있다. 따라서 나는 하나님의 완전한 사랑이 이런 방식으로 우리를 찾으시는 것을 볼 수 있다. 나에게 의는 없었고 오직 죄들만 있었다. 나는 아무 것도 없는 상태에서 그리스도를 바라보며, 나의 눈은 믿음을 통해서 하나님의 눈이 머무는 곳을 본다. 하나님은 만족하셨고, 나 또한 은혜를 통해서 만족함을 얻는다. 나는 주 예수 그리스도의 사역을 통해서 모든 죄가 제거된 것을 보며, 이로써 죄 문제가 완전히 해결된 것을 본다. 왜냐하면 나의 의(義)가 곧 그리스도이시기 때문이다. 그리스도는 "우리에게 지혜와 의로움과 거룩함과 구속함이 되셨[다.]"(고전 1:30) 모든 것이 완벽하게 단번에 영원히 해결되었고, 나는 그리스도로 말미암아 하나님의 의가 되었다. 하나님의 공의를 충족시킨 것이다. 우리가 거절한 것을 하나님은 받으셨고, 이로써 하나님의 의를 입증했다. 이 모든 일의 결과로, 옛 사람은 끝났고 우리는 그리스도 안에서 열납되었다.

이제 다른 문제를 살펴보자. 우리의 죄들이 사함을 받는 문제가 아니라 죄의 원리로부터 우리가 해방을 받는 문제이다. 우리는 성경에서 "주의 어떠하심과 같이 우리도 세상에서 그러하니라"(요일 4:17)는 구절을 볼 수 있다. 우리는 지금 믿음으로 우리의 모든 죄가 사함을 받은 것을 알고 있다. 하지만 이내 죄의 권세가 찾아온다. 이처럼 악한 본성이 내 속에 있다. 이것은 내가 무엇을 했느냐의 문제가 아니다. 과연 이 세상에서 나는 죄(sin)로부터 해방을 받을 수 있을까? 과연 나는 죄(sin)로부터 자유를 얻었는가?의 문제이다.

"자유"라는 단어는 종종 오용되곤 한다. 이 단어는 두 가지 의미가 있다. 첫 번째, 이 단어는 "풀려있다"는 의미를 가지고 있다. 그래서 사람들은 "말이 기둥에서 풀린 상태에서 자유롭다(기둥에 묶여 있지 않다)"고 말한다. 하지만 로마서에서 사용하고 있는 단어는 "종노릇하다"라는 단어와 정반대의 개념을 가지고 있다. 따라서 "자유"(롬 6:18, 20, 22, 7:3, 8:2)라는 단어는 우리가 "죄에게 종노릇하지 않는다."는 의미를 가지고 있다. 사도 바울은 지금까지 의의 문제를 가지고 로마서를 전개한 것처럼, 이제는 율법의 문제를 가지고 로마서를 전개해나간다. 사람은 율법이 있건, 율법이 없건 의로울 수 없었다. 이제 하나님은 사람에게 그리스도를 주심으로써 자신의 의(義)로 삼게 하셨다. 이제 핵심은 우리가 의를 소유함으로써 율법에서 해방을 받을 수 있게 되었다는 점이다.

로마서 8장 3절은 "율법이 육신으로 말미암아 연약하여 할 수 없는 그것을"이라고 말한다. 이 구절은 우리가 지은 죄들에 대한 유죄상태를 다루는 것이 아니라, 육신이 율법에 복종하지도 않을뿐더러 할 수도 없는 상태를 다루고 있다. 사도 바울은 우리에게 육신은 자기 의지를 따라 행하는 본성이 있다는 점을 알려준다. 우리는 우리가 우리 자신의 의지를 따라 행동한다는 것을 알고 있다. 우리 자신의 의지가 바로 죄의 원리이다. 내가 나 자신의 의지를 가질 때마다 거기에 죄가 있다. 자기 의지는 바로 하와가 선악과를 따먹고자 했던 내적 본성이었다. 그렇다면 율법은 의지의 활동을 억제시킨다. 율법은 "거룩하며 의로우며 선[했고]" 지금도 마찬가지이다. 하지만 율법은 죄를 없이 하지 못했고, 죄를 개혁시키지도 못했다. 다만 "율법이 육신으로 말미암아 연약하여 할 수 없는 그것을 하나님은 하시나니 곧 죄를 인하여 자기 아들을 죄 있는 육신의 모양으로 보내어 육신에 죄를 정[죄]"(롬 8:3)하셨다. 율법은 이 일에 아무 상관이 없었다.

율법이 할 수 없는 일에는 세 가지가 있다. 율법은 생명을 주지 못한다. 심지어는 생명을 가지고 있는 우리에게 아무 힘도 실어주지 못한다. 게다가 율법은 우리 영혼에 매우 중요한 요소인, 삶의 목적을 주지 못한다. 하지만 나는 그리스도 안에서 나의 생명, 나의 힘, 나의 삶의 목적을 발견한다. "영을 좇는 자는 영의 일을 생각하나니"(롬 8:5) 영을 좇는 사람은 참된 삶의 목적을 가지고 있다. 나는 그리스도 안에서, 하나님을 기쁘시게 하는 일에 온전히 헌신한다는 충분한 목적을 가지고 있다.

신자는 자기 속에 생명이 있을지라도 율법을 결코 지킬 수 없다. 생명의 존재만으로는 충분하지 않다. 옛 사람도 함께 있으며, 각종 정욕도 신자 속에 있다. 육신의 소욕은 성령을 대적한다. 육신은 "하나님의 법에 굴복치 아니할 뿐 아니라 할 수도 없[다.]"(롬 8:7) 그러므로 율법은 나에게 자유를 주는 대신에 오히려 나를 종으로 사로잡는다. 이것이 바로 로마서 7장의 결론이다. 영혼의 살리심을 받은 이후, 즉 거듭난 이후에 이 세상에서 사는 사람을 생각해보자. 율법은 그에게 어떻게 작용하는가? 율법은 그에게 죄에 대한 지식을 줄 것이다. "전에 법을 깨닫지 못할 때에는 내가 살았더니 계명이 이르매 죄는 살아나고 나는 죽었도다 생명에 이르게 할 그 계명이 내게 대하여 도리어 사망에 이르게 하는 것이 되었도다 죄가 기회를 타서 계명으로 말미암아 나를 속이고 그것으로 나를 죽였는지라."(롬 7:9-11) 그럼에도 율법은 "거룩하며 계명도 거룩하며 의로우며 선하[다.]"(12절) 율법은 우리가 필요로 하는 것을 아무 것도 주지 않는다. 율법은 다만 외적인 규범일 뿐, 규범에 합당하게 행할 수 있도록 해주는 그 무엇도 줄 수 없다. 여기에 선한 양심을 가진 사람, 상당히 안락한 삶을 사는 사람이 있다. "나는 이제 나사렛 예수의 이름을 반하는 일은 결코 하지 않으려고 합니다." 이내 율법이 오고, 율법은 "탐내지 말라."고 말한다. 율법은 결코 탐심을 없애주지 않는다. 그는 즉시 자기 마음의 법과 싸우는 또 다른 법이 있으며, 자신을 죄의 법 아래로 사로잡아 오는 것을 발견하게 된다. 그럼에도 아직은 해방의 필요를 느끼지 못한다. 하나님은 그에게 승리에 이르는 각종 노력을 다해보도록 허락하신다. 하지만 이 모든 일들은 그저 자신에게 죄(sin)가 있으며, 자기 속에 악한 본성이 있을뿐더러 자기에게 아무 힘이 없다는 사실만을 입증해줄 뿐이다. 이제 극도로 비참한 상태에 빠져들게 된다.

만일 우리가 세상을 향해 당신에겐 선을 행할 능력이 전혀 없다는 사실을 말해줄지라도, 세상은 "그 무슨 무책임한 소리입니까! 심지어 어린 아이들조차도 믿을 능력이 있거늘. 나는 오늘보다 내일 더 선해질 것이오."라고 대답할 것이다. 그렇다면 율법은 "나는 오늘 당신을 처벌하겠소. 오늘 당신의 상태가 악하기 때문이오."라고 대답할 것이다. 아무 능력이 없다는 교훈은, 나의 과거의 삶을 돌아보건대 많은 죄들을 지었다는 사실을 인정하는 것 이상으로 뼈저리게 배워야하는 매우 중요한 교훈이었다. 이것이 중요한 이유는, 내가 그리스도를 알기 이전에 내가 어떤 사람이었느냐의 문제가 아니라, (그리스도를 믿고 있는) 현재 내가 어떤 사람이냐의 문제이며, 또한 무슨 일을 하고 있는가, 즉 하나님을 위하여 열매를 맺고 있는가, 아니면 사망을 위하여 열매를 맺고 있는가의 문제이기 때문이다(롬 7:4,5). "육신에 있는 자들은 하나님을 기쁘시게 할 수 없느니라." (롬 8:8) 그렇다면 하나님을 기쁘시게 하려는 노력은 이 사실을 드러내는데 매우 유용한 방법이 된다. 그렇다면 내가 어떠한 사람인지를 여실히 드러내주기 때문이다. 만일 당신이 이렇게 하나님을 기쁘시게 하는 일에 최선을 다해본다면, 바울이 내린 결론에 도달하게 될 것이다. "원함은 내게 있으나 선을 행하는 것은 없노라 내가 원하는 바 선은 하지 아니하고 도리어 원치 아니하는 바 악은 행하는도다." (롬 7:18,19)

그렇다면 여기서 해방을 받을 길은 없는 것인가? 물론 있다. 영적인 해방이 있다!

이제 사도 바울은 유죄상태의 문제 외에, 해방의 진리를 소개하고 있다. 종노릇하고 있는 상태는, 사실 이미 거듭났지만 그럼에도 율법 아래 있는 사람의 상태로서, 그리스도와 함께 죽고 또 함께 부활한 것이 무엇인지를 경험적으로 아는 사람의 상태와는 대조적인 상태이다. 그리스도인은 부활하신 그리스도와 연합되었으며, 따라서 그리스도와 연합된 자로서 이제 그리스도는 율법의 죽음 아니라 우리의 죽음을 알게 해주신다. 따라서 나는 진짜 악이 나와 함께 하고 있다는 것을 확인하기 위해서 내 마음 속에 있는 것들을 들여다볼 필요가 없다. 이 일은 율법이 할 것이다. 하지만 율법은 나를 전혀 도울 수 없다. 그럼에도 나는 부활하시고 영화롭게 되신 그리스도를 나의 생명으로 소유하고 있다. 나는 죽음을 통과해서 다시 살아났다. 하지만 아직 영광에 들어간 것은 아니다. 왜냐하면 아직 이 땅에서 살아야 하는 존재이기 때문이다. 나는 이제 아담이 아니라, 그리스도를 나의 생명으로 받아들였다. 나는 더 이상 아담에게서 난 자로서 하나님을 향해 살지 않는다. 만일 우리 속에 하나님의 영이 거하시면 우리는 육신에 있지 않고 영에 있다. 내가 하나님 앞에서 아담의 자손으로 서있었을 때, 율법은 그 자리에 서있는 나에게 적용되었다. 나는 율법의 요구를 이루어지게 할 수 없었다. 내가 육신에 있는 한, 나는 하나님을 만족시켜드리거나 기쁘시게 해드릴 수 없다. 나는 결코 자유를 누릴 수 없고, 하나님과 함께 하는 행복한 삶을 살 수도 없다. 이것이 육신에 있는 사람의 절망적인 상태이다.

육신은 결코 변하지 않는다. 육신은 "하나님의 법에 굴복치 아니할 뿐 아니라 할 수도 없[다.]"(롬 8:7) 사람이 타락했을 때, 세상은 하나님이 파괴해야만 할 정도 매우 악하게 되었다. 하나님의 아들이 세상에 오셨을 때, 세상은 그분을 십자가에 못 박았다. 성령님이 오셨을 때, 육신의 소욕은 성령을 거슬렸다. 만일 육신이 셋째 하늘에라도 올라간다면, 그 얼마나 자랑을 할 것인가? 만일 넷째 하늘이 있었다면, 더욱 기고만장할 것이다. 그것이 육신에 대한 결론이다.

하지만 이제 해방이 있다! 만일 내 자신이 (말씀의 계시와 성령의 역사로) 영적 해방을 경험한 일이 없다면, 나는 이 주제에 대해 말할 수 없었을 것이다. 그렇다면 해방은 어디에 있는가? 바로 죽음 안에 있다! 그리스도께서 죽으시고 다시 살아나셨을 때, 그리스도는 내 속에서 생명의 능력이 되었다. 하지만 이 자체만으로 육신을 제거하지 못한다. 이를 위해서 할 수 있는 일은 아무 것도 없지만, 한 가지 하나님은 "죄를 인하여 자기 아들을 죄 있는 육신의 모양으로 보내어 육신에 죄를 정죄하셨다." (롬 8:3) 여기엔 죄를 용서하고, 죄들을 없애는 것은 없고, 오로지 죄를 정죄하는 것만 있다. 만일 내가 은혜를 최고로 표현하고 있는 십자가를 선택한다면, 나는 거기서 하나님이 육신 속에 있는 죄를 정죄하신 사실을 볼 수 있다.

사랑하는 친구들이여, 이것은 육신 속에 있는 죄를 정죄하는 문제이다. 그렇다면 육신 속에는 무엇이 있었는가? 나는 이 악한 본성에서 도망칠 수 없으며, 사탄도 나를 대적하고 있다. 하지만 사탄은 새로운 사람에겐 아무 것도 아니다! 다만 "마귀를 대적하라 그리하면 너희를 피하리라."(약 4:7) 사탄은 육신에 대해서만 온갖 역사를 할 뿐이다. 세상은 마귀가 사람을 하나님이 없는 세계에 가둔 채 쉽게 조종하기 위해서 세운 거대한 시스템일 뿐이다. 세상은 가인과 함께 시작되었다. 가인은 주의 임재를 떠나갔다. 그가 무엇을 했는가? 그는 방랑자들의 땅에 하나의 도성을 건설했다. 하나님은 우리가 보는 것과 같은 세상을 창조하신 적이 없다. 이 세상의 왕은 사탄이다. 가인은 세상에서 안락한 삶을 위해서 자신의 성을 쌓았고, 그 성엔 "동철로 각양 날카로운 기계를 만드는 자"(창 4:22)가 있었으며, 음악에 능한 유발도 있었다. 그는 자기 아들의 이름을 따라 그 성의 이름을 지었고, 그 성엔 온갖 삶의 편리한 것들과 수금과 통소 등으로 가득했다. 그래서 사람들은 동 혹은 철, 수금 혹은 통소에 무슨 해로움이 있는가?라고 묻는다. 물론 없다. 음악이나 악기에 무슨 해로움이 있을쏜가? 다만 내가 말하고자 하는 것은, 하나님이 없는 세계에서 그저 자신들의 안락을 꿈꾸는 것이 엄청난 해악이라는 것이다. 우리는 음악이나 예술 등 특별한 재능을 인정한다. 하지만 세상 사람들은 영적 기근이 극심한 세상에서 그러한 것들로 자신을 즐겁게 하면서도 고통을 느낀다.

나는 그리스도의 십자가에서 "세상이 나를 대하여 십자가에 못 박히고 내가 또한 세상을 대하여 그러하다"(갈 6:14)는 것을 발견한다. 죄와 육신이 십자가에서 정죄되었다. 무엇을 통해서 정죄했다는 것인가? 바로 죽음을 통해서 정죄했다! 만일 율법이 육신 속에 있는 죄를 정죄한 것이라면, 그것은 정욕에 대해서만 효력을 발휘할 뿐이다. 그렇다면 이는 사망을 집행한 것이며, 정죄하는 것으로 끝이 난 것이다. 따라서 내가 그리스도 안에서 얻게 된 것은 사망이다. 바로 옛 사람의 죽음인 것이다. 그리스도의 희생적인 죽음 속에서 나도 죽임을 당했다. 그리스도께서 나의 죄들을 위해서 십자가에 못 박히셨을 뿐만 아니라, 나도 그리스도와 함께 십자가에 못 박힌 것이다. 그리스도께서 나의 생명이 되신 것은, 그리스도의 죽음이 옛 사람에게 적용된 것처럼, 그리스도의 생명이 새 사람에게 적용되었기 때문이다. 그리스도는 우리가 지은 죄들(sins)을 위해서 죽으셨을 뿐만 아니라, 죄(sin)에 대하여도 단번에 죽으셨다. "그의 죽으심은 죄에 대하여 단번에 죽으심이요."(롬 6:10) 그리스도는 자신을 위해서가 아니라 바로 우리를 위해서 죄에 대하여 단번에 죽으셨다. 그렇다면 "이와 같이 너희도 너희 자신을 죄에 대하여는 죽은 자요 그리스도 예수 안에서 하나님을 대하여는 산 자로 여길지어다."(11절) 따라서 나는 생명의 충만한 능력을 가지게 되었다.

하나님이 "죄를 인하여 자기 아들을 죄 있는 육신의 모양으로 보내어 육신에 죄를 정[죄]"(롬 8:3)하셨다. 나는 죄가 내 마음에 슬픔을 가져다 주는 것을 본다. 하나님은 십자가에 달리신 그리스도 안에서 죄를 정죄하셨다. 신자로서 나는 내가 지은 죄들 때문에 받는 정죄가 사라졌을 뿐만 아니라, 죄에 대하여도 확실히 죽었다. "그의 죽으심은 죄에 대하여 단번에 죽으심이요 그의 살으심은 하나님께 대하여 살으심이니 이와 같이 너희도 너희 자신을 죄에 대하여는 죽은 자요 그리스도 예수 안에서 하나님을 대하여는 산 자로 여길지어다."(롬 6:10,11) 이제 이 결과로 무엇이 가능해졌는가? 지금까지 나는 승리할 수 없었다! 하지만 하나님은 나로 승리하지 못하게 할 만한 모든 장애물을 제거해주셨다. "내가 그리스도와 함께 십자가에 못 박혔나니 그런즉 이제는 내가 산 것이 아니요 오직 내 안에 그리스도께서 사신 것이라."(갈 2:20) 이 말은 더 이상 옛 사람이 없다는 것이 아니다. 그러한 주장은 성경에서 말하는 해방이 아니다. 더 이상 (육신과의) 싸움이 없다는 말도 아니다. 그렇다면 당신은 이것을 내가 옛 사람과 싸움을 벌이다가 그 앞에 무릎을 꿇거나 아니면 옛 사람이 나를 쓰러뜨리거나 하기를 반복하는 것이라고 생각할지도 모르겠다. 그렇지 않다. 이제는 내가 그리스도와 함께 싸우기 때문에, 항상 승리하는 삶인 것이다. 이것이 영적 해방의 결과이다. 따라서 우리 앞엔 항상 싸움이 있을 터이지만, 그럼에도 우리가 로마서 7장에서 보는 사람처럼, 죄의 법 아래로 사로잡혀 가는 것은 더 이상 없다. 로마서 7장에 있는 사람은 그의 영혼은 옳지만, 그 옳은 것을 행할 능력은 없는 사람이다.

나는 그리스도의 죽음 안에서 이처럼 놀라운 증거, 즉 "이는 너희가 죽었고 너희 생명이 그리스도와 함께 하나님 안에 감취었음이니라"(골 3:3)는 것을 본다. 그렇다면 이제 우리는 "항상 예수 죽인 것을 몸에 짊어[져야]"(고후 4:10) 한다. 이제 나는 영적 자유를 얻었다. 육신이 내 속에 없기 때문이 아니다. 오히려 육신은 바울 속에도 있었고, 그를 쳐서 자만하지 않도록 육신 속에 가시를 가지고 있었다. 바울은 무언가를 억제하기 위해서 가시를 계속 가지고 있었다. 여기서 우리가 볼 수 있는 것은 가시는 육신을 억제시킴으로써 육신이 여전히 있지만 나타나지 못하도록 작용하는 신적인 도구라는 사실이다. 만일 당신 속에 육신이 없다고 생각한다면 당신은 삶의 기준을 낮춰야만 할 것이다. 당신은 굳이 단 한 순간이라도 육신으로 하여금 살아나도록 혹은 그 모습을 나타내도록 애쓸 필요가 없다. 당신을 이 지점에까지 인도한 것은 죽음이다. 물론 이것이 이루어지려면 거듭난 생명을 소유하고 있어야 한다. 만일 그렇지 않다면 이 모든 것이 무용지물일 뿐이다.

우리는 죄에 대해서 죽으라는 부르심을 받지 않았다. 왜냐하면 옛 사람은 그리스도 안에서 이미 죽었고, 새 사람은 죽을 수 없기 때문이다. 당신은 죽음과 합하여 세례(침례)를 받지 않았는가? 만일 죄에 대하여 죽었을진대 어찌 죄 가운데 계속해서 살 수 있단 말인가? 당신은 죽었는가? 그렇다면 어디서 죽었는가?

바로 그리스도의 죽음 속에서 합하여 죽었다. 그렇다면 이것은 항상 과거지사이다. 우리가 죽으려고 애쓰는 것은 성경에는 없는 사상이다. 다만 성경은 "우리가 죽었다."라고 말한다. 옛 사람을 위한 죽음이 따로 필요한 것이 아니다. 십자가에서 그리스도와 함께 이미 죽었다. 무슨 믿음이 있어야 이 사실을 붙잡을 수 있는 것인가?「**나는 그리스도 안에서 죽었다.**」이 믿음이 오게 된다면 나는 자유를 얻게 된다. 그렇다면 사랑하는 친구들이여, 사도 바울이 말한 것에 주목하라. "죄에 대하여 죽은 우리가 어찌 그 가운데 더 살리요?"(롬 6:2) 바울은 우리에게 율법이 아니라 죽음을 가져왔다. 그는 육신을 죽음에 넘기고, 게다가 믿음에 넘긴다. 그리고 육신에게서 무슨 열매를 기대하지 않는다. 다만 와서 그 나무를 죽이고, 거기에 다른 나무 가지를 접붙인다. 바로 그리스도이다. "오직 너희 자신을 죽은 자 가운데서 다시 살아난 자 같이 하나님께 드리며 너희 지체를 의의 무기로 하나님께 드리라 죄가 너희를 주장하지 못하리니 이는 너희가 법 아래에 있지 아니하고 은혜 아래에 있음이라."(롬 6:13,14) 이제 나는 자유를 얻었다!

그렇다. 당신은 자유롭게 되었다. 이제 무엇을 할 것인가? 다시 죄에게로 돌아가 자신을 바칠 것인가? 어째서 우리 "자신을 죽은 자 가운데서 다시 살아난 자 같이 하나님께" 드려야 하는 것인가? 물론 사도 바울은 이 말을 회심하지 않은 사람들에게 하는 것이 아니다. 이 순간 자신을 그리스도인으로 부르는 사람들을 향해서, '자 이제 여러분은 살아났고 자유를 얻었습니다. 누구에게 자신을 헌신하렵니까? 라고 말하는 것이다.

한 마디를 더하자면, 이것은 완전한 구속에 들어가는 매우 중요한 순간이다. 그리스도의 죽으심과 부활이 우리에게 생명의 능력이 되고, 따라서 우리는 우리 자신을 죄에 대하여는 죽은 자요 하나님께 대하여는 산 자로 여길 수 있게 되었다. "그 때에 무슨 열매를 얻었느뇨?"(롬 6:21) 하지만 이제는 이 땅에서 거룩함에 이르는 열매를 얻었다고 말하고 있다. 당신은 이 세상에서 거룩한 삶을 가능하게 해주는 열매 - 거룩의 아름다움을 가지고서 믿음의 길을 걷고 있다. 그렇다면 이 길의 마지막은 영생이다(롬 6:22).

당신은 이 세상을 통과해서 걸어가야 하는 순례자이다. 당신은 어떻게 능력을 구할 것인가? 오직 죽음을 통해서만 능력을 얻는다. 잠시 나는 항상 나 자신을 죽은 자로 여긴다고 생각해보자. 그렇다면 아무 움직임도 없을 것이다. 정욕도 없다. 그렇다면 이것은 요한이 말한 "하나님께로서 난 자마다 죄를 짓지 아니[한다]"(요일 3:9)는 것의 간접적인 표현인 것이다. 이것은 마치 모든 악한 것들이 문 밖에 있는 것과 같은 상태이다. 온갖 위험이 문을 열어주기만을 기다리면서 숨어들 기회만을 노리고 있다. 만일 경계하지 않는다면 이 모든 악한 것들이 방안에 들어와 눈을 부릅뜨고 있는 것을 보게 될 것이다. 우리가 교훈을 받은 것은 죽고자 애쓰는 것이 아니라 죽음에 연합하는 것이다. "땅에 있는 지체를 죽이라."(골 3:5) 즉 이제 나는 그렇게 할 수 있는 능력이 있다. 따라서 우리 지체를 죽음에 넘겨야 한다. 그리스도께서 나의 능력이 되어 주신다.

이제 당신이 죽었다는 사실에 만족하는가? 아니면 당신의 육신 가운데 일부를 아끼고 싶은 마음이 드는가? 죽은 사람은 더 이상 세상과 관계할 것이 없다는 사실에 당신은 만족하는가? 계속해서 우리 마음에 하나님을 향해 문을 열고 싶지 않은 작은 방들을 두고 싶은가? 우리는 이 지점에 이를 때까지 계속해서 기도해야 한다. 하나님께서 다소 강압적인 방법으로 문을 여셔야 하는가? 그렇다면 당신은 '나는 하나님 보다는 우상을 더 섬길 거야' 라고 말하는 셈이다. 그것은 그리스도인이길 포기하는 것이다. 하지만 이제 당신은 하나님께 아무 것도 숨기는 것이 없다고 생각해보자. 그렇다면 당신은 이제서야 실제적으로 죽었다고 말할 수 있다. 그렇다고 해서 이것이 그리스도인의 완전은 아니다. 왜냐하면 내가 아는 한 그리스도께서 영광을 받으신 것 외엔 완전한 것이란 없기 때문이다. 그리스도인에게 완전한 것이란 장차 영광 중에 계신 그리스도를 온전히 닮을 것이란 사실과 영광 중에 계신 그리스도와 함께 하는 그 날까지 나의 영혼은 결코 만족을 모를 것이란 사실이다. 이제 당신은 자유를 얻었는가? 당신은 참 해방을 맛보았는가? 그렇다면 이렇게 외치라. "그리스도 예수 안에 있는 생명의 성령의 법이 죄와 사망의 법에서 나를 해방하였음이라."(롬 8:2)

우선적으로 우리에게 필요한 것은 죄 사함이었다. 하지만 두 번째로 우리에게 필요한 것은 영적 해방이다. 우리는 지금까지 해방에 대해서 살펴보았다. 나의 눈은 영광 중에 계신 사람이신 그리스도께 고정되어 있다. 나는 그리스도와 같이 될 것이다. 내 영혼이 사모하는 대상은 하늘에 계신 그리스도이시다. 영광 중에 계신 그리스도와 같이 되는 것, 그것이 내 삶의 목표이다.

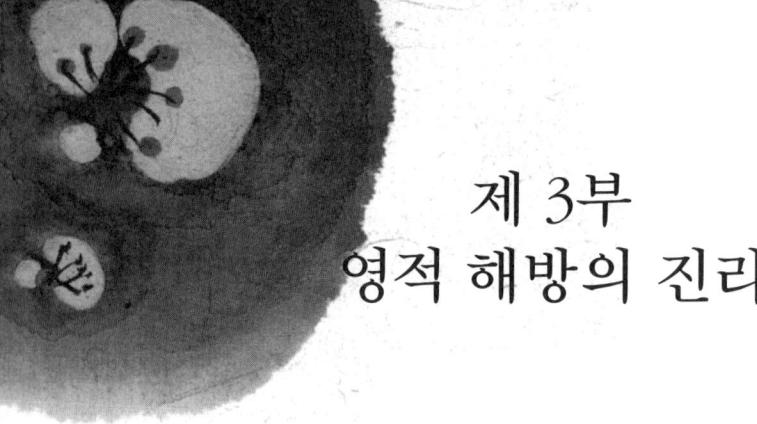

# 제 3부
# 영적 해방의 진리

## 제 10장 율법과
## 　　　　그리스도의 영광의 복음

　이제 성경에서 말하는 그리스도인의 정의에 대해서, 그리고 어떻게 그리스도인이 될 수 있는지를 살펴보자. 우선, 이 주제의 중요성을 살펴보고, 그 다음으로 사도 바울이 진정한 기독교의 특징을 설명하게 된 배경을 살펴보자.

　사도 바울은 자신이 사도가 아니라고 말했던 거짓 유대주의 교사들의 공격 때문에, 어쩔 수 없이 자신의 사도직을 변호해야만 했다. 바울은 고린도후서 2장 끝부분에서 "우리는 수많은 사람들처럼 하나님의 말씀을 혼잡하게 하지 아니하고 곧 순전함으로 하나님께 받은 것 같이 하나님 앞에서와 그리스도 안에서 말하노라"(17절)고 말한 부분에 이어서 "우리가 어찌 어떤 사람처럼 추천서를 너희에게 부치거나 혹은 너희에게 받거나 할 필요가 있느냐?"고 묻고 있다. 바울은 이미 추천서를 너희에게 주었다고 말하고 있는 것이다. 사실 바울은 "너희가 우리의 편지"라고 말하고 있다. 바울은 그들을 편지처럼 마음에 품고 다니면서, 혹 사람들이 자신에게 사도된 증거를 구한다면 바울은 언제든지 "고린도 사람들을 보라."고 말했던 것이다. 이 시점까지 그들은 잘 지내오고 있었다. 그들은 이미 고린도전서를 받아 본 상태였고, 바울은 디도를 보내어 첫 번째 서신을 보낸 효과를 살피도록 했다. 그들은 영적으로 회복된 상태였다. 바울의 마음은 그들을 향해 넓어지게 되었다(고후 6:11). 그래서 바울은 "너희는 우리의 편지"라고 말할 수 있었던 것이다. 비록 사도 바울이 고린도 성도들을 회심시키는 도구였지만, 그럼에도 첫 번째 서신에서는 그렇게 말할 수 없었다.

그 다음, 바울은 그들이 어떻게 또는 왜 자신의 추천서인지를 설명했다. "너희는 우리로 말미암아 나타난 그리스도의 편지니 이는 먹으로 쓴 것이 아니요 오직 살아 계신 하나님의 영으로 쓴 것이며 또 돌 판에 쓴 것이 아니요 오직 육의 마음 판에 쓴 것이라."(3절) 그들의 존재 자체가 바울을 천거하고 있었다. 왜냐하면 그들은 또한 그리스도를 천거하고 있었기 때문이다. 그리고 나서 바울은 이 사실을 율법과 비교하면서, 고린도후서 3장의 주제를 시작한다. "이는 먹으로 쓴 것이 아니요 오직 살아 계신 하나님의 영으로 쓴 것이며 또 돌 판에 쓴 것이 아니요 오직 육의

제 10장 율법과 그리스도의 영광의 복음

마음 판에 쓴 것이라." 우리 모두가 알다시피, 십계명의 율법은 돌 판에 기록되었다. 이와는 대조적으로 고린도 그리스도인들은 자신의 마음 판에 그리스도를 새겼다. 이것이 바로 그리스도인이다. 즉 그리스도인이란 하나님의 성령의 능력에 의해서 그 마음에 그리스도를 새김으로써 세상에 그리스도를 소개하는 추천서가 된 사람이다. 그리스도의 편지가 되는 일은 고린도교회의 단체적인 일일 뿐만 아니라, 고린도 성도들의 개인적인 일이기도 했다. 바울은 "여러분은 그리스도의 편지가 되어야 합니다."라고 말한 것이 아니라, "여러분이 그리스도의 편지입니다."라고 말했다. 이것이 바로 그들이 들어간 신분 또는 지위였다. 만일 나 자신을 그리스도인으로 부른다면, 나는 그리스도의 편지라는 신분에 있는 것이다. 나의 고백은, 그것이 단지 고백일 뿐일지라도, 그리스도를 고백하고 간증하는 것이다. 사도 바울은 이전에는, 고린도 신자들이 나쁜 상태, 즉 육신적인 상태에 있었기 때문에, 그들에 대해서 진심으로 그렇게 말할 수 없었다. 그럼에도 그들은 여전히 그리스도의 편지라는 신분 가운데 있었다. 고린도후서 4장은 교리적인 차원에서 "예수의 생명이 또한 우리 죽을 육체에 나타나게 하려 함이니라"고 말함으로써, 그들은 세상 앞에서 그리스도를 나타내야 하는 신분에 있음을 설명했다. 고린도후서 3장의 끝부분은 실제적인 차원에서 그리스도의 형상으로까지 성장하는 것에 대해서 말하고 있다. 이 두 부분은 실상은 서로 다른 그림을 통해서 동일한 것을 말하고 있는 것이다. 그것이 어떻게 이루어지는 것인지 살펴보자.

이제 배경을 살펴보자. 고린도 그리스도인들은 바울 사역의 증거였고, 바울의 천거서였다. 왜냐하면 그들은 세상에 그리스도를 나타낼 뿐 아니라, 사람 속에서 운동력 있게 역사하는 그리스도의 생명의 능력이 무엇인지를 밝히 보여주는 편지였기 때문이다. 그렇다면 **그리스도인이란 사람의 동기가 전적으로 순수하게 변화되고, 세상에 있는 모든 가치관 위에 더 숭고한 가치관을 가지게 되고, 거룩한 삶의 행실이 나타나고, 비이기적인 성품과 태도가 나타나고, 자제력을 갖추게 되고, 돈에 대한 집착이 사라지고, 하늘에 속한 거룩한 대화로 소통하는 사람이다.** 바울은 고린도후서 3장에서 율법이 돌 판에 새겨진 사실을 강조했다. 모세가 산에서 두 번째로 내려왔을 때 그의 얼굴이 빛을 발했고, 그래서 백성들로 하여금 자신을 주목하게 하지 못하게 할 필요가 있었다. 그래서 백성들은 그 얼굴을 수건으로 가려달라고 요청했다. 그 수건은 그리스도 안에서 없어질 것이었다. 그럼에도 오늘까지도 성경을 읽을 때에 그들의 마음에 수건이 덮여 있다. 하지만 모세가 주님께로 나아갈 때 수건을 벗었던 것처럼, 그들이 주님께로 돌아가면 수건이 벗겨질 것이다. 그들은 자신들이 찌른 그 주님을 바라보고 통곡하게 될 것이다. 모세가 처음 산에서 내려왔을 때, 그의 얼굴은 빛을 내지 않았다. 왜냐하면 모세가 순전한 율법을 가지고 왔기 때문이었다. 하지만 두 번째 내려올 때에는, 풍성한 은혜와 함께 내려왔다. 하나님은 자신을 "자비롭고 은혜롭고 노하기를 더디하고 인자와 진실이 많은 하나님"(출 34:6)으로 계시하셨다. 하나님이 이스라엘을 사랑하고 아끼는 방식은 그분의 선하심에서 나오는 것이었다. 하나님은 모세 앞으로 지나가셨고, 모세는 하나님의 영광을 볼 수는 없었다. 그럼에도 백성들은 모세의 얼굴에 나타난 광채조차도 바라보지 못했고, 더욱이 하나님의 영광은 전혀 감당할 수가 없었다.

이것은 하나님의 은혜와 죄 사함과 은혜를 재삼재사 보여주는 너무도 감동적인 이야기이다. 먼저, 모세는 산에 올라가서 하나님의 손으로 두 돌 판에 기록한 율법을 받았다. 하지만 모세가 율법을 백성들에게 가지고 오기도 전에, 그들은 율법을 어겼다. 그들은 금송아지를 만들어 숭배했고, 하나님과 관련된 첫 번째 계명부터 어겼다. "너는 나 외에는 다른 신들을 네게 두지 말라."(출 20:3) 이것을 본 모세는 율법을 새긴 돌 판을 내어던져서 깨뜨려버렸다. 이로써 순전한 율법이 이스라엘 백성들에게 전달되지 못했다. 이후에 하나님의 자비가 더해진 율법이 왔다. 모세가 어떻게 다른 신들을 섬기고 있는 백성들에게 율법의 돌 판을 가져올 수 있었겠는가? 그가 백성들이 노래하고 춤추는 소리를 들을 수 있는 거리만큼 왔을 때, 그는 분노했고, 돌 판을 산 아래로 던져 깨뜨려버렸다. 이렇게 순전한 율법은 끝났다.

모세가 다시 산에 올라갔고, 하나님의 말씀에 따라서 새롭게 율법을 기록한 새로운 돌 판을 받았다. 모세는 백성들에게 "너희가 큰 죄를 범하였도다 내가 이제 여호와께로 올라가노니 혹 너희를 위하여 속죄가 될까 하노라"(출 32:30)고 말했다. 이것은 모세가 그들을 위해서 어떻게 중보 기도를 했으며, 하나님은 어떻게 선하심과 은혜 가운데 응답하셨는지를 아름답게 보여준다. 하나님은 악행을 보응하시는 하나님의 통치 가운데서도 "악과 과실과 죄를 용서"하시는 자신의 자비를 나타내셨다(출 34:7). 사람들은 이것을 복음이라고 부르지만, 사실 이것은 복음이 전혀 아니다. 하나님은 실로 인내 가운데 이스라엘에 대해서 참으셨지만, 그럼에도 "내가 보응할 날에는 그들의 죄를 보응하리라"(출 32:34)는 말씀을 더하셨다. 이것은 오늘날 우리 그리스도인들이 받은 죄 사함과 같지 않다. 하나님은 이스라엘을 멸망시키고 대신 모세와 그의 자손들로 큰 나라가 되게 하고자 하는데서 뜻을 돌이켜 그들을 용서하신 것이었다. 모세는 하나님의 이름으로 불리는 백성들을 향하여 아름다운 사랑과 사심 없는 마음으로 "이제 그들의 죄를 사하시옵소서 그렇지 아니하시오면 원하건대 주께서 기록하신 책에서 내 이름을 지워 버려 주옵소서."(출 32:32)라고 말했다. 주님은 자비와 용서를 나타내셨지만, 동시에 백성들 각 사람에게 해당되는 책임을 물으실 것이라고 말씀하셨다. "누구든지 내게 범죄하면 내가 내 책에서 그를 지워 버리리라."(출 32:33)

이것이 첫 번째 부분이다. 율법에 자비가 더해졌을지라도, 사도 바울은 율법을 사망과 정죄의 직분으로 불렀기 때문에 사실상 복음과는 거리가 멀다. 따라서 이와는 대조적으로 바울은 그리스도의 사역에 기초하고 있는 복음을 영과 의의 직분이라고 불렀다. 하나님의 임재 가운데 들어간 일이 없는 사람은 율법을 사망과 정죄의 직분으로 조차도 알 수 없다. 왜냐하면 아직 그의 양심이 각성되지 않았기 때문이다. 그런 사람은 이전 바울처럼 자신을 "율법의 의로는 흠이 없고" 또 "전에 율법을 깨닫지 못했을 때에는 내가 살았더니"(롬 7:9)와 같이 생각한다. 그런 사람은 한 번도 하나님 앞에 서본 일이 없는 사람이다. 성경은 "의인은 없나니 하나도 없다."(롬 3:10)고 말한다. 주님을 찾아왔던 젊은 청년은 "내가 무슨 선한 일을 하여야 영생을 얻으리이까?"라고 물었고, 또 "이 모든 것을 내가 지키었사온대 아직도 무엇이 부족하니이까?"(마 19:16-20)라고 말했다. 이 청년은 쉽게 말해서, 양심이 불량한 사람이 아니었다. 그는 자신이 잘하고 있다고 생각했고, 자신이 할 수 있는 최고의 선한 일이 무엇인지 알고 싶어서 예수님을 찾아온 것이었다. 그가 구한 것은 구원의 문제가 아니었다. 주님은 그를 사울(바울)에게 대했던 것처럼 대하셨다. 주님은 그 마음의 중심에 율법을 제시하셨다. 사울은 율법이 정하고 있는 의의 기준으로 볼 때 자신에게 아무런 흠이 없다는 사실에 만족하고 있었다. 하지만 율법이 "탐내지 말라."고 말하는 순간 모든 것이 끝났다. 그는 자기 속에 있는 탐심을 발견하고는 정죄에 이르게 되었다. "전에 율법을 깨닫지 못했을 때에는 내가 살았더니 계명이 이르매 죄는 살아나고 나는 죽었도다."(롬 7:9) 어째서 그런가? 율법이 잘못된 것이 아니라 율법은 옳은 것이고, 내가 잘못되었기 때문이다. 주님은 젊은 청년에게 "네가 율법을 지키지 않았다."라고 말씀하지 않으셨다. 다만 "가서 네 소유를 팔아 가난한 자들에게 주라."(마 19:21)고 말씀하셨다. 그러자 즉시 돈에 대한 탐심이 드러나게 되었다. "그 청년이 재물이 많으므로 이 말씀을 듣고 근심하며 가니라."(마 19:22)

이제 요한복음 8장에서 주님이 율법을 음행 중에 잡힌 여자의 사건에서 어떻게 사용하셨는지를 살펴보자. 서기관들과 바리새인들이 한 여인을 주님 앞에 데리고 나왔는데, 이는 고발할 조건을 얻고자 하여 주님을 시험하기 위한 매우 악독한 방법이었다. 만일 주님이 '돌로 치라.'고 하신다면, 주님은 율법 보다 나은 구주이실 수 없었고, 만일 '돌로 치지 말라.'고 하신다면, 주님은 율법을 어기는 것이었다. 주님은 율법의 권위에 전혀 위축되지 않으셨고, 오히려 그들 모두에게 율법의 빛을 환히 비추시면서 "너희 중에 죄 없는 자가 먼저 돌로 치라."(7절)고 말씀하셨다. 그들은 자신들이 하나님의 임재 가운데 있는 것을 느꼈고, 자신들이 실제적으로 범죄했으며, 율법의 정죄 아래 있음을 인정하면서 하나씩 하나씩 물러났다. 그들은 자신들을 검색하시는 하나님의 권세를 느꼈던 것이다. 이렇게 수건이 제거되자 그들은 그것을 감당할 수 없었다.

우리의 양심은, 우리가 하나님에게서 멀리 떠나 있고 또 일깨움을 받은 일이 없다면 상당히 편안함을 느낄 것이다. 하지만 하나님 앞에 있는 나 자신을 대면하게 되는 순간, 우리는 우리 자신이 얼마나 절망적인 상태에 있는지를 보게 된다. 정도의 차이는 있을지언정, 우리는 우리 자신이 얼마나 이기적이고, 고집불통이며, 자기 의로 가득한 사람인지를 알고 있다. 그래서 우리를 불꽃같은 눈으로 살피시는 하나님의 눈을 의식하기 전까지 우리는 우리가 매우 훌륭한 사람이라고 착각하기 마련이다. 그리스도의 피로 씻음을 받지 않은 사람은 예외 없이, 하나님이 그 사람 속을 들여다 보고자 가까이 부르신다면 그는 자신이 할 수 있는 한 최선을 다해서 도망치고자 할 것이다. 그는 매우 탁월한 성품을 가지고 있고, 또 그러한 대우를 받아 마땅한 사람이긴 해도 완전한 양심을 가지고 있지는 않다. 어쩌면 우리는 오랜 세월 동안 타고난 성품대로 살면서, 양심을 어기는 일은 한번도 해본 일이 없을 수도 있다. 하지만 하나님의 임재를 느끼는 순간, 수건이 벗겨지고, 하나님 앞에 벌거벗은 몸으로 서있는 것처럼, 그리고 하나님의 말씀이 우리의 마음과 생각과 동기를 거울처럼 비추는 순간이 온다. 그러면 우리는 욥이 한 말을 진정으로 이해하게 될 것이다. "사람이 하나님께 변론하기를 좋아할지라도 천 마디에 한 마디도 대답하지 못하리라."(욥 9:3) "가령 내가 의로울지라도 내 입이 나를 정죄하리니 가령 내가 온전할지라도 나를 정죄하시리라 … 내가 눈 녹은 물로 몸을 씻고 잿물로 손을 깨끗하게 할지라도 주께서 나를 개천에 빠지게 하시리니 내 옷이라도 나를 싫어하리이다."(욥 9:20,30,31) 다시 말해서 사람의 눈에는 깨끗해 보이는 사람도, 하나님의 눈에는 개천에 빠졌다가 방금 나온 사람처럼 보일 수 있다. 이어서 욥은 "우리 사이에 손을 얹을 판결자도 없구나 주께서 그의 막대기를 내게서 떠나게 하시고 그의 위엄이 나를 두렵게 하지 아니하시기를 원하노라."(욥 9:33,34)고 말한다. 즉 욥의 이러한 절망적인 외침과 간절한 열망은 오직 그리스도 안에서만 얻을 수 있는 것이다. 하나님은 그리스도 안에서 우리의 두려움을 제거하셨다.

율법은 이와 같은 방법으로 영혼을 각성시킨다. 바로 이점에서 율법의 영적인 면이 드러난다. 율법은 우리가 하나님을 위해서 마땅히 해야 할 일을 하도록 우리에게 요구한다. 만일 우리가 율법에 응하지 않는다면 저주를 받을 것이다. 사도 바울은 로마서 7장에서 한 단계 더 나아간다. 로마서 7장에 있는 사람은 영혼의 살리심을 받았고, 하나님에게서 난 사람이다. 그래서 그는 "내가 원하는 것은 행하지 아니하고 도리어 미워하는 것을 행함이라"(롬 7:15)고 말한다. 율법은 "그래서 내가 필요한 것이다. 그것이 내가 너를 저주하는 이유이다."라고 말한다. 왜냐하면 율법은 옳기 때문이다. 그래서 율법은 "거룩하며 의로우며 선하다."(롬 7:12). 따라서 율법은 우리를 도덕적으로 죽인다. 왜냐하면 우리가 죄인이기 때문이다. 율법이 이런 식으로 옳게 역사하긴 하지만, 항상 우리를 정죄하는 것으로 끝난다. 하나님이 자기 백성들의 마음에 율법을 새기실 때가 올 것이고, 그리되면 상황은 달라질 것이다. 율법은 저주하지 않고 오히려 축복할 것이다. 하지만 율법이 지금 양심에 이르면 "탐내지 말라."고 말할 것이고, 어느 누구도 그 앞에 설 수 없다. 육체의 탐심이 검출되고, 하나님의 법에 순종하지 못했음이 드러나게 된다. "육신에 있는 자들은 하나님을 기쁘시게 할 수 없느니라."(롬 8:8) 이것이 율법과 관련한 최종적인 결론이다. 육신은 때론 매우 과격한 폭력적인 모습으로, 때론 매우 존경스러운 또는 종교적인 모습으로 나타나기도 한다. 이것은 아담의 자손에게서 자연스럽게 나타나는 모습이다. 하지만 사람은 나쁜 나무이기에 결코 좋은 열매를 맺을 수 없다.

율법은 우리의 양심을 다룬다. 율법은 임의적인 것이 아니다. 율법은 율법이 주어지기 이전에 이미 사람 사이에 존재했던 관계와 의무를 택해서, 아버지, 남편, 아내, 자녀로서 관계와 의무에 대해서 하나님께서 친히 규정하신 것이다. 율법은 이러한 인간관계들에 대한 하나님의 승인과 권위를 덧입고 있을 뿐만 아니라, 하나님의 규칙을 제시하면서 "만일 그대가 율법에 따라 행치 아니하면 저주를 받을 것이다."라고 말한다. 우리 양심은 율법의 합법성을 인정하면서, 그렇게 하는 것이 마땅하다고 말한다. 율법은 다른 일도 한다. 율법은 단순히 "네 아버지와 어머니를 공경하라."고 말하는데서 그치지 않고, 그 외에도 "도둑질하지 말라.", "탐내지 말라."고 말한다. 율법은 사람의 각종 악한 성향을 억제하고 처벌하는 하나님의 손에 들린 도구이자 무기이다. 사람은 도둑질이나 음행 혹은 율법이 금하고 있는 사항에 대해서 외적으로 아무 것도 범법을 저지른 일이 없을지라도, 율법은 여전히 사람을 꼼짝 못하게 붙들어 둘 수 있다. 여기서 모든 것이 걸려 있는 중차대한 원리가 나온다. "네 마음을 다하며 목숨을 다하며 힘을 다하며 뜻을 다하여 주 너의 하나님을 사랑하라."(눅 10:27) 당신은 이렇게 하고 있는가? 사람들은 안타깝게도 이 질문에 대해서 대부분 자신을 속이며, 자신들에 대해서 너무도 무지한 채 자신들이 하나님을 그렇게 사랑하고 있노라고 대답한다. 그렇다면 이제 율법의 두 번째 부분이 온다. "네 이웃을 네 몸과 같이 사랑하라."(눅 10:27) 당신은 진정 당신 이웃을 당신의 몸과 같이 사랑하고 있는가? 만일 당신의 이웃이 재산을 잃어버린다면, 과연 당신은 자신의 재산을 잃어버린 것처럼 안타까운 마음에 슬퍼할 것인가? 아, 만일 그럴 것이라고 대답한다면, 당신은 정말 유토피아적 몽상의 세계에 살고 있다. 사실 당신은 전혀 당신 이웃을 자신처럼 사랑하고 있지 않다. 실제 당신은 탐심으로 가득하다. 만일 당신이 보는 바 당신 이웃을 사랑하지 않을진대, 어떻게 볼 수 없는 하나님을 사랑할 수 있단 말인가? 만일 당신이 율법의 기준에 자신을 비춰본다면, 하나님은 오셔서 이렇게 물으실 것이다. (비록 당신이 도둑질이나 살인과 같은 일은 꿈도 꾸고 있지 않을지라도) "그대는 그대의 이웃을 그대의 몸과 같이 사랑하고 있는가 아니면 그대의 마음 속에 있는 욕심을 따라 살고 있는가?" 당신의 양심이 진정 이 문제로 고민하게 된다면, (그래서 성령의 빛 비춤이 있다면) 당신은 "오호라 나는 곤고한 사람이로다."(롬 7:24)라고 부르짖지 않을 수 없게 된다. 율법은 단순히 드러난 죄들에 대한 수치심 또는 정죄감에 빠지게 하는 것으로 끝나는 것이 아니라 우리 속에 있는 탐심을 검출해내는 지점까지 이끌고 간다. 이러한 율법의 작용이 없다면, 사람은 겉으로는 그럴듯한 삶을 살지만 실상은 외식하는 사람으로 살 수 밖에 없다.

율법은 생명도, 능력도 주지 못한다. 사람에게 가장 필요한 것은 옳게 행할 수 있는 능력이다. 나는 무엇이 옳은지 잘 알뿐더러, 옳은 일을 하고 싶은 열망도 있다. 하지만 무언가 내 마음에 더 큰 힘으로 작용하는 것이 있다. 그래서 선한 일이 아니라 잘못된 일을 행한다. 율법은 사랑하고픈 동기를 결코 주지 않는다. 다만 내게 온 마음을 다해 하나님을 사랑하라는 말만 할 뿐이다. (양심도 그렇게 하는 것이 옳다는 것을 잘 안다.) 어째서 그런가? 왜냐하면 내가 그렇게 하지 않으면 저주를 받을 것이기 때문이다. 하지만 그렇게 해서는 사랑이 생겨나지 않을 것이다. 따라서 율법은 의, 생명, 능력을 주지 않는다. 율법은 우리 앞에 사랑의 대상을 놓아두고 사랑하라고 말하지만, 사랑할 수 있도록 하나님을 사랑의 대상으로 계시해주지는 않는다. 사실 우리 그리스도인은 그리스도 안에서 이 모든 것을 소유하고 있다. 그리스도께서는 율법을 사람이 마땅히 행해야 하는 완전한 기준으로 정하셨고, 또 거기에 인을 치셨다. 그리스도는 우리의 죄들을 대신 짊어지셨다. 그리스도는 생명과 능력을 주시고, 하나님을 사랑의 대상으로 제시하신다. 양심은 율법이 선하다는 것을 알기 때문에 율법을 만족스럽게 여기지만, 바로 그런 이유 때문에 나를 정죄할 수밖에 없다. 왜냐하면 나란 사람이 그렇게 선하지 못하기 때문이다. 율법에는 자비도 구원도 구속(속량)도 없다. 율법은 사망과 정죄의 직분일 뿐이다. 당신은 일주일 동안 율법을 지켰는가? 당신은 온 마음을 다해 하나님을 사랑했는가? 당신은 당신 자신을 생각하듯이 당신의 이웃을 생각했는가? 온통 세상일에 분주하지 않았는가? 어쨌든 그랬다면, 그것은 하나님을 위해서 사는 삶은 아니다. 만일 하늘나라에서도 그러한 상태가 지속된다고 할 것 같으면, 그것은 전혀 하늘나라일 수가 없을 것이다. 율법이 할 수 있는 일은 다만 정죄를 선언하는 것이다. 왜냐하면 율법은 죄를 인정할 수 없기 때문이다. 율법의 본질상, 그렇게 할 수밖에 없다. 사람들은 하늘나라에 가면 율법을 잘 지킬 거라고 생각한다. 왜냐하면 그들은 그곳이 무척 행복한 장소라고 생각하기 때문이다. (물론 그렇다.) 하지만 만일 사람을 바로 하늘나라로 옮겨 놓으면 어떻게 될 것 같은가? 그는 가능한 빨리 그곳을 도망치고자 할 것이다. 당신은 과연 그가 영화롭게 되신 그리스도 안에서 기쁨과 희락을 느낄 것으로 생각하는가? 오직 그리스도 외에는 아무 것도 없을뿐더러, 아버지의 사랑으로 그 생각과 마음으로 충만한 곳에서 그는 과연 자신의 자리를 잡을 수 있을 것 같은가? 그는 견딜 수 없을 것이다. 하늘나라가 그런 곳이라면 그에게 천국은 너무도 단조롭게 지루해죽을 것만 같은 곳이 될 것이다. 하늘나라가 (거듭난 일이 없는) 자연적인 상태에 있는 사람도 행복할 수 있는 곳이라고 생각하는 것은 우리 자신을 속이는 일이 될 뿐이다.

지금까지는 우리가 율법의 토대에 위에 서있다는 사실을 설명했다. 이제는 영의 직분에 대해서 살펴볼 것이다. 하나님이 우리를 그리스도 안에서 어떻게 다루시는지를 살펴보자.

그리스도께서 세상에 오시기 전, 사람들은 죄인이었을 뿐만 아니라 무법한 죄인과 율법을 어긴 죄인들이었다. 그리스도께서 오심으로써 죄의 항목이 하나 더 늘었다. 하나님이 선하심 가운데 이 세상에 오신 것이었다. 세상은 그분에게 무슨 일을 했는가? 영의 직분에 대해서 말하기에 앞서, 우리는 성령의 사명 가운데 하나가 세상을 죄에 대하여 책망하는 것임을 알아야 한다. 왜냐하면 그들이 그리스도를 믿지 않았기 때문이다(요 16장). 성령님이 하나님에게서 가져온 세상을 향한 메시지는 "나의 아들이 어디 있느냐?"는 것이다. 그분은 은혜와 사랑으로 우리 가운데 계셨다. 우리는 그분을 어떻게 대우했는가? 하나님이 가인에게 하신 말씀처럼 우리에게 "네 아우 아벨이 어디 있느냐?"고 물으신다. 회심하지 않은 사람의 마음은 지금도 똑같다. 비록 그리스도를 죽일 수는 없을지라도 그분을 제거하려고 할 것이다. 그리스도는 세상에서 무슨 일을 하셨는가? 그분은 병자를 고치시고, 문둥병자를 깨끗하게 하시고, 죽은 자를 다시 살리셨다. 하지만 하나님이 사람에게 너무 가까이 오신 것인지, 사람들은 그분을 십자가에 못 박아 죽였다. 나는 하나님의 아들을 거절하고 내쫓아버린 세상에 속한 자라는 고백도 없이 그저 나 자신을 그리스도인이라고 말할 순 없다. 그분을 죽인 일은 율법을 깨뜨린 행위일 뿐만 아니라 그보다 더욱 참혹한 죄였다. 그것은 사랑과 은혜 가운데 오신 하나님을 거절한 행위였다. 그렇다면 육신의 생각은 하나님과 원수라는 사실을 여실히 드러내는 것이었다. 나는 이 부분을 강조하길 원한다. 이 사실이 양심과 마음에 진정으로 이해되고 깨달아진다면, 영혼은 하나님에게서 복을 받을 수 있는 상태에 들어가게 된다. 그 영혼은 이제 자신을 불법한 죄인, 율법을 깨뜨린 죄인, 그리고 세상을 더 좋아하는 죄인으로 보게 되며, 그리스도에 비해서 세상이 얼마나 헛되며 찌끼 같은지를 볼 수 있는 안목이 생긴다. 우리가 이러한 진실을 보게 될 때, 우리의 모든 죄는 하나님 앞에서 제거될 것이다. 우리는 율법을 어긴 사람들이고, 하나님의 미워하시는 사람들이다. 율법도 이 사실을 보여주지만, 우리는 이 사실을 십자가를 통해서 배운다. 그리스도께서는 이렇게 말씀하실 것이다. "저희가 악으로 나의 선을 갚으며 미워함으로 나의 사랑을 갚았사오니"(시 109:5)

**내가 하나님을 미워한 일이 십자가를 통해서 나타났다는 사실에 이르게 되면, 바로 그리스도께서 그것을 위해서 죽으셨다는 것을 배운다. 이것은 내 속에 있는 죄성에 대한 하나님의 사랑의 승리인 것이다.** 하나님께서 가능한 모든 방법으로 사람을 시험하신 후에, 율법과 상관없이, 게다가 율법에 자비와 오래 참으심을 더하신 후, 그리스도를 보내시면서 "저희가 내 아들은 공경하리라."고 말씀하셨다. 우리는 그들이 그리스도께 무슨 짓을 했는지 알고 있다. 하나님은 우리를 구원하기 위해서 세상에 오셨고, 죄가 더한 곳에 은혜는 더욱 넘쳤다. 따라서 십자가는 사람이 하나님을 미워한다는 것을 분명하게 보여주는 행위였고, 그에 반해서 하나님은 자신의 사랑이 사람의 악함 보다 더 위대하다는 것을 보여주실 뿐만 아니라 우리를 구원하는 역사를 이루신 위대한 행위였다.

내가 찬송 받으실 주님에게서, 물론 주님의 공생애를 통해서 본 첫 번째 것은, 하나님이 은혜와 성결 가운데 오셔서 세상을 다니시면서, 모든 사람에게 하나님의 사랑을 알리셨다는 것이었다. "하나님께서 그리스도 안에 계시사 세상을 자기와 화목하게 하시며 저희의 죄를 저희에게 돌리지 아니하[셨다.]"(고후 5:19) 주님은 자신이 진짜 누구인지를 알고 자신의 실상을 인정하는 사람들에게 하나님의 사랑을 나타내셨다. 주님은 어느 동네의 바리새인의 집에 들어가셔서 의로운 척하는 바리새인들의 가면을 벗기는 일을 하셨는데, 거기서 한 가련하고 비참한 영혼을 발견하셨다. 점잔을 빼며 앉아 있는 사람들 가운데서 자신의 얼굴을 감히 들지도 못할뿐더러 하나님을 향해서도 얼굴을 들 수 없는 여인에게 "네 죄사함을 받았느니라."고 말씀하셨고, 교만하고 무감각한 바리새인에게는 "너는 내게 발 씻을 물도 주지 아니하였[도다.]"(눅 7:44)라고 말씀하셨다. 이 사람은 그저 일상적인 예의를 차리지 않은 것이 아니었다. "이 여자는 눈물로 내 발을 적시고 그 머리털로 씻었으며"(44절) 따라서 자기 의로 가득한 이 사람은 율법의 빛에 노출되었고, 이 불쌍한 여자, 곧 자신의 죄를 자백한 죄인은 하나님의 사랑을 입었으며, 게다가 죄 사함을 받았다. 이 모든 것은 약속 보다 더 큰 것이었다. 신자들에게 복된 약속들이 주어졌다. 하지만 하나님이 한 죄인의 영혼을 다루시는 일은 약속에 근거한 것이 아니었다. 예를 들어, 가나안 여인이었던 수로보니게 여자에겐, 그저 추방당하는 것 외엔 아무 약속이 없었다. 그 여자가 주님을 다윗의 아들로 외쳤을 때, 주님은 아무 대답도 하지 않으셨다. 주님은 그런 식으로는 그녀를 인정하지 않으셨다. 마침내 그녀가 주님의 발 아래 엎드렸고, 그렇게 주님은 그녀가 자신의 진짜 자리로 내려갈 때까지 은혜 가운데 기다리셨던 것이다. "나는 이스라엘 집의 잃어버린 양 외에는 다른 데로 보내심을 받지 아니하였노라."(마 15:24) 그리고 "자녀의 떡을 취하여 개들에게 던짐이 마땅치 아니하니라."(26절)고 말씀하셨다. 이스라엘에게 약속된 것을 내가 어찌 가나안 사람에게 줄 수 있겠느냐?고 말씀하신 것이었다. 그러자 그녀는 무어라고 대답했는가? "주여 옳소이다." - 네 저는 개입니다. - 하지만 "개들도 제 주인의 상에서 떨어지는 부스러기를 먹나이다."(27절) 그녀의 마음은 하나님은 자신의 자녀가 아닌 백성들도 먹이실 만큼 은혜가 풍성하시다는 것을 이해했다. 하나님은 의가 없고, 심지어는 약속을 받지 않은 불쌍한 죄인을 받아주실 만큼 은혜로 풍성하신 분이시다. 그리스도를 통해서 계시된 하나님은 사랑에 풍성하실 뿐만 아니라, 아무 자격이 없는 자에게도 사랑을 베푸시는 분이심을 그녀를 통해서 나타내신 것이었다. 그리스도께서는 이 사실을 부인하실 수도 없었고, 부인하려고도 하지 않으셨다.

하나님은 자기 앞에서 영혼으로 하여금 자신의 실제적인 상태, 즉 그 실상을 보게 하시며, 그들은 거기서 한마디 말도 하지 못한다. 이 점을 통과하기까지 영혼들은 결코 복을 받을 수 없다. 이것이 내가 구원에 대해서 그리스도 안에서 가지고 있는 입장이다. 구원은 다만 약속의 성취가 아니다. 그리스도는 약속된 메시야이셨다. 그리스도는 이 세상에 오셔서 하나님이 죄인들과 함께 하시는 것을 나타내셨다. 이제 우리는 그보다 더 큰 것을 가지고 있다. 이는 그리스도께서 우리를 위해서 죽으셨기 때문이다. 하나님이 친히 가련한 죄인인 나를, 감히 내 머리를 들어 하나님을 바라볼 수조차 없을 때 만나고자 오셨다는 사실을 생각해보라. 그리스도는 무엇을 가지고 오셨는가? 완전한 사랑을 가지고 오셨다. "하나님이 세상을 이처럼 사랑하사 독생자를 주셨으니"(요 3:16) 그리스도는 죄를 용납하실 수 없으셨고, 죄를 제거하고자 하셨다. 그리스도께서 하늘로서 오신 생명의 떡이신 것을 보았을 때, 나는 한 단계 더 나아갈 수 있었다. 거기엔 그분의 살을 먹고 그분의 피를 마시는 일이 필요하기 때문이다.

이제 십자가로 가보자. 십자가는 세상의 악함 가운데 나타난 하나님의 선하심의 나타남이었다. 그리스도께서 공생애를 시작하실 무렵, 하늘(들)이 열리고, 그리스도에 대한 아버지의 기쁨과 그리스도의 완전에 대해서 증거했다. 그래서 나는 마음 속 깊은 곳에 그러한 선을 거절할 수 있는 지독한 악함이 있는 것을 배울 수 있었다. 내가 십자가로 갔을 때, 물론 죄에 대한 각성이 일어난 후, 나는 나 자신이 얼마나 비참한 피조물인지를 볼 수 있었다. 나는 이처럼 복된 분을 미워했고, 그 뿐 아니라, 내가 지은 죄들이 그분을 십자가에 못 박게 한 것을 보았다. 하지만 그리스도는 지금 그곳에 계시지 않는다! 내가 십자가로 갈 지라도, 거기에 그리스도는 없다. 그분은 어디 계신가? 그분은 하나님 우편에 앉아 계신다. 물론 내가 지은 죄들이 그분을 십자가로 내몰았다. 그 모든 죄들도 그리스도와 함께 그곳에 있었다. 그리스도는 그 모든 죄들과 더불어 하나님의 우편 영광의 자리에 가신 것인가? 그렇지 않다. 그러면 그 죄들은 어찌 되었는가? 나는 십자가에서 그리스도께서 나의 모든 죄들을 짊어지셨고, 하나님은 내가 지은 모든 죄들을 처리하신 것을 볼 수 있었다. 그리스도께서 지극히 높은 위엄의 우편 보좌에 앉으신 것은 친히 우리의 모든 죄들을 도말하셨기 때문이다(히 1:3). 이것은 히브리서 10장과 대조를 이룬다. 유대 제사장들은 매일 서서 섬기며 자주 같은 제사를 드려야 했지만, 이 사람이신 그리스도는 죄를 위하여 한 영원한 제사를 드리시고 하나님 우편에 앉으셨다(히 10:11,12). 때가 되면 그리스도는 심판을 집행하러 일어나실 것이다. 지금은 기다리고 계신다. 자기 원수들로 발등상을 삼으실 때까지, 자신의 보좌가 아니라 아버지의 보좌에 앉아서 기다리신다. 우리는 그곳에서 주 예수 그리스도의 특별한 사역의 혜택을 받는다. 그리스도는 성경대로 우리 죄들을 위해서 죽으셨다. 그리스도는 우리를 위해서 죄가 되셨다. 그리스도는 친히 나무에 달려 그 몸으로 우리의 죄들을 담당하셨고, 그 결과 그 끔찍스러운 하나님의 진노의 잔을 마셔야만 했다. 이제 그 모든 것이 끝났다. 이제 나는 하나님의 우편에 앉아 계신 그분을 보며, 단번에 영원히 드려진 사역의 효력을 누리고 있다. 여기서 사용된 단어, 즉 '단번에 영원히' 라는 말은 매우 강한 단어이다. 여기엔 어떤 간섭이나 그 효력을 중단시킬 수 있는 것이 전혀 없다. 따라서 단번에 영원히 죄에서 정결함을 입은 예배자는 다시는 죄를 깨닫는 일이 없게 된다(히 10:2). 사람은 자신이 지은 모든 죄들을 감당해주신 그리스도를 믿는 믿음이 없다면, 하나님 앞에 나아갈 수 없을뿐더러, 자신의 모든 허물의 사함을 받고 또 자신의 죄가 덮어지고, 따라서 더 이상 주께서 정죄하지 않으시는 사람이 누리는 복락을 맛볼 수 없다.

오늘날 기독교계에는 그리스도의 죽으심이 가지고 있는 그 무한한 가치와 중요성에 대한 무지와 불신앙이 널리 퍼져있다. 그리스도의 죽음을 통해서 하나님은 완전한 영광을 받으셨을 뿐만 아니라 동시에 사람의 필요도 충족되었다. 만일 하나님이 죄인의 멸망을 통해서 죄에 대한 자신의 미움을 표현하신다면, 거기엔 하나님의 공의는 확실히 있을 터이지만 하나님의 사랑은 어디 있겠는가? 반대로 죄를 그냥 간과하신다면 사람은 마냥 죄를 지을 것이고, 거기에 공의는 있을 수 없을 것이다.

내가 십자가에 왔을 때, 다른 어느 곳에서도 볼 수 없었던 죄에 대한 의로운 심판을 볼 수 있었고, 동시에 죄인을 향한 완전한 사랑도 볼 수 있었다. 우리가 더욱 십자가를 바라보면 볼수록, 우리는 더욱 십자가의 가치를 보게 되고, 더욱 그리스도께서 얼마나 소중한 분이신가를 보게 된다. 나는 십자가를 통해서 절대적인 악함 가운데 있는 사람, 선한 것을 미워하고, 하나님을 싫어한 사람과 및 자비 가운데 사람에게 오셨고, 대신 모든 고통을 지심으로써 사람에게 사랑과 동정을 베푸신 하나님을 동시에 볼 수 있었다. 그럼에도 사람은 하나님의 사랑에 미움으로 화답했다. 사탄은 사람에 대한 절대적인 권세를 가지고 있었다. "이제는 너희 때요 어둠의 권세로다."(눅 22:53) 그 시간에 주님과 함께 한 사람은 아무도 없었고, 제자들도 모두 도망가 버렸다. 나는 여기서 인자 속에 있는 절대적인 완전을 볼 수 있었다. 즉 그리스도는 진노의 잔을 받기까지 완전한 순종을 하신 것이다. 이는 "내가 아버지를 사랑하는 것과 아버지께서 명하신 대로 행하는 것을 세상이 알게 하려[는]"(요 14:31) 것이었다.

나는 십자가에서 죄인을 향해 완전한 사랑을 베푸시고, 죄에 대해선 완전한 공의를 이루신 하나님을 볼 수 있었다. 선과 악에 관련된 모든 문제가 십자가에서 해결되었다. 첫 번째 사람은 그 첫째 창조세계에서 책임의 위치에 있었지만, 그는 실패했고 모든 것을 망쳐버렸다. 두 번째 사람은 그 폐허 상태에서 하나님을 영화롭게 했다. 그 결과가 모두 나타난 것은 아니지만, 모든 것이 안전하게 보호를 받고 있다. 새 하늘과 새 땅조차도 십자가에서 이루신 그리스도의 사역에 근거하고 있다. 사람의 모든 악함과 하나님의 모든 의로움과 사랑이 십자가에서 나타났다. 따라서 십자가는 (사람으로 의에 이르게 해주는) 의의 직분인 것이다. 하나님의 의가 나타났다는 것은 이런 의미이다. 즉 그리스도는 죄와 폐허의 자리에서 하나님을 영화롭게 했고, 하나님은 그리스도를 자신의 우편 자리에까지 높이심으로써 그리스도를 영화롭게 했다. 하나님의 우편에서 영화롭게 되신 그리스도, 그것이 내가 지금 알고 있는 그리스도이시다. 십자가는 모든 사람을 위해서 단번에 이루어진 그리스도의 사역의 결과로서, 그 가치와 효력은 영구적이다. 전에 십자가에 달렸던 사람이신 그리스도께서 지금은 하나님 우편에 계신다. 창세 전에 가지고 계셨던 하나님의 위격 가운데서만 계셨던 분께서 이제는 자신의 십자가 사역의 공로 위에 서계신다. 그리스도는 하늘에 계신다. 왜냐하면 나의 모든 죄를 제거하셨고, 그 일을 통해서 하나님을 영화롭게 하셨기 때문이다. 이 때문에 성령님이 세상에 오셨고, 그리스도께서 하늘에 영광 중에 계신 것을 알리신다. 성령님은 내 속에 내주하심으로써 이보다 더 많은 것들을 알게 해주신다. 이것이 바로 성령께서 일하시는 영의 직분에 속하는 일이다.

따라서 복음은 내 영혼을 위해서 의(義)를 이루게 해준다. 하나님을 위해 전혀 의가 없는 사람에게 주시는 의로움이다. 사람이 죄 외엔 아무 것도 가진 것이 없었을 때, 그리스도께서는 죄가 되셨다. 이는 우리로 그리스도 안에서 하나님의 의가 되게 하려는 것이었다. 모든 것이 끝났고, 하나님의 의(義)는 이처럼 복된 사람이신 그리스도를 하나님의 우편에 앉게 하는 것으로 확정되었다. 그 자리가 바로 하나님이 나를 받아주신 자리, 곧 나의 자리이다. 이러한 성령의 직분은 성령님께서 앞으로 이루실 미래적 예언사역에 속한 것이 아니라, 이제 성령님이 오셨기 때문에 지금 이루어지는 현재적 사역에 속한 것이다. 이전에 약속으로 주어진 것들이 있었다. 그리스도의 삶, 죽음, 그리고 부활 등은 그러한 것들을 증거하고 있다. 하지만 영의 직분은 그 때 이루어지지 않은 것이었다. 성령님이 오시기 전 성도들은 다만 믿음에 의지하고 있었고, 하나님은 그들의 믿음을 인정하셨다. 하지만 나는 지금 약속에 의지하지 않고, 아버지께서 하라고 하신 일을 완수하심으로써 그리스도께서 완성한 사역에 의지하고 있다. 그리스도의 십자가 사역을 통해서 나의 모든 죄들이 제거되었을 뿐만 아니라, 그리스도는 지금 하나님의 의(義) 가운데 하나님의 우편에 계신다. 그러므로 내가 십자가로 가면, 나는 거기서 그리스도를 찾을 수 없다. 그리스도는 십자가에 달리셨지만, 지금은 높은 곳에 오르셨다. 그 결과로 성령님께서 그리스도의 사역이 완성되었고, 그 모든 죄들이 제거되었다는 것을 믿는 사람들에게 알리고자 오셨다. 그 뿐만 아니라, 그 사역의 결과로, 사람이신 그리스도께서 하나님의 영광 속으로 들어가셨고, 그리스도는 영광을 얻는 일에 우리의 선두주자로서 앞서 들어가신 것이다. 그리스도는 우리를 자기에게로 영접하여 자신이 있는 곳에 있게 하려고 다시 오실 것이다. 따라서 장차 우리는 주님이 계신 그곳에 있게 될 것이다.

지금 우리는 그곳에 들어갈 수 없다. 우리는 이 보배를 질그릇에 가지고 있을 뿐이다. 하지만, 우리가 받은 복음은 하늘의 광경을 열어준다. 그것은 예수 그리스도의 얼굴에 있는 하나님의 영광에 대한 계시이다. 우리는 이에 대한 효과가 무엇인지를 볼 수 있다. 예를 들자면, 스데반은 개인적으로 하나님의 영광을 보았다. 나는 지금 죄에 대해서 책망하시고 또 우리로 그리스도의 십자가를 바라보도록 하시는 성령의 역사에 대해서 말하고 있지 않고, 오로지 신자들을 인치는 성령의 인침(엡 1:13)에 대해서 말하고 있다. 하나님은 성령님을 사람이 믿은 이후에 그 사람 속에 내주하도록 주신다. 그리스도인은 그 몸이 성령의 전(殿)이 된 사람이다. 그래서 사도 요한은 "누구든지 예수를 하나님의 아들이라 시인하면 하나님이 그의 안에 거하시고 그도 하나님 안에 거하느니라"(요일 4:15)고 말하기를 주저하지 않았다. 사람 속에 내주하시는 성령님은 그로 하여금 그리스도께서 자신을 구원하시고 또 해방시키시는 역사를 완성하신 사실을 알게 하실 뿐만 아니라 (그리스도께서 들어가신) 영광을 바라보게 하신다. 모세의 얼굴에 있는 영광을 바라본 효과는 무엇이었는가? 그들은 두려움에 떨 뿐이었다. 왜냐하면 그들의 죄를 책망했기 때문이었다. 하지만 내가 예수 그리스도의 얼굴에 있는 하나님의 영광을,

- 모세의 얼굴에 나타난 영광 보다 더욱 영광스러운 영광을 - 바라보게 되면, 그 영광이 과연 나를 놀라게 할 것인가? 그렇지 않다. 오히려 그 영광은 내가 하나님 앞에 있을 수 있는 증거가 된다. 그 영광은 내가 구원을 받았음을 입증하고 있다. 왜냐하면 십자가에서 나의 모든 죄를 담당해주신 분에게서 그 영광을 보기 때문이다. 나는 우리를 위해서 그리스도께서 죽으심으로써 보여주신 사랑을 보고 있다. 나는 십자가에 달리심으로써 이루신 그리스도의 사역의 효력을 보고 있다. 왜냐하면 그리스도께서 이제 영광 중에 계시고, 나를 위해 죽으셨고 또 나의 모든 죄들을 감당해주신 사람으로서 영화롭게 되셨기 때문이다. 두려움을 느끼기 보다는 영광에 이르는 기쁨과 희열을 맛본다. "우리가 다 수건을 벗은 얼굴로 거울을 보는 것 같이 주의 영광을 보매 그와 같은 형상으로 변화하여 영광에서 영광에 이르니 곧 주의 영으로 말미암음이니라."(고후 3:18) 이 영광은 세 가지 방식으로 나타났다. 하나님의 영광으로, 주의 영광으로, 그리고 그리스도의 영광으로 나타났다. 나는 나의 모든 죄를 제거하시고, 또한 자신을 아끼지 아니하시고 나를 위해서 그 끔찍스러운 잔을 마신 분 안에서, 그 영광을 본다. 그리고 나는 그 영광을 보면서 기뻐한다. 나는 하나님 앞에서 나의 양심을 온전하게 해주신 대상을 하늘에서 소유하고 있다(히 9장).

나의 모든 죄들을 제거하기 위해서 자신을 내어주신 거룩하신

분이 하늘에 계신다는 생각을 함으로써 일어나는 효과는 내가 그와 동일한 형상으로 변화된다는 것이다. 영광을 바라보는 믿음은 이처럼 성화시키는 능력을 가지고 있다. 나는 기쁨과 즐거움을 가지고 하나님의 영광을 바라볼 수 있고, 더욱이 내가 그곳에 계신 주님과 같이 변화될 것임을 알고 있다(요일 3:2). 우리가 흙에 속한 자의 형상을 입은 것 같이 또한 하늘에 속한 이의 형상을 입을 것이다. 이제 우리 마음은 그리스도로 충만해지고, 그 효과는 곧 나타나게 된다. 물론 이 일에는 점진적인 단계가 있기에, 성화의 실제를 이루는 일에 있어서 우리는 우리 자신의 행실에 조심하고 경계할 필요가 있다. 그럼에도 성화가 이루어지는 것은 영광 안에 계신 주 예수 그리스도를 바라보고 묵상함으로써 되는 것임을 잊지 말아야 한다. 주님이 약속하신 대로, 보혜사가 오실 때 이루어질 약속의 성취도 있다. "그 날에는 내가 아버지 안에, 너희가 내 안에, 내가 너희 안에 있는 것을 너희가 알리라."(요 14:20) 사람들은 우리에게 '당신이 그리스도 안에 있는지 그 여부를 당신은 알 수 없다.'는 말을 한다. 하지만 나의 대답은 이렇다. '나는 당신의 말을 믿지 않는다. 왜냐하면 성경은 너희가 알리라고 말하고 있기 때문이다.' 사가랴는 세례 요한에 대해서 무슨 말을 했는가? "주의 백성에게 그 죄 사함으로 말미암는 구원을 알게 하리[라]"고 말했다(눅 1:77).

이제 나는 죄 사함으로 말미암는 구원에 기초해서 행하도록 부르심을 받았고, 내가 더욱 그 부르심에 합당하게 행할수록, 나의 마음은 더욱 순결해질 것이고, 나는 더욱 선명하게 볼 수 있을 것이다. 하나님의 말씀과 하나님이 우리에게 주신 모든 도움은 합력하여 우리로 범사에 그에게까지 자라도록 역사한다. 나는 나 자신을 하나님께 열납하고자 애쓰지 않는다. 나는 이미 (그리스도 안에서) 하나님이 받으신(열납된) 사람이다. 성결을 생각하기에 앞서, 열납의 문제를 해결해야 한다. 당신이 하나님께 열납되었는지 여부에 대해서 평안을 얻기 전까지 당신은 실제적인 성결을 생각할 수 없다. 당신은 우선적으로 열납의 문제를 생각해야 한다. 우리가 물어야 할 매우 엄중한 질문은 이렇다. '과연 하나님은 나를 받아주실 것인가?' 우리는 하나님 앞에서 하나님의 본성이 요구하는 의로운 요구에 따라서 합법적으로 의롭게 되었다. 하지만 이것이 성결은 아니다. 성결은 선(善)을 기뻐하는 것이다. 왜냐하면 선은 하나님과 일치를 이루는 것이고, 하나님과 정반대의 것인 악을 미워하는 것이기 때문이다. 나의 영혼이 과연 하나님께 열납되었는지 그렇지 않은지, 이 문제를 해결하기 전까지 나는 결코 성경이 정한 성결의 기준에 이르지 못할 것이다. 열납의 문제를 해결해야 비로소 나는 성결을 추구할 수 있다. 하나님이 기뻐하시는 것을 나도 기뻐하며, 날마다 나에게서 그리스도의 형상이 나타나는 것이 성결의 결과이다.

고린도후서에서 율법에 대해서 설명하고 있는 부분을 조금 더 살펴보자. 율법은 사람에게 의를 요구하고자 들어왔다. 사람은 의(義)를 낼 수 없다. 그러므로 사람은 반드시 죽음과 정죄에 처할 수밖에 없다. 마침내 무법하고, 율법을 어기고, 그리스도를 미워한 것으로 사람의 진면목이 드러났을 때, 죄가 십자가에서 최고조에 이르렀을 때, 하나님의 경이로운 은혜가 임했고, 하나님은 십자가를 죄인을 구원하는 수단으로 삼으셨다. 우리 영혼이 자신이 행한 일을 깨닫고 또 하나님께서 그 죄들을 그리스도에게로 옮기시고, 우리가 지은 모든 죄들을 깨끗하게 제거하심으로써 단번에 영원히 해결하신 것을 보게 되면, 그 때 우리 양심은 죽은 행실에서 깨끗하게 되어 살아 계신 하나님을 섬길 수 있게 된다. 나는 하나님이 빛 가운데 계신 것같이, 빛 가운데서 새로운 본성(성품)을 소유한 자가 되고, 실제적인 성결을 이루고 싶은 욕구를 가지게 된다. 왜냐하면 열납의 문제가 해결되었기 때문이다. 나는 하나님께로 성별된 사람이다. 나는 예수 그리스도의 얼굴에 있는 하나님의 영광을 바라보며, 나는 구원받은 사람임을 간증하면서, 성령 안에서 사는 사람으로서 성령으로 행하고자 추구한다. 우리는 구속의 날까지 성령으로 인침을 받았기 때문에 하나님의 성령을 근심하게 해드려서는 안된다(엡 4:30). 우리는 사랑을 받은 자녀같이 하나님을 본받는 자가 되고, 그리스도께서 우리를 사랑하시고 또 우리를 위하여 자신을 버리신 것처럼 사랑 가운데서 행해야 한다(엡 5:1,2). 우리는 우리가 하나님의 자녀라는 의식을 가지고 행해야 하며, 하나님의 자녀라는 신분을 의식하면서 처신해야 한다. 우리는 그리스도의 편지이다. 우리 영혼은 이처럼 충만하고 복된 진리를 받았다. 만일 내가 그리스도 안에 있는 자라면, 나는 하나님 앞에서 완전히 용납된 사람이며, 그리스도께서 내 안에 계신다. 나를 이 자리에서 끌어내릴 수 있는 것은 아무 것도 없다.

마지막으로 이 사실을 생각해보자. 그리하면 여러 가지 어려움이 말끔히 해소될 것이다. 우리는 종종, 인간 세계에서 ABC와 같이 분명히 안다고 생각한 것들도, 하나님의 세계에 들어서면 캄캄한 어둠 속에서 한 줄기 빛을 더듬는 사람처럼 되곤 하는 것을 경험한다. 지금까지 우리가 살펴본 내용들을 다 안다고 생각할 수 있지만, 막상 실제 삶에서 어떻게 적용하고 실천해야 하는가에 대해서는 먹먹할 수 있다. 중요한 사실은, 우리의 의무는 항상 우리가 들어간 신분(위치, 자리)에서 나온다는 것이다. 나의 자녀가 아닌 사람들에게서 그들이 나의 자녀처럼 행동하기를 기대하는 것은 어리석은 일이다. 그들이 나의 자녀라면, 당연히 그렇게 행동해야 한다. 당신이 그리스도인처럼 또 하나님의 자녀처럼 행동하기 이전에 먼저, 그리스도인이 되고 또 하나님의 자녀가 되어야 한다. 자녀처럼 행동하고자 노력한다고 해서 자녀가 되는 것이 아니다. 하지만 당신이 하나님의 자녀가 되면, 당신은 하나님의 자녀로서 행동해야 한다. 자녀의 신분을 얻는 것은 우리의 행동 또는 행실에 달린 것이 아니다.

이제 독자들에게 묻고 싶은 질문은 이것이다. 과연 당신은 모든 사람이 알고 읽는 그리스도의 편지인가? 우리가 속해 있는 사회, 혹은 직장 등에서 과연 우리는 실제적으로 그리스도의 편지 역할을 하고 있는가? 기독교에 대해서 소문을 들어 알고 있는 한 이방인이 있다고 해보자. 그는 진정 모든 그리스도인이 그리스도를 위한 삶을 살고 있다고 기대하고 있다. 하지만 막상 와서 보니, 그리스도인이란 사람들이 돈을 쫓아 살고 있고, 세상의 쾌락과 명예를 추구하고 있다. 그가 그러한 당신의 모습을 본다면, 그는 과연 무어라 말할까? '어째서 그리스도인이란 사람들이 이방인 보다 나은 점이 없는 것인가? 그리스도께 속했다고 하는 사람들이 세상 사람들과 똑같은 것을 쫓아 살고 있지 않은가?' 그러한 사람들은 결코 그리스도의 편지가 아니다. 양심상 이 문제를 생각해보자. '나는 세상 앞에서 그리스도를 천거하는 편지와는 얼마나 동떨어진 사람인가?' 사실상 그리스도의 편지로 사는 것 - 이것은 엄청난 특권이다. 이는 주님이 귀신 들렸으나 정신을 온전하게 해주신 사람에게 말씀하신 것과 같다. "집으로 돌아가 주께서 네게 어떻게 큰 일을 행하사 너를 불쌍히 여기신 것을 네 가족에게 알리라."(막 5:19) 이렇게 하는 것은 우리를 사랑하사 우리를 위해 자신을 내어주신 주님에게 얼마나 영광스럽고 찬송이 되는 일인가! 이 일은 벌레 같은 우리를 통해서 영광스러운 주님을 세상 앞에 드러내는 매우 실제적이고 명백한 간증인 것이다.

# 제 3부
영적 해방의 진리

## 제 11장 그리스도의 영광의 복음

고린도후서 3장에서 사도 바울은 하나님의 영광을 가리는 수건이 더 이상 없다고 진술한다. 만일 무언가 가리는 것이 남아있다고 할 것 같으면, 그것은 우리 마음과 영혼에 덮개를 씌울 것이다. 이것은 엄중한 진리이다. 모든 영광이, 하나님에게 속한 모든 영광이 예수님의 얼굴에서 빛나고 있다. 하나님 편에선 더 이상 수건이 없다. 수건은 오히려 우리에게 있다. 우리는 고린도후서 4장에서 이러한 내용을 볼 수 있다. 즉 "만일 우리의 복음이 가리었으면 망하는 자들에게 가리어진 것이라 그 중에 이 세상의 신이 믿지 아니하는 자들의 마음을 혼미하게 하여 그리스도의 영광의 복음의 광채가 비치지 못하게 함이니 그리스도는 하나님의 형상이니라."(고후 4:3,4) 여기서 말하는 복음은 단순히 영광스러운 복음이 아니라, 그리스도의 영광의 복음이다. 만일 당신이 그리스도의 영광을 보지 못하고 있다면, 그것은 당신 마음에 수건이 덮고 있기 때문이다. 그래서 사도 바울은 "우리가 다 수건을 벗은 얼굴로 (즉 수건을 벗고) 거울을 보는 것 같이 주의 영광을 보매 그와 같은 형상으로 변화하여 영광에서 영광에 이르니 곧 주의 영으로 말미암음이니라."(고후 3:18)고 말하고 있다. 당신도 당신 마음을 덮고 있는 수건을 벗어 버리면 주의 영광을 보게 될 것이다. 당신이 보게 될 것은 그리스도 안에서 나타난 하나님의 영광이다.

이제 그리스도인이란 누구이며, 그리스도인이 이 세상에서 차지하고 있는 자리는 무엇이며, 또 그리스도인은 어떻게 세상을 살아가야 하는지 살펴보자. 사도 바울은 이 모든 내용을 율법과 대조해서 설명하고 있다. 고린도교회 성도들은 바울의 사도권을 의심했다. 그들은 바울이 선택받은 열 두 사도 가운데 들지 못했다고 주장했다. 그 결과 고린도교회 성도들은 영적으로 나쁜 상태에 떨어지게 되었고, 이제 바울의 서신을 통해서 바른 상태로 회복되고 있었다. 바울은 그들을 향하여 자신의 입이 열리고 또 자신의 마음이 넓어졌노라고 말할 수 있었다(고후 6:11). 바울은 그들에게 자신이 가진 사도권을 입증하는 많은 표적들을 제시했다. 어찌 보면 그것은 필요치 않은 일이었다. 바울은 다른 사람들처럼 천거서가 필요하지 않았다. 왜냐하면 그들 자신이 모든 사람들이 알고 읽는 바울의 편지였기 때문이다. 그들은 바울 사역의 진실성을 증거하는 증인들이었다. 그들은 바울이 사역한 결과로 나타난 그리스도의 편지였으며, 잉크로 쓴 것이 아니라 오직 살아계신 하나님의 영으로 쓴 것이며, 또 돌 판에 쓴 것이 아니요 오직 육의 마음 판에 쓴 것이었다(고후 3:1-3). 그렇다면 그리스도인은 그리스도의 편지가 된 사람이다. 세상 사람들이 그리스도를 읽을 수 있는 사람인 것이다. 왜냐하면 그리스도께서 성령을 통해서 그 마음에 각인되었기 때문이다. 우리가 기억해야 할 것은, 그리스도인은 이러 해야 한다는 것이 아니라 바로 이러한 사람이다는 것이다. 따라서 신자는 행실에 있어서 이러한 특징을 나타내든지 그렇지 않든지 둘 중 하나이다. 어린아이는 그가 합당한 행실을 하든 그렇지 않든, 어린아이이다. 그리스도인은 모든 사람이 읽는 그리스도의 편지이다. 율법이 돌 판에 새겨진 것이 사실인 것처럼, 그리스도의 편지인 것이 그리스도인의 자리라는 것 또한 사실이다. 우리는 이 사실을 깨달아야 한다. 게다가 주의 영광을 벗은 얼굴로 보게 되면, 우리는 그와 동일한 형상으로 변화된다. 우리는 그 가운데서 자라게 될 것이다. 이것이 바로 영광에서 영광에 이르는 길이며, 또한 성령으로 되는 것이다. 이것이 율법과는 대조를 이루는 그리스도인의 특징이다. 율법은 첫 사람 아담에게 속한 사람들에게 무엇을 해야 하는지를 보여준다. 그리스도인은 살아 계신 그리스도의 편지이다. 성령님이 우리 마음에 그리스도를 새기시며, 이 후에 우리의 삶 가운데 그 사실이 현실적으로 나타나게 하신다.

율법과 복음 사이에는 엄청난 차이점이 있다. 바울은 율법을 사망과 정죄의 직분이라고 불렀고, 복음을 영의 직분과 의의 직분으로 불렀다. 이것이 우리가 지금 살펴보고자 하는 내용이다. 모세가 처음 돌 판을 받고 산에서 내려왔을 때에는 그의 얼굴에 영광이 나타나지 않았다. 모세는 처음에 받은 돌 판을 이스라엘 진으로 가져오지 않았다. 모세는 백성들이 부패하여 행한 일에 대해서 들었고, 하나님이 그들을 진멸하고 그를 큰 나라가 되게 하리라는 말씀을 들었을 때, 그는 하나님의 크신 이름을 위하여 하나님께 간구했다. 하지만 모세가 산에서 내려와 그 송아지와 그들이 춤추는 것을 보았을 때, 그는 그 돌 판들을 산 아래로 던져 깨뜨려 버렸다. 모세가 어찌 십계명 가운데 그 첫 번째 계명부터 어긴 백성들에게로 하나님의 율법을 가져올 수 있었겠는가? 이스라엘 백성에 대한 징치에 대해서 모세가 주님께 간청했을 때, 주님은 백성들의 죄를 용서해주셨다. 모세가 죄에 대해서 속량을 할 수 없었기 때문에, 그들은 다시 율법 아래 놓이게 되었다. 이제 범죄하는 그 영혼은 죽을 것이다. 그리고 나서 모세는 처음과 같은 두 개의 돌 판을 다시 받았고, 자신에 대한 하나님의 은총을 확인했으며, 하나님의 영광을 볼 수 있게 해달라고 간구했다. 하지만 이 일은 가능하지 않았다. 대신 하나님의 선한 것이 모세 앞으로 지나가게 하고, 하나님의 은혜로운 이름을 그 앞에 선포하신 후, 하나님은 그들을 다시 율법 아래 넣으셨다. 하나님은 자신을 악과 과실과 죄를 용서하시지만 그러나 벌을 면

제 11장 그리스도의 영광의 복음 255

제하지는 아니하시는 분으로 선포하셨다(출 34:7). 이 일 후에, 모세는 산에서 내려왔다. 하나님과 얼굴을 맞대고 면담을 한 관계로 모세의 얼굴에선 광채가 났고, 백성들은 이러한 주의 영광의 반영조차도 눈을 뜨고 볼 수 없었다. 그래서 모세는 수건으로 자신의 얼굴을 가렸다. 여기서 우리는 하나님께서 자신의 백성들을 자비로 대하시지만, 이스라엘 백성들은 완전한 속량을 받을 수 없었다는 것을 배우게 된다. 구원자에 대한 약속은 처음부터, 즉 에덴 동산에서부터 주어졌다. 어쨌든 이러한 속량을 이룰 수 있는 분은 오직 한 분만이 계신다. 하나님의 모든 선하심에 대한 계시에도 불구하고 결정적으로 결핍된 한 가지 요소는, 바로 범죄한 자에게 벌을 면제하지 않으신다는 것이었다. 따라서 범죄한 이스라엘 백성들은 수건으로 얼굴을 가려달라고 요청했고, 오늘날까지 이 수건이 그들의 마음을 덮고 있다. 하지만 그들이 주님에게로 돌아간다면, 이 수건은 사라질 것이다. 율법은 여러 무수한 희생 제사들이 온전한 하나의 어린양을 예표하고 있다는 사실을 가리킬 뿐이었고, 이스라엘 백성들은 그 예표들이 상징하고 있는 실체를 볼 수가 없었다. 하지만 수건은 그리스도 안에서 사라지도록 되어 있었다. 우리를 향한 하나님의 생각에 있어서 더 이상 수건은 없다. 비록 이 세상 신이 수건으로 사람의 마음을 여전히 가리고자 하고 있지만, 하나님 편에서 가리고 있는 것은 없다. 왜냐하면 영광의 복음을 통해서 이 수건이 제거되었기 때문이다.

우리는 두 가지 위대한 원리를 따라서 행하시는 하나님을 볼 수 있다. 바로 율법과 은혜이다. 율법은 하나님께서 사람으로 하여금 무엇을 해야 하는지에 대한 요구이다. 율법은 하나님께서 하나님과 사람 사이에 지켜야 할 모든 관계를 적어 놓은 것이다. 의무 사항들은 율법을 주시기 전에도 있었지만, 율법은 규칙으로서 의무사항을 확정한 것으로서, 그에 대한 하나님의 명백한 승인이 첨부되었다. 율법이 왔고, 사람으로 하여금 순종할 것을 요구했다. 우리 주님은 전체 율법을 두 문장으로 정리하셨다. "네 마음을 다하고 목숨을 다하고 뜻을 다하여 주 너의 하나님을 사랑하라." 그리고 "네 이웃을 네 자신 같이 사랑하라." 율법이 왔고, 사람이 마땅히 해야 할 일을 요구했다. 율법은 생명도 능력도 자유도 주지 못했고, 게다가 동기 부여도 할 수 없었다. 율법은 범죄한 사람에게 벌을 면제해주지도 못했고, 하나님이 항상 자기 백성들을 도우심에도 불구하고 율법은 아무 도움도 주지 못했고 힘도 보태지 못했다. 율법이 할 수 있는 일이라곤, 다만 순종을 요구하는 것이었다. 사람은 죄인으로서 거룩한 율법에 순종할 능력이 없었다. 율법은 사망과 정죄의 직분이었다. 율법에는 은혜가 없고, (이 둘은 서로 대적하고 있다.) 다만 하나님의 은혜가 개인들을 다루고 있었다. 율법은 사망과 정죄의 직분을 이룰 뿐이었다. 왜냐하면 율법은 사람이 마땅히 해야 할 일에 대한 하나님의 요구였지만, 사람은 그렇게 할 수 없었기 때문이다. 만일 사람의 마음이 하나님을 향해 작동하고 있지 않다면,

율법은 그를 그리 많이 괴롭히지 않을 것이다. 그는 자신이 그리 나쁜 행실을 하지 않았다고 생각할 것이다. 그는 자기 이웃보다 그리 나쁜 사람도 아니다. 그는 그다지 큰 죄를 지은 것 같지도 않다. 뿐만 아니라 그는 하나님이 긍휼에 풍성하신 분이라고 말한다. 이는 그가 자신의 필요를 채우는 것은 매우 적은 긍휼만으로 족하다고 확신하기 때문이다. 그럼에도 모든 사람의 마음 중심에는 자신이 죄를 지었다는 생각이 자리하고 있다. 그는 상당히 유유자적해 하며, 자연적 양심이 작동하는 한 평상심을 유지한다. 이 상태는 아직 심장과 폐부를 감찰하시는 하나님의 눈을 의식하지 못하고 있는 상태이다. 율법이 "네 이웃을 네 몸과 같이 사랑하라."고 말할 때, 우리는 즉시 죄를 의식하게 된다. 우리는 그렇게 이웃을 사랑한 적이 없다는 것을 알고 있다. 누가 자기 몸을 아끼고 사랑하듯이 자기 이웃을 생각하며 고민하는 사람이 있는가? 하지만 만일 우리가 그처럼 작은 율법의 하나의 조항이라도 하나님의 계시처럼 받게 된다면, 우리는 즉시 완전한 정죄를 받게 될 것이다. 이는 어느 육체라도 당당히 하나님 앞에 서 있을 수 없기 때문이다. 이제 두 가지 중 하나의 일이 일어나게 된다. 당신은 에덴 동산의 아담처럼 하나님의 낯을 피하여 숨거나, 아니면 이스라엘 백성들이 모세에게 수건으로 얼굴을 가려 달라고 요청했던 것처럼, 당신을 바라보고 계신 하나님께 얼굴을 돌려 달라고 간구할 것이다. 이는 사람이 만일 하나님의 모습을 한번만 보기만 해도, 그는 욥처럼 "내가 눈 녹은 물로 몸을 씻고 잿물로 손을 깨끗하게 할지라도 주께서 나를 개천에 빠지게 하시리니 내 옷이라도 나를 싫어하리이다."(욥 9:30,31)라고 말할 것이기 때문이다. 이전에 나 자신에 대한 생각이 어떠했든지, 나는 하나님의 눈 앞에서 나 자신의 실상을 보고 있다. 그렇다면 나는 개천에 빠졌다가 막 건져낸 사람, 즉 너무도 더럽고 부정한 사람과 같이 보게 될 것이다. 율법 아래서 우리 영혼은, 하나님을 향해 우리 양심이 작동하지 않았을 때 제대로 보지 못했던 모든 것들을 이제야 제대로 보게 될 것이다. 하나님의 존전 앞에서 서있을 수 있는 사람은 아무도 없다. 우리 마음 속 깊은 곳에 숨겨져 있던 정욕이 이제야 보이기 시작한다.

율법의 원리는, 하나님이 나를 위해 하신 일에 기초해서 내가 하나님을 위해 무엇을 해야 하는가를 말하고 있다. 하지만 하나님은 내가 죄인임을 드러내신다. 왜냐하면 율법에 의해서 죄를 깨닫기 때문이다. 율법은 무엇보다 사망과 정죄를 가져온다. 율법은 우리에게 평강을 주지 않는다. 율법은 은혜가 아니다. 율법은 주님이 나를 위해서 무엇을 하시는가를 말하지 않고, 내가 주님을 위해 무엇을 해야 하는가를 말한다. 나는 율법 아래서 십자가를 바라보게 된다. 나는 십자가에서 나를 향한 완전한 사랑이 나타난 것을 보고, 내 마음을 들여다보고 또 하나님의 사랑에 대한 미력한 반응이 있는 것을 보면서, 과연 내가 하나님을 전적으로 사랑하고 있는지 의심하기 시작한다. 하나님 사랑하는 것을 갈망하는 것은 옳은 일이다. 하지만 이것이 복음은 아니다. 이런 식으로는 결코 평안을 얻을 수 없다. 율법은 당신의 행실에 기초해서 당신을 둘러싼 관계를 설정하게 만들기 때문에 혼돈을 준다. 마치 자녀가 자신이 과연 아버지의 자식인지 아닌지를 의심하기 시작함으로써 가족 관계에 혼돈을 느끼는 것과 같다. 이렇게 물을 수 있을 것이다. "과연 나는 관계에 합당하게 행동하고 있는가?" 이것은 내가 자녀인지 아닌지를 묻는 것이 아니다. 이것은 상당히 미묘한 형태이긴 하지만, 모두가 율법에 속한 것이다. 나는 여전히 하나님이 나를 위하신다는 생각이 아니라, 내가 하나님을 위해서 무엇인가 행한 것을 통해서 평안을 얻고자 하고 있다. 이것은 아직 평강을 발견하지 못한 그리스도인의 상태를 보여준다. 아버지를 멀리 떠난 탕자처럼, 자신을 아버지의 품꾼 중 하나로 받아주기만을 바라는 상태이다. 그가 아버지의 품 속에 안겼을 때, 그런 말은 필요 없었다. 그는 아버지와 자신의 관계를 비로소 알게 되었다. 이전에 그가 아버지와의 관계에 대해 생각했던 것은 아버지가 그에 대해 생각한 것과 달랐다. 누가복음 15장에 있는 처음 두 개의 비유에서, 우리는 잃어버린 것(양, 드라크마)을 찾는 은혜와, 돌아온 탕자를 맞이하는 은혜를 볼 수 있다. 주님은 주님의 마음에서 시작된 은혜의 역사가 어떻게 진행되어 가고 있는지, 그리고 영혼들은 얼마나 자주 율법의 원리에 기초해서 행동하며, 또 자신들이 되고 싶다고 하는 생각하는 사람과는 얼마나 다르게 말하고 행동하는지를 보여주셨다.

만일 그들이 하나님을 사랑한다면, 이것은 자신의 속을 들여다 보도록 해주었을 것이며, 그들 자신의 마음 속에서 사랑의 흔적을 찾아볼 수 없을진대, 그들은 과연 하나님이 자신들을 사랑하는지 의심하기 시작했을 것이다. 이러한 것이 더욱 교묘한 형태의 율법이다. 하지만 여전히 율법의 원리는 같다. 나를 위하시는 하나님을 바라보는 대신에 하나님을 위하는 나를 바라보는 것이다.

이제 영광의 복음에 대해서 생각해보자. 율법을 깨뜨린 세상에 하나님은 은혜로 임하셨다. 예수님이 오시기 전에는, 하나님은 사람에게 다가오실 수 없었고 사람도 하나님께 가까이 갈 수 없었다. 하나님은 사람에게 율법과 약속을 주셨지만, 사람에게 가까이 오실 수는 없었다. 이제 우리 앞에 놓인 가장 위대한 사실은 하나님이 오셨다는 것이다. "말씀이 육신이 되어 우리 가운데 거하시매"(요 1:14) 사람이 하나님의 임재 속으로 들어갈 수 있는 길이 열렸다. 이것은 사람이신 그리스도 덕분이다. 그리스도는 선두주자처럼, 우리를 위해서 휘장 안으로 들어가셨다. 나는 우선적으로 하나님께서 그 영광의 완전한 나타남 가운데서가 아니라 완전한 선하심 가운데 오셨다는 것을 볼 수 있었다. 우리가 죄인되었을 때, 우리가 율법을 깨뜨렸을 때, 그리스도께서 오셨다. "하나님이 세상을 이처럼 사랑하사 독생자를 주셨으니"(요 3:16) 우리는 이 땅에 오시고 사신 우리 주님의 삶을 통해서 순수한 사랑의 나타남을 볼 수 있다. 주님이 일으키신 표적은 능력의 나타남일 뿐만 아니라, 사람 속에 있는 모든 결핍을 충족시키는 권능으로 가득한 사랑의 나타남이었다. 주님은 죄가 가진 모든 효력을 제거하셨다. 주님은 완전한 선하심 가운데 임하신 하나님의 나타남이었다. 그 결과는 사람이 주님의 얼굴에 침을 뱉고, 그분을 거절하는 것으로 나타났다. 우리가 늘 기억해야 하는 사실은 이렇다. 즉 주님은 은혜로 이 세상에 오셨지만 세상은 하나님을 거절했으며, 우리는 여전히 그 세상에 살고 있다는 것이다! 세상은 그 때 만큼이나 지금도 여전히 악하다. 세상은 더 이상 하나님과 아무 관계가 없다. 영혼들은 그 당시 사람들만큼이나 본질상 하나님을 가까이 하지 않는다. 사실, 우리 주변을 둘러보면, 모든 것이 그 당시 만큼이나 악한 상태에 있음을 볼 수 있다. 죄는 최고의 절정에 다다랐다. 사람을 에덴동산에서 추방하신 하나님이 이제 세상에 오셨다. 그리고 사람들은 그 하나님을 추방시켰다. 예수님은 친히 이렇게 말씀하셨다. "내가 아무도 못한 일을 그들 중에서 하지 아니하였더라면 그들에게 죄가 없었으려니와 지금은 그들이 나와 내 아버지를 보았고 또 미워하였도다."(요 15:24) 주님은 선하심 가운데 이 세상을 사셨고, 마귀에게 눌린 모든 사람들을 치유해주셨다. 이는 하나님께서 함께 하셨기 때문이다. 하나님의 아들께서 이 세상에 계셨고, 세상에게 배척을 당하셨다. 하나님은 우리가 아직 죄인되었을 때에 그 아들의 위격 안에서 자신을 우리에게 계시해주셨다. 하나님은 그리스도의 생애를 통해서 자신의 완전한 거룩을 보여주셨다. 이러한 거룩성은 가난한 문둥병자가 예수님께 나아왔을 때 참으로 놀랍고도 감동적인 방식으로 나타났다. 주님은 죄인들과 함께 계셨지만 그들로 인해서 더럽힘을 받지 않았다. 다만 거기에 완전한 사랑이 함께 하고 있었다. 이제 그분의 능력을 알지만 그분의 사랑에 대해선 의심하는 한 사람이 있다. 주님의 대답은 무엇이었는가? 주님은 그를 책망하셨을까? 그렇지 않다. 주님의 대답은 이랬다. "내가 원하노니 깨끗함을 받으라."(마 8:3) 그리고 주님은 손을 내밀어 그에게 대셨다. 문둥병자를 만지신 주님은 문둥병자처럼 더럽혀지지 않았다. 그리스도는 사람과의 접촉에 의해서 더럽힘을 받지 않았고, 오히려 은혜로 그들을 깨끗하게 해주셨다. 이것은 그야말로 죄를 제거하는 매우 감동적인 신적인 능력의 나타남이었다. 이것은 하나님의 은혜가 무엇인지를 보여주는 매우 아름다운 그림이었다. 주님은 그러했으나, 사람들은 그분을 거절했다. 이러한 행동을 통해서 죄가 완전히 그 모습을 드러내었다. 왜냐하면 죄는 선을 베푸시는 하나님을 거절하는 것이었기 때문이었다. 하지만 하나님은 사람의 죄가 저지를 수 있는 최고의 행동을 오히려 사람의 구원을 위한 기회로 삼으셨다. 그리스도는 세상 죄를 제거하는 하나님의 어린양이셨다. 여기서 우리는 십자가를 보게 된다. 십자가 사역은 이루어졌다. 십자가는 사람 편에서 저지를 수 있는 최고 최상의 악의 표현이자, 그 악의 성취였다. 하지만 하나님은 그 십자가를 은혜의 최고 최상의 나타남이 되도록 하셨다. 나는 그처럼 죄가 나타난 곳에서 하나님의 의가 나타난 것을 보았을 뿐더러, 하나님이 완전히 영광을 받으신 것을 볼 수 있었다. 사탄의 모든 권세는 십자가에서 무너졌다. 십자가는 가련한 죄인들에게 하나님의 완전한 사랑이 나타나게 하는 도구였다. 죄가 넘친 곳에 은혜는 더욱 넘쳤다. 그래서 성경은 "한 사람이 모든 사람을 대신하여 죽었은즉 모든 사람이 죽은 것이라."(고후 5:14)고 말한다. 만일 당신이 그리스도께 나아오지 않는다면, 당신은 그리스도 보다는 다른 것들을 더 사랑하고 있는 것이다. 여기엔 당신이 엄중히 생각해야 할 것이 있다. 당신이 대답해야 하는 중요한 질문이다. "당신은 어디서 영원을 보낼 것인가?" 이것은 우리가 살아 생전에 대답해야 할 질문이다. 사람들은 영원에 대해서 생각해보라고 하면, 움츠러들기 마련이다. 하나님에 대한 불순한 생각이 있는 곳마다 영원을 부정할 뿐더러, 영원에 대한 희망도 존재하지 않는다.

내가 지은 죄들이 그리스도를 십자가에 못 박았다는 지식을 가지고 십자가로 나아가면, 나는 거기서 그리스도를 발견할 수 있을까? 그렇지 않다. 내가 십자가로 나아간다 해도 거기서 그리스도를 발견하지 못한다고 할 것 같으면, 나의 믿음은 그리스도께서 어디에 계신 것으로 보아야 하는가? 나는 내가 지은 죄들이 그리스도를 십자가에 못 박았음을 알고 있을 뿐만 아니라 나의 믿음은 이제 하나님의 우편에 계신 그리스도를 본다. 그것이 바로 복음을 영광의 복음이라고 부르는 이유이다. 이는 그리스도께서 나를 위해서 하늘에 들어가셨기 때문이다. 그리스도는 지금 하나님 우편에 앉아 계신다. 하지만 그리스도는 그곳에서 내가 지은 죄들을 지고 계신 것이 아니다. 그렇지 않다. 그리스도께서 그곳에 앉아 계신 이유는, 나의 모든 죄가 영원토록 깨끗하게 되었기 때문이다. 하나님은 죄들을 위한 한 번의 제사로 거룩하게 된 자들을 영원히 온전케 하셨다(히 10:14). 나 자신의 일들을 회계하고자 하면, 나는 누구를 심판자로 만나는 것인가? 친히 나의 모든 죄들을 감당하신 분이다. 한 영혼이 은혜 위에 굳게 서있다면, 그리스도의 심판대만큼 안심되는 일도 없을 것이다. 왜냐하면 내가 그리스도의 심판대에 서게 될 때, 그때에 나는 이미 주님과 같은 영광스러운 몸으로 변화되어 있을 것이기 때문이다. 주님은 다 이루었다고 말씀하셨고, 나를 심판하실 분은 나의 모든 죄들을 대신 지신 분이시다. **영광의 복음은 내가 지은 모든 죄들을 대신해서 죽으신 분이 나의 모든 죄들을 영원히 제거하신 후, 영광 가운데 계신다는 기쁜 소식이다. 그것이 바로 영광의 충만성 가운데 복음이 시작되는 지점이다. 영광의 복음은 그리스도께서 하나님 우편에 앉으시고, 그 결과 성령님이 강림하기까지 시작되지 않았다.** 성령님이 오신 이후 제자들은 성령의 능력을 힘입어 복음을 전하러 나갈 수 있었다. 나의 모든 죄들을 감당하신 분을 하나님 우편에 앉게 한 것은 하나님의 공의이다. 이제 그리스도는 나의 모든 죄들을 제거하셨기 때문에 그곳에 앉아 계신다. 그 모든 죄들을 제거하심으로써 하나님을 영화롭게 했다. 그것이 바로 성령의 직분이다. 성령님은 이 모든 일을 이루시고 하나님의 우편에까지 높임을 받으신 그리스도에 대한 복음을 증거하신다. 나는 영광 중에 계신 사람이신 그리스도를 본다. 그 선두주자께서 나를 위해서 영광에 들어가셨다. 우리는 이처럼 경이로운 역사와는 아무 상관이 없었다. 어쩌면 우리는 우리가 지은 죄들과 그분을 죽음으로 몰아넣은 우리의 미움으로 그 일에 관여했는지 모르겠다. 그리스도는 죽으셨고, 하나님은 그분을 영광의 자리에 앉게 하셨다. 왜냐하면 그리스도는 하나님을 완전하게 만족시켜드리는 일을 이루셨기 때문이다. 요한복음에 보면, 성령님은 의에 대해서 세상을 책망하신다. 왜냐하면 그리스도께서 아버지께로 가셨기 때문이다. 이제 그리스도는 영광 가운데 그곳에 앉아계신다. 왜냐하면 십자가 사역이 완성되었고, 모든 믿는 자들의 모든 죄가 영원히 사해졌기 때문이다. 성령님은 죄에 대해서 세상을 책망하신다. 왜냐하면 그리스도를 십자가에 못 박은 것은 나의 죄이기 때문이다. 십자가에서 그리스도는 모든 죄를 감당하셨고, 하나님의 공의를 온전히 만족스럽게 충족시켜 드렸다.

율법은 생명을 줄 수 없다. 율법은 다만 죄를 책망할 뿐이다. 십자가 사역은 하나님과 그리스도 사이에서 이루어졌다. 죄에 대한 총체적인 문제가 해결되었고, 이제 그리스도께서 하나님 앞에서 나의 의로움이다. 하나님의 의로움, 즉 하나님의 공의가 나의 모든 죄를 해결하신 사람이신 그리스도를 하나님 우편 영광의 자리에 앉게 하는 것으로 나타났다. 이제 성령님이 오셔서 나에게 말씀하신다. "그대는 하나님을 위한 의를 가지고 있는가?" 그렇다면 나는 더욱 거룩하게 되려고 애쓴다. 거룩을 추구하는 것, 그 자체만으로는 옳은 것이다. 하지만 율법을 통해서 거룩을 추구하는 것은 결코 평안에 이르는 방법이 될 수 없다. 하지만 이제 나는 율법이 아니라 복음을 통해서 그리스도 안에서 거룩한 의(divine righteousness)를 가지고 있고, 그 의(義)가 나로 하여금 (언제라도) 영광에 들어가기에 합당한 자격을 준다는 것을 알게 되었다. 하나님의 성령으로 인도함을 받는 사람, 바로 그들이 하나님의 아들들이다. 그리스도의 십자가는 단지 내가 지은 죄의 삯을 갚은 것으로 끝난 것이 아니라, (물론 그것은 사실이다. 따라서 이 땅에 사는 동안 나는 죄와는 아무 상관도 없는 것처럼 지낼 수 있게 되었다.) 나로 하여금 그리스도의 죽음에 연합한 자가 되게 하고 생명의 성령의 법이 죄와 사망의 법에서 나를 해방시키신 결과, 하나님이 나를 그리스도와 함께 하는 후사가 되게 하는 도구였다. 이제 나는 나를 데리러 오실 그리스도, 자신이 들어간 그 영광 가운데 영원히 함께 하도록 나를 영접하실 그리스도를 소망하면서 이 땅에서 살아간다.

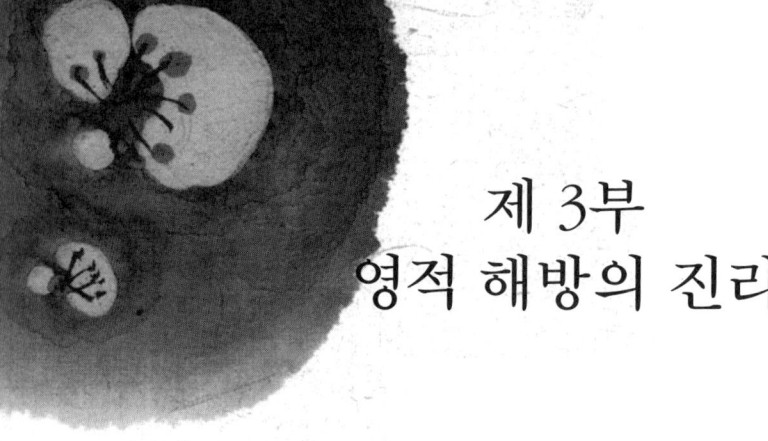

# 제 3부
# 영적 해방의 진리

## 제 12장 성결과 영적 해방

완전(完全)에 대해서 생각해보자. (그리스도인의) 완전은 불가능하다. 왜냐하면 우리 속에 있는 육신은 결코 변하지 않기 때문이다. 그것이 사실이긴 해도, 그리스도 피의 가치를 생각해볼 때, 피가 우리를 성결하게 해주기 때문에 우리는 지속적으로 완전한 성결을 유지할 수 있다. 우리는 성결하지 않기 때문에 피의 성결하게 하는 효력을 지속적으로 받을 필요가 있다. 하지만 이 사실이 모든 것을 해결해주지는 못한다. 우리가 정말로 필요로 하는 것은 성결 보다는 능력이다.

그리스도의 피는 모든 복의 근거 또는 토대이다. 하지만 그리스도의 피는 사실 능력이 아니라 양심과 직접적으로 연결되어 있다. 왜냐하면 피만이 우리가 지은 허물과 죄의 송사를 잠재울 수 있기 때문이다. 깨끗하지 못하다는 생각이 들고 양심의 송사가 일어날 때 피는 즉시 효력을 발휘한다. 피에는 하나님과의 관계를 회복시켜주고 또 다시금 정결한 상태에 넣어주는 충분한 능력이 있다. 이제 우리는 죄(sin)의 권세로부터의 해방과 성결 사이에 놓인 차이점이 무엇인지 진지하고도 솔직한 관심을 기울일 필요가 있다. 왜냐하면 구속에 대한 바른 이해를 통해서 해방을 경험할 때까지, 우리 속에 죄가 거하고 있다는 것과 완전한 순결에 이르지 못했다는 인식이 우리를 괴롭힐 것이다. 이는 우리 양심과 우리 자신이 하나님께 완전히 열납되고 있다는 인식이 서로 연결되어 있기 때문이다. 내 속에 죄가 거하고 있다는 생각과 나 자신이 완전한 순결에 이르지 못하고 있다는 생각이 들 때만이 영적 해방의 필요성을 절감하게 된다. 평범한 그리스도인을 생각해보자. 그는 인정하지 않을지 몰라도, 사실상 감정에 기초한 신앙생활을 하고 있다. 그는 곧 죄에 빠질 것이다. 이것은 분명한 사실이다. 만일 우리가 죄 없다 하면 우리 자신을 속이고 진리가 우리 속에 있지 아니할 것이다. 사실상 우리 모두는 많은 죄를 짓는다.

이제 요한일서 1장을 보자. 죄를 짓는 문제를 다루면서, 사도 요한은 이것을 과거시제로 말하고 있다. "만일 우리가 범죄하지 아니하였다 하면 하나님을 거짓말하는 이로 만드는 것이니 또한 그의 말씀이 우리 속에 있지 아니하니라."(요일 1:10) 죄(sin)에 대해서 말할 때, 이것은 현재 시제이다. 따라서 성경은 "우리가 죄 없다고 말하면"이라고 말한다. 반면 죄를 짓는 것(sinning)에 대해서 말할 때, 이것은 과거 시제이다. 그래서 "우리가 죄를 범하지 않는다고 말하면"이 아니라 "우리가 범죄하지 아니하였다 하면"이다. 이것은 그저 우리는 죄를 지을 수밖에 없는 존재라는 결론을 내리려는 것이 아니다. 오히려 그리스도는 "내 은혜가 네게 족하도다 이는 내 능력이 약한 데서 온전하여짐이라"(고후 12:9)고 말씀하셨다. 게다가 성경은 "하나님은 미쁘사 너희가 감당하지 못할 시험 당함을 허락하지 아니하시고 시험 당할 즈음에 또한 피할 길을 내사 너희로 능히 감당하게 하시느니라."(고전 10:13), "내게 능력 주시는 자 안에서 내가 모든 것을 할 수 있느니라."(빌 4:13)고 말하고 있다.

우리 속에 육신이 존재한다는 사실이 나쁜 양심을 정당화시키지 못한다. 그렇기 때문에 우리는 좋은 양심을 가져야 한다. 왜냐하면 육신이 항상 내 속에 있기 때문이다. 이 사실 때문에 하나님이 신자인 나에게 죄에 대한 책임을 물으시지는 않는다. 왜냐하면 그리스도께서 우리의 모든 죄들을 담당해주셨기 때문이다. 죄 사함은 과거의 죄나 혹은 미래의 죄, 어느 한 쪽만 해결하지 않았다. 사실 그리스도는 미래의 죄들까지도 감당해주셨다. 우리 양심에 영향을 미치는 것은 항상 과거의 죄들이다. 하지만 더 중요한 것은, 하나님의 능력에 의해서 죄가 더 이상 나에게 작용하지 않는 상태에 들어가는 것이다. 그렇다고 해서 항상 그럴 수 있다고 말할 의도는 없다. 다만 하나님은 신실하셔서 우리가 감당하지 못할 시험 당하는 것을 허락지 아니하실 것을 믿을 수 있다. 만일 주 예수님의 죽으신 것을 내 몸에 짊어 진다면, 내 속에는 그리스도의 생명만이 역사할 것이다. 그럼에도 게으른 생각이 내 영혼에 있다면, 나는 결코 핑계할 수 없게 된다. 은혜는 여전히 그리스도의 중보사역을 통해서 역사하고 있다. 하지만 나 자신이 육신으로 하여금 행동하도록 허락했다면, 나는 그것에 대해서 결코 핑계할 수 없다. 그리스도를 가까이서 충성스럽게 따른다면, 육신은 활동할 수 없을 것이다. 그리스도로 점령을 당한다면, 악은 내 생각 속에 자리를 잡지 못할 것이다.

한 어머니가 있다고 생각해보자. 그녀는 자기 자녀들이 철로에서 놀고 있다는 말을 들었다. 이 소식을 듣고 놀란 마음에 그리로 달려간다. 과연 길을 가는 동안 길에서 일어나는 일들에 관심을 보일 것 같은가? 그렇지 않을 것이다. 다른데 신경쓸 겨를이 없다. 그 전에는 좋은 옷을 입고, 화장품을 고르는데 많은 신경을 썼다. 그렇게 세상에는 그녀의 관심을 끌만한 것들이 많이 있었다. 하지만 이제는 그러한 것들이 그녀의 관심을 끌지 못한다. 그녀의 눈에는 그러한 것들이 들어오지 않는다. 따라서 만일 그리스도께서 당신의 생각을 사로잡고 있다면 유혹의 99%는 쉽게 이길 수 있다. 만일 우리가 그리스도로 충만해있다면 게으른 생각이 들어올 여지가 없을 것이고, 사탄이 우리를 둘러싸고 있는 세상에 속한 것들로 우리를 시험한다 해도 그는 실패할 수밖에 없다.

만일 우리가 실패한다면, 이것은 피를 사용해서 죄를 제거하는 문제가 아니다. 오히려 물을 사용해서 우리 영혼을 회복시키는 문제이며, 그리스도께서 변호인으로서 중보하시는 은혜를 입는 문제이다. 요한복음 13장에 보면, 그리스도는 대야에 피가 아니라, 물을 떠오셨다. 만일 나의 발이 더럽혀지지 않았다면, 나는 요한복음 13장의 물이 필요치 않을 것이다. 하지만 우리의 발은 자주 더럽혀지기 때문에, 하나님의 성령께서는 나의 양심에 피가 아니라, 말씀의 물을 사용하신다. 여기서 물은, 하나의 상징으로서, 성령의 능력을 통한 말씀의 적용을 가리킨다. 그리스도는 우리를 하늘에 합당한 사람으로 만드셨기 때문에, 필요가 있을 때마다 우리의 회복을 위해서 말씀을 가지고 역사하신다.

육신의 존재 자체가 하나님과의 교통을 막지 못하지만, 그럼에도 방해할 수는 있다. 요한일서 1장에 보면 사귐 혹은 교통은 같은 단어이다. 그리고 사귐은 게으른 생각에 의해서 막힐 수 있다. 그 순간 모든 것이 방해를 받게 된다. 하나님은 그런 사람과는 교통하실 수 없다.

이 사실과 연관해서 생각해볼 때, 그리스도께서 우리의 죄들을 위해서 죽으신 것과 우리가 그리스도와 함께 죽은 것은 전혀 다른 문제이다. 이것은 전적으로 별개의 사안이다. 우리는 우리가 그리스도와 함께 죽었다는 사실을 깨닫고, 그 사실에 감추인 능력을 경험하면서 살도록 부르심을 받았다. 만일 우리가 그리스도와 함께 죽었다면, "너희 자신을 죄에 대하여는 죽은 자요 그리스도 예수 안에서 하나님께 대하여는 살아 있는 자로"(롬 6:11) 여기면 된다. 여기서 내가 더하고 싶은 말은, 이것은 내가 특정한 순간에 죽었고 또 믿음을 통해서 이 상태에 들어왔다는 것을 알게 되는 것이 아니라, (물론 모든 진리는 믿음을 통해서 배운다) 내가 그리스도의 죽음 안에서 이미 죽어 있다는 진리를 배우는데 있다. 이것이야말로 그리스도인으로서 나의 신앙고백이다. 그리스도와 합하여 침례를 받은 나는 그리스도의 죽음에 합하여 침례를 받았다. 이제 사도 바울이 주 예수님의 죽으신 것을 자기 몸에 짊어진다고 했을 때, 그것은 자신의 죽음을 가리키는 것이 아니라 다만 예수님의 죽으심을 언급한 것이다. 내가 말하고자 하는 것은 이것이다. 즉 그리스도는 나의 죄들을 담당하신 분이시며, 따라서 나는 죄 사함을 받았다. 하지만 내 속에 있는 악한 본성은 죄 사함을 통해서 해결되는 것이 아니라는 점이다. "율법이 육신으로 말미암아 연약하여 할 수 없는 그것을 하나님은 하시나니 곧 죄로 말미암아 자기 아들을 죄 있는 육신의 모양으로 보내어 육신에 죄를 정[죄하셨다.]"(롬 8:3) 하나님께서 이 일을 하셨을 때 무슨 일이 있었을까? 그리스도께서 죽으셨다. 그리고 나도 죽었다. 만일 이 일이 나 자신에게도 개인적으로 율법 아래서 일어난 일이라면, 나는 죽었을 뿐만 아니라 이미 정죄도 받은 것이다. 이제 그리스도와 함께 십자가에 못 박힌 사람으로서 죽음이 왔기에 정죄는 사라졌다. 만일 이것을 나에게 실제적으로 적용한다면, 정직하게 말해서 나는 이미 죽은 사람이다. 사탄이 죽은 사람을 어찌 유혹할쏜가? 과연 당신은 죽은 사람에게 정욕이 있고 나쁜 의지(bad will)가 있다고 말할 수 있는가? 그럴 수 없다. 우리는 로마서 7장의 가르침을 이해할 필요가 있다. 로마서 7장은 율법 아래서 겪는 마음의 고통을 통해서 진짜 나 자신의 실상을 볼 수 있게 해준다. 이렇게 자기 속에 조금도 선한 것이 없다는 자신의 모습을 보지 못한 채, 그저 당신 스스로의 믿음에 의해서 영적 순결을 얻을 수 있다고 가르치는 성결의 교리가 우리 주변에 만연해 있다. 이러한 교리는 자신의 영적인 상태를 솔직하게 인정하고 진지하게 추구하는 사람들의 마음을 얻고 있지만, 그럼에도 자신이 추구하는 그 영적 실체가 사실 영적 해방의 진리인 것은 전혀 모르고 있다. 이러한 사람들은 로마서 7장의 교훈을 통해서 자기 육신에 선한 것이 없으며, 자신을 좌지우지하며 또 자신을 끌고 가는 실체가 사실은 죄(sin)인 것을 깨닫고 하나님이 그리스도 안에서 마련하신 영적 해방을 경험할 필요가 있다.

성결 교리는 우리가 지금 이 땅에서 그리스도와 같이 정결하게 되는 것이 가능하다고 말한다. 하지만 이것은 비성경적이다. 그들은 이렇게 묻는다. "회심할 때 그리스도를 닮고자 하는 열망이 있지 않았는가?" 하지만 이 질문은 사람들의 영혼을 잘못된 길로 인도하고 있다. 왜냐하면 나는 회심의 순간이 아니라 바로 지금 그것을 갈망하기 때문이다. 성경에서 가르치고 있는 것은 "그가 나타나시면 우리가 그와 같을 줄을 아는 것은 그의 참 모습 그대로 볼 것이기 때문이니 주를 향하여 이 소망을 가진 자마다 그의 깨끗하심과 같이 자기를 깨끗하게 하느니라."(요일 3:2,3)는 것이다. 이것은 매우 다른 이야기이다. 만일 내가 그리스도와 같이 이미 정결하게 되었다면, 나 자신을 정결하게 할 필요가 없다. 성경에서 말하고 있는 그리스도를 닮는 것은 영광 안에서 되는 일이다. 그리스도는 사실 이 땅에 계실 때 절대적으로 죄 없는 상태였다. 하지만 나의 경우는 다르다. 만일 내가 죄 없다고 하면, 나 자신을 속이는 것이다. 나는 죄가 내 속에서 격동하는 것을 허락하지 않음으로써만 그리스도께서 행하신 것처럼 나도 행하게 된다. 왜냐하면 육신 속에 죄가 거하고 있기 때문이다.

성경적인 원리를 따르지 않으면, 그리스도인의 표준을 낮추는 결과를 낼 것이다. 나는 영광 중에 계신 그리스도와 같이 되기를 원하며, 장차 그리 될 것이다. 그 어간에, 비록 육신이 내 속에 있지만, 육신은 결코 하나님과의 교통을 방해하지 못한다. 나는 이제 그리스도인으로서, 하나님의 성령을 근심시켜드리지 않고, 구름 한 점도 하나님의 호의를 가리고 있지 않다는 의식을 가지고 지속적으로 살고 있다.

나는 감히 말하건대, 그리스도인들 가운데 그리스도와 함께 죽었고, 그리스도와 함께 살아났다는 것이 무엇인지를 전혀 이해하지 못하고 있는 사람들이 있을 거라고 생각한다. 그들은 자신의 영혼에 대해서, 이 사실을 받아들이지 못하고 있다. 사실 성경에서 말하고 있는 "완전(完全)"(골 1:28, 히 6:2)은 그리스도와 함께 죽고 함께 살아난 결과이다. 따라서 완전(完全)은 첫 아담의 죄들을 용서받는 것이 아니라, 그리스도 예수 안에 있는 생명의 성령의 법의 능력을 통해서 둘째 아담 안에서 우리의 자리를 차지하는 것이다. 우리는 장차 그리스도께서 영광 중에 나타나실 때, 그 때 실제적으로 완전해질 것이다. 그 이전에는 가능하지 않다. 왜냐하면 그것이 성경이 정한 기준이기 때문이다. 하지만 만일 내가 그리스도 안에 있으며 또한 그리스도와 함께 죽었고 함께 살아났다는 것을 깨달았다면, 진정 그렇다면 나는 그리스도의 어떠하심과 같이 나도 이 세상에서 그러하다. 십자가에서 죽으신 그리스도의 죽음으로 말미암아 옛 사람의 죽음을 믿음을 통해서 나 자신에게 적용하고 받아들일 때, 우선적으로 심판에 대해서, 그 다음은 생명의 능력과 하나님 앞에서의 상태에 대해서, 우리는 그리스도와 똑같은 대우를 받는 자리에 들어가게 된다.

우리는 사람이 믿음에 의해서 순결의 상태에 들어갈 수 있다고 생각하는 견해에 대해서 살펴보았다. 이것은 사람이 믿음에 의해서 자신이 의롭다 함을 받은 것, 곧 자신의 칭의를 아는 것처럼, 믿음에 의해서 순결한 상태에 들어간 것으로 믿는 것이다. 그렇게 믿는 사람은 자신을 속이는 것이다. 그에 대한 이유는 이렇다. 당신은 아직도 자신에 대해서 진정 모르고 있다. 당신은 자신의 실상을 알아야만 한다. 반복해서 말하지만, 이미 여러 곳에서 설명했듯이, 당신은 아직 로마서 7장 상태를 벗어나지 못했다. 당신이 그 속에 갇혀 있는 동안 배우게 될 것은, 당신이 하나님 앞에서 유죄 상태라는 것도 아니고, 당신에게 악한 육신이 있다는 것도 아니라, 사실은 더욱 배우기 어려운 것, 더욱 철저하게 겸손케 되었을 때에야 배울 수 있는 것, 즉 당신에게 (선을 행할 수 있는, 선한 열매를 맺을 수 있는) 힘이 전혀 없다는 것이다.

돈을 빚진 사람이 있다고 생각해보자. 나는 그에게 다 갚았다고 말해주었다. 그가 만일 나라는 사람을 내가 말한 대로 행하는 사람인 것을 믿는다면, 경험은 필요치 않다. 그는 편안한 마음을 가지고 또 매우 기쁘게 그 사실을 받아들일 것이다. 이제 내가 당신은 죄에 대해서 죽었다고 말한다고 해보자. 이것은 빚을 갚는 문제가 아니라, 당신의 상태에 대한 문제이다. 당신은 "그것이 가진 이점이 무엇이죠? 그렇다면 나는 오늘 아침 어째서 화를 낸 거죠?"라고 대꾸할 것이다. 그의 경험은 내 말을 반박하고 있다. 당신이 자신을 아는 지식, 자신을 바로 볼 수 있는 안목이 생길 때까지 어려움에서 벗어날 수 없을 것이다. 곧 당신은 죄를 이길 수 없다는 것을 깨닫게 될 것이다. 여기에 이르는 과정은 무척이나 혹독스럽고 끔찍스럽다. 하지만 이 과정을 통해서 배우게 되는 것은, 내가 유죄라는 사실이 아니라, 나에게 아무 힘도 없다는 사실이다. "원함은 내게 있으나 선을 행하는 것은 없노라."(롬 7:18) 당신의 양심 속에 "오호라 나는 곤고한 사람이로다 이 사망의 몸에서 누가 나를 건져내랴?"는 외침이 일어나지 않는 한, 당신은 결코 성공할 수 없다. 죄는 너무도 강하다. 이 지점을 통과해야 해방을 경험할 수 있다. 이 시점에서 죄 사함의 진리를 알고 있을 수도 있고, 그렇지 않을 수도 있다. 그 여부에 따라 경험의 형태는 달라질 수 있다. 물론 본질이 변하는 것은 아니다. 해방은 이전에 항상 율법 아래서 종노릇하는 경험을 동반하게 된다. 즉 율법은 율법 아래 있는 상태에 있는 우리에게 끊임없이 요구하기 때문이다. 하지만 당신은 "나는 율법을 지키고자 좀 더 애써야 한다."고 말한다. 하지만 나는 "율법을 멀리하라."고 말한다. 어째서 그런가? 왜냐하면 당신은 조만간 당신이 율법을 지킬 수 없다는 것을 깨닫게 될 것이기 때문이다. 머지않아 당신은 "내가 어떻게 더 잘 지킬 수 있을까?"라고 말하는 대신에, "누가 나를 건져내랴?"고 부르짖게 될 것이다. 그렇다면 당신은 누군가 당신을 거기서 꺼내줄 사람을 필요로 하는 상태에 있는 것이다. 그러한 상태에 있는 사람은 자신이 경건치 않을 뿐더러 아무 힘이 없는 상태에 있음을 발견한 사람이다. 자신이 무엇을 행했는가에 대한 것이 아니라 무엇보다 자신이 어떠한 사람인지를 배우게 된 것이다. 이제 그는 그리스도께서 능력 가운데 계신 것을 보게 될 것이고, 그리스도 예수 안에 있는 생명의 성령의 법이 자신을 죄와 사망의 법에서 자유롭게 해주실 것을 바라보게 된다. 이것은 죄책을 면하는 것이나 지은 죄들을 깨끗케 하는 문제가 아니라, 영적 자유를 얻는 문제이다. 이제 나는 그리스도의 십자가를 통해서 영적 자유와 해방의 진리와 및 그 근거를 봄으로써 문제를 해결하게 된다. 이것은 개인적으로 어느 순간 영적 순결(성결)을 얻는 문제가 아니다.

이제 마지막으로 살펴볼 것이 있다. 나는 이렇게 묻고 싶다. 당신은 과연 당신 자신이 죽었고, 그래서 당신 자신의 의지나 바램, 혹은 소원 등에 대해서도 죽었다고 말할 수 있는가? 이제는 그리스도 외에는 아무 것도 나 자신의 것으로 소유할 수 없다는 사실에 대해서 만족하는가? 당신의 마음 속에는 하나님에게서 무언가를 도로 찾아와 당신의 몫으로 남겨두고 싶은 것이 전혀 없는가? 이것은 우리를 시험한다. 과연 우리가 자아와 의지의 작용 원리를 제대로 배웠는지 혹은 아닌지를. 우리 스스로에게 물어 보자. 과연 우리 자신에게 속한 무언가를 조금이라도 아껴두고 싶은 마음이 있는가, 없는가? 우리의 상태는 항상 성령의 능력을 인해서 우리 영에 조금도 구름이 낀 것이 없는 것과 같은 상태에서 하나님과의 사귐을 나누는 상태를 유지해야 한다. 따라서 이것이 가능하려면 단순히 이러한 상태를 바랄 것이 아니라 이것을 가능케 해주는 능력을 구해야 한다.

# 제 4부
# 그리스도와의 연합의 진리

## 제 13장 그리스도와의 연합*이란 무엇인가?

바울의 글을 조금만 관심을 가지고 조사해보면, 그의 가르침의 뿌리에는 우리가 그리스도와 함께 죽었고 또 함께 살리심을 받았다는 원리가 있음을 보게 될 것이다. 그리스도는 우리를 위해서 죽으셨고 다시 살아나셨을 뿐만 아니라 우리 또한 그리스도와 함께 죽었고 다시 살아났다. 사도 바울은 또 다른 내용을 추가시킨다. 곧 그리스도께서 승천하신 상태에서 우리가 그리스도와 연합되었다는 것이다. "우리는 그 몸의 지체임이라."(엡 5:3) 여기에 제시되어 있는 원리는 두 가지이다. 우리는 그리스

---

\* 역자주: 그리스도와의 연합은 성령의 능력과 역사로 신자가 그리스도의 죽음, 그리스도의 부활, 그리고 그리스도의 영광에 연합하는 자가 되는 것이다. 이 주제는 형제들의 집에서 출간된 「C.H. 매킨토시의 완전한 구원」, 「존 넬슨 다비의 성령론」, 윌리암 켈리의 「그리스도와의 연합을 위한 성령의 역사」란 책에 잘 소개되어 있다.

도와 함께 죽었고 살아났다. 우리는 그리스도께서 하늘에 오르신 천상에서 연합을 이루고 있다. 사도 바울이 연합을 말할 때, 그는 우리가 죽었다는 사실로부터 시작하며, 이때 그리스도의 총체적인 능력이 우리를 다시 살리는 것으로 작용한다. 바울이 사람들을 죄 가운데 사는 존재로 볼 때, 그는 우리가 죄에 대하여 죽었다는 교리로부터 시작할 필요를 느꼈다. 이와는 달리 만일 우리가 죄 가운데 죽어 있는 상태, 즉 영적인 생명이 없는 상태에 있다면, 하나님은 그 상태에서 우리 영혼을 다시 살리시는 역사로 시작하셔야만 한다. 따라서 에베소서에서 사도 바울은 하나님의 자녀들이 가지고 있는 특권, 즉 죽어 있는 상태에서부터 그리스도와의 연합이 이루어진 것으로 소개하고 있다. 여기서 사도 바울은 우리가 그리스도와 함께 죽었고 함께 살아난 것을 자신의 가르침의 토대로서 놓고 있다. 따라서 그는 모든 측면에서 우리와 그리스도를 연결시킨다. 첫째는 죽음에서, 그 다음은 부활에서, 그리고 마지막으로는 영광에서.

그리스도와의 연합의 진리에는 세 가지 측면이 있다. 즉 우리는 "그리스도와 함께 죽었고", "그리스도와 함께 부활했으며", "장차 영광 가운데 그리스도와 함께 나타날 것"이다. 그렇다면 성경에서 말하는 그리스도와 우리의 연합은 세 가지 측면에서의 연합인 것이다. 첫 번째, 그리스도의 죽음과의 연합, 두 번째, 그리스도의 부활과의 연합, 그리고 세 번째, 그리스도의 영광과의 연합이다. 이것을 골로새서 3장 4절은 이렇게 표현한다.

"우리 생명이신 그리스도께서 나타나실 그 때에 너희도 그와 함께 영광 중에 나타나리라."(골 3:4)

에베소서와 골로새서의 차이점은 특별히 이 점에 있다. 골로새 성도들에게 사도 바울은, 우리가 그리스도 안에서 가지고 있는 생명 혹은 새로운 본성에 대해서 말했다. 반면 에베소 성도들에게는 성령에 대해서 많이 말했는데, 우리는 성령을 통해서 그리스도와 하나가 되었으며, "그 몸의 지체"가 되었다. 이것이 사도 바울이 쓴 서신서의 핵심적인 교리이다. "참으면 또한 함께 왕 노릇 할 것이요"(딤후 2:12), "범죄와 육체의 무할례로 죽었던 너희를 하나님이 그와 함께 살리시고 우리의 모든 죄를 사하시고"(골 2:13) 사도 바울의 끊임없는 주제는 그리스도인으로서 우리가 그리스도와의 총체적인 연합을 이루고 있다는 것이다.

다시 반복해서 말하지만, 우리는 충만한 특권 속으로 들어온 자로서 복을 받았다. 이 모든 것의 토대와 뿌리에 놓인 위대한 진리는 우리가 그리스도와 함께 죽었고 또 함께 살아났다는 것이다. 이 교리가 가르치고 있는 시작점에 있는 것은, 바로 모든 신자의 참 상태는 옛 사람이 완전한 심판을 받았다는 것이다. 사망 선고가 내려졌고, 정죄가 이루어졌다. 정죄를 받아 마땅한 육신이 심판을 받았다. 옛 사람은 단순하게 말해서 악한 것일 뿐임을 알게 되었을 때, 나는 이것이 육신을 벗고 입는 문제임을 발견했다. 옛 본성을 교정하는 것이 아니라 옛 본성과의 관계를 끝내고 그 대신 다른 것을 입는 것이다. 이것을 벗어버리고 저것을 입는 것이다. 물론 이것은 하나의 비유이다. 그럼에도 (옛 사람을) 벗고 (새 사람을) 입는 것은 믿음에 매우 실제적인 비유이다. 그렇다면 한편으로 나는 내가 지금까지 살아온 아담 생명을 끝내고, 다른 한편으로 은혜를 통해서 입게 된 새로운 본성으로서 그리스도의 생명을 취하면 된다. 그렇다면 어떻게 하나의 생명을 벗어버릴 수 있을까? 나는 어떤 견해 혹은 나쁜 습관을 벗어버릴 수 있다. 하지만 하나의 생명은 어떻게 벗어버린단 말인가? 하나의 생명을 벗어버릴 수 있는 유일한 길은 죽음을 통해서 된다. 하지만 나는 이렇게 버젓이 살아있다. 그렇다면 내가 옛 사람을 벗어버리는 일은 어떻게 가능해지는 것일까? 이것이 바로 사도 바울이 우리 앞에 소개하고자 하는 위대한 진리이다. 그리스도를 나의 생명으로 영접한 후, (그리스도는 이제 둘째 사람, 마지막 아담, 그리고 생명주는 영으로 불린다.) 나는 그리스도에게서 생명을 받게 되며, 이후 그리스도는 내 안에 거하신다. 하나님은 그리스도께서 계신 그 자리가 가지고 있는 그 모든 가치와 그에 속한 능력을 나에게도 주셨다. 이것이 바로 '그리스도 안에' 있다는 의미이다.

이것은 우리가 거듭남을 통해서 생명을 받는 것보다 더 위대한 것이다. 그리스도는 우리를 위해서 십자가에 못 박히셨다. 단순히 죄들을 제거하기 위한 것이 아니라 "그가 죽으심은 죄에 대하여 단번에 죽으심이요 그가 살아 계심은 하나님께 대하여 살아 계심이니 이와 같이 너희도 너희 자신을 죄에 대하여는 죽은 자요 그리스도 예수 안에서 하나님께 대하여는 살아 있는 자로"(롬 6:10,11) 여길 수 있게 하기 위한 것이다. 사도 바울이 가르치고 있는 모든 것을 떠받치고 있는 진리의 토대가 여기에 있다. 즉 그리스도께서 오셨고 육신에 있는 사람을 위해서 자신을 바치셨으나, 사람들은 그분을 영접하지 않았다. 사람은 육신 안에 살아있는 존재였기에 하나님께 합당히 행할 수 없었다. 하지만 그리스도께서 그를 위해서 죽으셨다. 그리스도를 자기 마음에 영접한 사람은 이제 그리스도로 말미암아 산다. "무릇 그리스도 예수와 합하여 세례를 받은 우리는 그의 죽으심과 합하여 세례를 받은"(롬 6:3) 것이다. 바로 이것이 로마서 6장에서 사도 바울이 "은혜를 더하게 하려고 죄에 거하겠느냐?"는 질문에 대답하는 방식이다. 만일 그리스도께서 자신의 죽음과 부활을 통해서 나를 하나님 앞에서 의롭게 만들었다면, 어찌 내가 죄 가운데 계속해서 살 수 있는가에 대한 대답을 통해서 이 교리를 전개해나간다. 그리스도의 순종은 죽기까지 순종하신 순종이었다. 만일 당신이 그리스도와 함께 죽었다면, 죽은 사람은 더 이상 사는 것이 아니다. 사도 바울은 문제의 근원부터 다룬다. 그래서 "당신은 그리스도의 죽음과 부활을 통해서 생명의 칭의를 소유하고 있다. 그럴진대, 당신을 의롭게 만들어준 그 사실을 부정하고자 하는가?"라고 말한다. 이제 죄에 대하여 죽었고, 하나님께 대하여 살았다. 그러므로 죄에 매달리는 당신은 당신의 구원의 기초가 된 위대한 진리를 부정하는 것이다. 만일 당신이 이 세상에 있는 모든 것에 대하여 그리스도와 함께 죽었다면, 당신이 그 안에서 계속 사는 것은 가능하지 않다. "죄에 대하여 죽은 우리가 어찌 그 가운데 더 살리요?"(롬 6:2) 이것은 각종 트집이나 핑계를 대는 사람들에게 주는 최후통첩이다. 만일 내가 그리스도와 합하여 세례(침례)를 받음으로 죽음을 받아들였다면, 내가 살았던 죄, 육신, 세상, 그리고 율법까지 모두를 향해서 죽음을 선포한 것이다. 율법은 사람이 살 동안만 그 힘을 발휘한다. 사람을 절도죄로 감옥에 넣어보라. 만일 그가 죽는다면 모든 것이 그에게서 끝난다. 죄수는 더 이상 율법의 영향을 받지 않는다. 율법은 그 힘을 잃게 된다. 율법은 죽은 사람을 건드릴 수 없다. 신자로서 만일 내가 그리스도와 함께 죽었다고 말한다면, 그런 의미에서 나의 생명도 끝난 것이다. 이것은 죄에 대하여도 마찬가지이다. 그렇다면 이제 순종은 하나님께 드리는 순종이 된다. 죽음은 옛 사람과 연관된 모든 것들과의 관계를 종식시킨다. 나는 그리스도와 함께 십자가에 못 박혔고, 나는 그리스도와 함께 죽었고, 이제 그리스도와 함께 살아났다.

다른 한편 긍정적인 측면도 있다. "그러므로 너희가 그리스도와 함께 다시 살리심을 받았으면 위의 것을 찾으라 거기는 그리스도께서 하나님 우편에 앉아 계시느니라."(골 3:1) 나는 부활하신 그리스도를 나의 생명으로 영접했다. 이 사실을 명확하고 선명하게 이해하는 것보다 더 중요한 것은 없다. 그리스도는 우리를 위해서 죽으셨을 뿐만 아니라 우리도 그리스도와 함께 죽었다고 말할 수 있다. 육신이 추구하는 모든 것의 뿌리를 끊어내는, 이 얼마나 강력한 것인가! 죽은 사람이 무엇을 추구할 수 있단 말인가? 우리는 우리 자신을 죽은 사람으로 여겨야 한다. 우리는 죽으려고 노력할 필요가 없다. 그렇게 하는 것은 우리에게 아무 능력도 주지 못한다. 다만 우리 자신을 죽은 사람으로 여기면 된다. 어떤 사람이 나를 유혹하고자 한다고 생각해보자. 그는 죽은 사람을 어떻게 유혹할 것인가? 그는 나에게 와서 나를 기쁘게 해줄 무언가에 대해서 이야기할 것이다. 하지만 나는 죽었다고 말한다. 내가 그렇게 말할 수 있는 근거는 나의 생명이 다른 종류의 생명이기 때문이다. 옛 나무 가지에서 싹이 나기도 하고 또 가끔은 옛 나무에 속한 무언가가 나타날 수 있다. 하지만 나는 새로운 가지에 접붙임을 받은 새로운 나무로서 옛 생명을 다루는 법을 배울 필요가 있다. 이 일을 하는데 실패할 수도 있고 다시금 나쁜 열매를 맺을 수도 있다. 하지만 그리스도께서 나의 생명이신만큼 나는 접붙임을 받은 나무이다. 나는 나 자신을 접붙임을 받은 새로운 나무로 여길 수 있을 뿐만 아니라 이전 나무와는 아무 관계가 없다고 여길 수 있는 권리를 가지고 있다.

"그러므로 너희가 그리스도와 함께 다시 살리심을 받았으면 위의 것을 찾으라 거기는 그리스도께서 하나님 우편에 앉아 계시느니라."(골 3:1)

부활 생명에 속한 것들에는 무엇이 있는가? 그것들은 이 세상에 속해 있는가? 아니다. 다시 살아난 사람이 세상에 있는 것을 추구할 수 있는가? 그는 이 세상에 속한 것들과는 아무 관련이 없다. 이것이 바로 그리스도께서 우리를 넣으신 자리(position)이다. 하나님을 찬송하라. 하나님은 우리를 실제로 살리심을 받은 사람으로 여기신다. 다시 살리심을 받은 사람은 전혀 다른 세계, 즉 하늘에 속해 있다. "만일 너희가 그리스도와 함께 다시 살리심을 받았다면 위의 것을 찾으라." 만일 내가 그리스도와 함께 살아났다면, 그래서 그리스도께서 나의 생명이 되셨다면, 그리스도는 어디에 계신가? 바로 하나님 우편*에 계신다. 하지만 사도 바울은 당신도 하나님 우편에 있다고 말하지 않는다. 다만 당

---

\* 역자주: 하나님의 우편은 하늘에서 가장 높은 자리이다. 아버지께서는 죽기까지 순종하심으로써 자신을 영화롭게 한 그리스도를 하늘에서 가장 높은 자리인 하나님 보좌 우편에 앉게 하셨다. 따라서 이 자리는 오직 그리스도에게만 주어진 자리이다(계 3:21). 성경은 우리가 그리스도 안에서 하늘에 앉아 있다(in heavenly [places] in Christ Jesus, 엡 2:6))고 말하지, 하나님 보좌 우편에 앉아 있다고 말하지 않는다. 이 점을 잘 구분하라.

신의 생명에 대해서 "그러므로 너희가 그리스도와 함께 다시 살리심을 받았으면 위의 것을 찾으라 거기는 그리스도께서 하나님 우편에 앉아 계시느니라 위의 것을 생각하고 땅의 것을 생각하지 말라 이는 너희가 죽었고 너희 생명이 그리스도와 함께 하나님 안에 감추어졌음이라 우리 생명이신 그리스도께서 나타나실 그 때에 너희도 그와 함께 영광 중에 나타나리라"고 말할 뿐이다.

사도 바울이 여기서 우리가 어떻게 그리스도와 연합을 이루고 있는지를 설명하고 있는 것에 주목하라. 사도 바울은 그리스도께서 하나님 안에 감추어 있다고 말하고 있다. 그리스도께서 당신의 생명이기에, 당신의 생명도 그곳에 감추어 있다. 하지만 그리스도께서 장차 나타나실 것이다. 그리스도께서 나타나실 때, 당신도 그리스도와 함께 영광 중에 나타날 것이다. 지금은 생명에서 주 예수님과의 완전한 연합을 이루고 있다. 따라서 나의 생명은 그리스도와 함께 하나님 안에 감추어 있다. 왜냐하면 그리스도께서 나의 생명이시기 때문이다. 그리스도께서 나타나실 때, 나도 그리스도와 함께 영광 중에 나타날 것이다. 이것은 합일이 아니라 그리스도와의 완전한 연합이다(It is not union, but complete association with Christ). 바로 이 점이 그리스도인들에게 독특한 특징을 덧입혀 주며, 그리스도인의 생명이 무엇인지를 보여준다. "예수의 생명이 또한 우리 죽을 육체에 나타나게 하려 함이니라."(고후 4:11) 이것은 이 세상에서 그리스도를 재현(再現)하는 것을 의미한다. 그리스도와의 연합은 그리스도인으로 하여금 이 세상에서 그리스도로 살게 해줌으로써 그리스도의 삶을 살아내게 하는데 있다. 우리가 읽은 구절에서 바로 이러한 삶에 대한 설명이 실제적인 의미에서 소개되어 있다. 우리 생명은 그리스도이다. "너희가 죽었고 너희 생명이 그리스도와 함께 하나님 안에 감추어졌음이라." (골 3:3) 이 얼마나 놀라운 진리인가. 만일 내가 그리스도인이라면, 바로 그리스도께서 나의 생명이신 것이다! 이것은 옛 나무에 물을 주고 비료를 주는 것이 아니다. 옛 나무는 찍어 내버렸다. 그리스도께서 무화과나무를 저주하셨을 때, 옛 나무는 영원히 열매를 맺지 못하는 것으로 선언되었다. 그 나무에선 더 이상 열매를 얻지 못한다. 주님은 "이제부터 영원토록 네가 열매를 맺지 못하리라"고 말씀하셨다(마 21:19). 옛 사람, 곧 육신은 심판을 받았고 정죄를 받았다. 이제는 하늘로부터 오신 주님, 둘째 사람이 모든 좋은 것과 복된 것의 원천이시다. 이것은 신약시대에만 계시된 위대한 진리이다. "그러므로 너희가 그리스도와 함께 다시 살리심을 받았으면 위의 것을 찾으라 거기는 그리스도께서 하나님 우편에 앉아 계시느니라."(골 3:1)

이 삶이 가지고 있는 매우 중요한 특징 한 가지를 주목하라. 그리스도께서 진정 나의 생명이라면, 그리스도와 하늘에 속한 일들이 내 삶의 목적이 된다. 모든 피조물은 저마다 목적이 있다. 하나님에게 속한 가장 위대한 특권은 아무 목적도 필요치 않다는 것이다. 물론 하나님도 목적을 가질 순 있다. 하지만 나는 음식을 먹지 않고 지내는 것만큼 아무 목적도 없이 사는 것은 불가능하다. 그리스도인의 삶도 목적을 가지고 있다. 율법도 이것을 원한다. 하지만 율법은 아무 목적도 주지 못한다. 율법은 "네 마음을 다하고 목숨을 다하고 뜻을 다하여 주 너의 하나님을 사랑하라"(마 22:37)고 말하고 있다. 하지만 그 이상에 대해서는 아무 말도 하지 않는다. 하지만 내가 그리스도와 함께 십자가에 못 박혔고 또 그리스도께서 나의 생명이기에, 그리스도인으로서 하나님을 사랑하는 것은 우리 생명(또는 삶)에 가장 복된 일이다. "이제 내가 육체 가운데 사는 것은 나를 사랑하사 나를 위하여 자기 자신을 버리신 하나님의 아들을 믿는 믿음 안에서 사는 것이라."(갈 2:20) 즉 이제 나는 이 생명(삶)에 뿌리를 내리고, 이 생명(삶)에서 힘을 얻고 또 성장해가는 새로운 목적을 가지게 되었다. "우리가 다 수건을 벗은 얼굴로 거울을 보는 것 같이 주의 영광을 보매 그와 같은 형상으로 변화하여 영광에서 영광에 이르니 곧 주의 영으로 말미암음이니라."(고후 3:18) 새 생명과 새 삶이 있다. 이 생명은 그 자체로 기쁨과 방향성을 가지고 있으며 완전한 목적이 있다. 우리 삶의 목적은 주 예수 그리스도이시다. 그것도 그리스도의 겸비에 이르는 것이 아니라, 그리스도의 영광에 이르는 것이다. 그러므로 우리가 바라보고 또 추구해야 하는 것은 "그리스도의 장성한 분량이 충만한 데까지"(엡 4:13) 이르는 것이다. 그리스도 안에 있는 것 가운데 우리가 받지 못할 것은 없다. 주께서 어떠하심(as he is)이 내 안에 있는 생명일 뿐만 아니라 내 삶의 목적이다. 그렇다면 핵심은 주께서 깨끗하심과 같이 나 자신을 깨끗하게 하며, 주를 바라봄으로써 그 은혜를 더욱 많이 받는데 있다.

우리는 죽고자 애쓰는 대신, 이미 죽은 사람으로 여겨야 한다. 당신은 육신을 죽여야 한다고 주장할지 모르지만, 육신은 결코 죽지 않는다. 우리는 종종 육신이 죽어야 한다는 말을 한다. 왜냐하면 두 본성이 가지고 있는 각각의 특성을 인지하고 있지 못하기 때문이다. 옛 사람은 죽는 것이 아니라 오히려 돌봄을 받을 것이다. 하지만 그리스도 안에서 살아난 사람은 다른 본성, 옛 본성을 다르게 다룰 수 있는, 즉 죽은 것으로 다룰 수 있는 권리와 특권을 가진다. 왜냐하면 옛 사람이 죽었기 때문이다. 성경은 우리가 죽어야 한다고 말하지 않고, 오히려 그리스도인으로서, 우리 자신을 죽은 사람으로 여길 수 있을 뿐만 아니라 그렇게 여겨야 한다고 말한다. 왜냐하면 우리가 새로운 생명을 가지고 있기 때문이다. 죄에 대하여 죽는 것에 대해서 말하는 사람은 실제로는 죄에 대하여 더욱 살아있는 사람이다. 나 자신을 완전히 망가진 사람으로 말하는 순간, 나는 그리스도를 나의 생명으로 취하게 되고, 그렇다면 나는 죄에 대하여 죽은 사람이라고 말할 수 있게 된다. 이 점에 있어서 성경을 오용한 것은 조금도 없다. 이제 우리 앞에 복된 한 가지 목적을 가지는 문제가 해결되었다. 이제 우리는 우리 앞에 목적으로서, 그리스도께서 하나님 우편에 앉아 계신 그곳에 속한 것들, 즉 위엣 것을 추구하고 있다. 나는 그리스도의 본성에 일치를 이룬 생명을 소유하고 있으며, 하늘에 속한 일들을 기뻐하고 있다. 이것은 우리로 범사에 그리스도에게까지 자라도록 작용한다.

이제 새 생명이 실제로 무엇인지를 살펴보자. 사도 바울은 낮은 차원에 속한 일들로부터 시작해서 더 높은 차원에 속한 일들로 진행해나가면서, 이 생명의 총체적인 원리와 발전에 대해서 설명하고 있다. "너희가 죽었고 너희 생명이 그리스도와 함께 하나님 안에 감추어졌음이라." (골 3:3) 바울은 옛 본성을 자신의 생명으로 취하지 않는다. 따라서 "땅에 있는 지체를 죽이라" (골 3:5)고 말했다. 땅에 있는 지체를 보라. 이것들은 과연 무엇인가? 총체적인 죄들에 불과하다. 땅에 있는 지체는 다만 정욕일 뿐이다. "그러므로 땅에 있는 지체를 죽이라 곧 음란과 부정과 사욕과 악한 정욕과 탐심이니 탐심은 우상 숭배니라 이것들로 말미암아 하나님의 진노가 임하느니라 너희도 전에 그 가운데 살 때에는 그 가운데서 행하였으나" (5-7절) 하지만 이것이 전부가 아니다. 바울은 여기에 더하여 "이제는 너희가 이 모든 것을 벗어버리라 곧 분함과 노여움과 악의와 비방과 너희 입의 부끄러운 말이라"(8절)고 말했다. 만일 내가 분을 낸다면 그것은 옛 사람의 의지가 깨어지지 않고 여전히 살아있다는 증거이다. 물론 분노가 정욕은 아니다. 하지만 당신이 은혜 가운데 산다면, 당신은 화를 내지 않을 것이다. 이러한 것들을 굳이 행동으로 옮기지 않고 살 수 있는 삶의 능력이 있다. 오히려 그 능력을 사용해서 이 모든 육신에 속한 것들을 제어하는 것이다. 우리는 살인자인 사탄에게서 분노와 폭력을 보게 되며, 게다가 사람들에게서도 동일한 부패와 폭력을 보게 된다. 여기서 우리는 모든 부정적인 것들을 볼 수 있다. 사도 바울은 "너희가 서로 거짓말을 하지 말라"(9절)고 말했다. 바울은 육신이 제어되지 않으면 자연스럽게 나타나는 것이 거짓말이라고 말하는 것이다. 옛 본성이 살아 역사함으로써 맺는 모든 것을 벗어버려야 한다. "너희가 서로 거짓말을 하지 말라 옛 사람과 그 행위를 벗어버리[라.]"(9절) 우리는 "옛 사람과 그 행위를 벗어 버렸다." 따라서 이제 우리는 "새 사람을 입었다. 이는 자기를 창조하신 이의 형상을 따라 지식에까지 새롭게 하심을 입은 자"(10절)이다.

여기서 우리에게 이루어진 일에 주목해야 한다. 나는 옛 사람과 그 행위를 벗어버렸다. 그리고 다른 것을 입었다. 무엇을 입은 것인가? 바로 새 사람이신 그리스도를 입었다. 나는 전적으로 다른 본성을 입은 것이다. 이것의 실체는 무엇인가? 그리스도는 보이지 아니하는 하나님의 형상이다. 나는 나를 창조하신 하나님의 형상을 따라서 지식에까지 새롭게 되었다. 하나님은 이 새 사람을 창조하셨다. 그 실체는 무엇일까? 바로 그리스도께서 그 근본이시며 실체이시다. 모든 완전함 가운데 위에 계신 그리스도가 만물을 창조하신 하나님의 형상이시며, 이제 그리스도인이 하늘에서 보는 것은 자신에게도 실제적으로 이루어지는 것을 보는 것이다. 바로 그리스도 때문이다. "그의 안에 산다고 하는 자는 그가 행하시는 대로 자기도 행할지니라."(요일 2:6) 그리스도인은 자기를 창조하신 이의 형상을 따라서 지식까지도 새롭게 된 사람이다. 그리스도인은 그리스도 안에서 나타난 하나님의 계시를 자신의 실체로 삼은 사람이다. 만일 내가 옳고 그름을 율법의 차원에서 보고 있다면, 나의 행실을 사람의 차원에서 재는 것이다. 이것은 그리스도인의 실체가 아니다. "사랑을 받은 자녀같이 너희는 하나님을 본받는 자가 되라"(엡 5:1) 그렇다면 나 자신도 하나님께 하나의 제물로 드려져야 하는 것인가? 그렇다. "너희 몸을 하나님이 기뻐하시는 거룩한 산 제물로 드리라 이는 너희가 드릴 영적 예배니라."(롬 12:1) 이것이 바로 우리가 그리스도인이 된 결과이다. 신성한 생명의 능력이 내려와 한 사람을 사로잡을 때, 그 일은 자신을 하나님께 봉헌하는 것으로 나타난다. 하나님의 사랑이 그리스도 안에서 내려왔다. 그렇다면 그 사랑은 어떻게 실천적으로 나타났는가? 자신을 죽기까지 내어주는 것으로 나타났다. "너희는 값으로 사신 것이니"(고전 7:23) 그렇다면 "너희 몸을 하나님이 기뻐하시는 거룩한 산 제물로 드리라 이는 너희가 드릴 영적 예배니라 너희는 이 세대를 본받지 말고 오직 마음을 새롭게 함으로 변화를 받아 하나님의 선하시고 기뻐하시고 온전하신 뜻이 무엇인지 분별하도록 하라."(롬 12:1,2) 그러므로 사도 바울은 "사랑을 받은 자녀같이 너희는 하나님을 본받는 자가 되고 그리스도께서 너희를 사랑하신 것 같이 너희도 사랑 가운데서 행하라 그는 우리를 위하여 자신을 버리사 향기로운 제물과 희생제물로 하나님께 드리셨느니라"(엡 5:1,2)고 말했다. 그리고 다시 골로새서에서 "그러므로 너희는 하나님이 택하사 거룩하고 사랑 받는 자처럼 긍휼과 자비와 겸손과 온유와 오래 참음을 옷 입고 누가 누구에게 불만이 있거든 서로 용납하여 피차 용서하되 주께서 너희를 용서하신 것 같이 너희도 그리하라"(골 3:12,13)고 말한다.

따라서 우리는 옛 사람을 죽은 사람으로 다룸으로써 시작해야 한다. 하지만 이내 우리는 우리의 약점이 나타나는 것을 보게 될 것이다. 하지만 우리는 우리 자신을 그리스도와 함께 죽은 사람의 자리, 그처럼 복된 자리에 두고 우리가 부르심을 받은 자리에서 생명의 능력을 나타내도록 부르심을 받았다. "새 사람을 입었으니 이는 자기를 창조하신 이의 형상을 따라 지식에까지 새롭게 하심을 입은 자니라 거기에는 헬라인이나 유대인이나 할례파나 무 할례파나 야만인이나 스구디아인이나 종이나 자유인이 차별이 있을 수 없나니 오직 그리스도는 만유시요 만유 안에 계시니라."(골 3:10,11) 만일 나 자신을 영국 사람 혹은 프랑스 사람으로 생각한다면, 나는 나 자신을 죽은 자 혹은 다시 살아난 자라는 사실과 그리스도께서 나의 모든 것이라는 사실을 망각한 것이다. 나는 이제 그리스도인이다. 그렇다면 그리스도가 유일한 목적이며, 또한 그리스도를 내 마음이 의지하고 또 계속해서 바라보아야 하는 이유는 그리스도께서 만유이시기 때문이다. 그리스도와 함께 죽었고 또 그리스도와 함께 살아난 사람에겐 오직 그리스도만이 목적일 뿐이다. 나는 무엇을 원하는가? 그리스도다. 나는 누구를 좇아야 하는가? 그리스도다. 내 마음의 유일한 목적은 무엇인가? 바로 그리스도다.

또 다른 진리가 있다. 그리스도께서 그리스도인 속에 거하시고, 게다가 생명이 되신다. "오직 그리스도는 만유시요." 그리스도는 우리의 생명으로 우리 속에 계신다. 우리의 생명으로 우리 안에 계신 그리스도께서 내 안에 사신다. "이제 내가 육체 가운데 사는 것은 나를 사랑하사 나를 위하여 자기 자신을 버리신 하나님의 아들을 믿는 믿음 안에서 사는 것이라."(갈 2:20) 그리스도는 나에게 모든 것이다. 성경은 그리스도인을 이렇게 묘사하고 있다. 즉「옛 사람을 그 행위와 함께 벗어버렸고, 자기를 창조하신 자의 형상을 좇아 지식에까지 새롭게 된 새 사람을 입은 사람」인 것이다. 따라서 그리스도가 그에게 모든 것이시며, 그리스도는 그에게 생명이 되신다. 그리스도는 최종 목적으로서 모든 것이시며, 그리스도는 그의 생명으로서 그 사람 속에 계신다. 참으로 단순하지만 이 얼마나 경이로운 일인가! 바울은 그리스도인이 이러 해야 한다 또는 저러 해야 한다는 식으로 말하지 않는다. 그저 그리스도인은 이런 사람이다는 식으로 말하고 있다. 그리스도는 그의 생명이고, 그리스도는 새 생명으로서 그에게 모든 것이시다. 그리스도인은 다른 것은 모른다. 우리는 우리의 연약함을 찾아낼 수 있다. 그럼에도 그것은 다른 문제이다. 그리스도인으로서 우리에게 중요한 것은, 그리스도께서 만유시며 만유 안에 계시는 분이라는 점이다.

사도 바울은 이것을 우리의 능력과 실천을 위해서 언급하고 있다. 바울은 이제 적극적인 측면을 다루고 있다. 그리고 내가 걸어야 가야 할 길과 정신을 제시해준다. "그러므로 너희는 하나님이 택하사 거룩하고 사랑 받는 자처럼 긍휼과 자비와 겸손과 온유와 오래 참음을 옷 입고 누가 누구에게 불만이 있거든 서로 용납하여 피차 용서하되 주께서 너희를 용서하신 것 같이 너희도 그리하라."(골 3:12,13) 즉 이것은 그리스도와 같이 행하는 삶인 것이다. 그리스도를 나의 생명으로 소유하고 또 그리스도를 내 삶의 목적으로 삼게 되면, 이전에 행하던 행실에서 벗어날 뿐만 아니라, 나를 둘러싸고 있는 것들은 그 힘을 잃게 하는 능력을 부여받게 된다. 이러한 것들이 새로운 생명으로 사는 삶이 가진 특징이며 원리이다. 새 생명은 유일한 목적을 가지는데, 바로 그리스도이다. 이 새 삶을 형성하고 지배하는 것도 그리스도이다. 따라서 신자의 영혼은 그리스도로 충만해지고, 밖의 세상에 대한 것들은 그 힘을 잃게 된다. 그의 마음은 온통 하늘에 속한 것으로 가득해진다. 그리스도인 속에 있는 생명은 그리스도로 충만해진다. 그 결과, 외적인 일들은 더 이상 그에게 아무 영향을 미치지 못한다. "네 눈이 성하면 온 몸이 밝을 것이요."(눅 11:34) 따라서 옛 사람을 자극하는 것은 과거와 같은 방식으로는 작용하지 않을뿐더러, 다만 새 사람에게 계시된 그리스도의 효과 - 그리스도를 힘입어 사는 새 사람의 모습만이 나타나게 된다. 따라서 사도 바울은 "그러므로 너희는 하나님이 택하사 거룩하고 사랑 받는 자처럼 긍휼과 자비와 겸손과 온유와 오래 참음을 옷 입고"라는 말을 더하고 있다. 사도 바울은 "너희는 하나님이 택하시고 거룩하고 사랑받는 자답게 살라"고 말하지 않았다. 오히려 사도 바울은 "이것이 너희 자리이다. 나는 너희가 이 사실을 인식하며 살기를 바란다. 너희는 이제 이러 저러한 사람들이다."라고 말했다. 이와 같은 것이 거룩한 감화력을 주는 진리이다. 마치 내가 갓 태어난 아기처럼 아버지를 알아보지 못하거나 혹은 나의 아버지이신지를 의심한다면, 어찌 내가 사랑받는 자녀의 정서를 가질 수 있단 말인가? 그렇다면 나는 다만 이렇게 말하고 있는 셈이다. '저도 그 사실을 확신하고 싶습니다. 하지만 아무 의심도 없는 상태에서 흘러나오는 친밀한 감정을 도무지 가질 수가 없네요.'

하지만 사도 바울은 이제 "그러므로 너희는 하나님이 택하사 거룩하고 사랑 받는 자처럼"이라고 말한다. 이제 나는 나를 기뻐하시는 하나님을 의식하면서 행하고 있다. 그렇다면 어찌 우리 영혼 속에 사랑, 기쁨, 평안이 없겠는가? 그것이 바로 우리 마음이 터 잡고 살아가는 자리이다. 이제 나는 긍휼과 자비와 겸손과 온유와 오래 참음 등 이 모든 것들을 덧입고 있다. 이러한 것들을 입는 방법은 내가 그리스도 안에 있다는 진리를 의식하면서 행하는 것이다. 만일 사람이 다시 살리심을 받았다면, 거기엔 새로운 본성에 속한 열망들도 있게 된다. 아직 그러한 거룩한 열망을 충족시키는 방법을 모를 수도 있다. 그럼에도 내가 들어간 새로운 신분에 맞는 새로운 정서와 거룩한 의무가 있다. "그러므로 하나님의 택하시고 거룩하고 사랑 받는 자처럼 긍휼과 자비와 겸손과 온유와 오래 참음을 옷 입으라." 오 나의 마음이 그 안에서 살수만 있다면, 나의 신분에 맞게, 하나님의 택하시고 거룩하고 사랑 받는 자로서 살수만 있다면, 나는 그 중 어느 것이라도 옷 입을 수 있다! 그것이 가능한 이유는 내가 들어간 자리가 가진 복됨 때문이다. 만일 내가 하나님이 나에게 어떤 분이신지를 인식하는 가운데 산다면, 긍휼, 자비, 겸손, 온유, 오래 참음은 자연스럽게 열매로써 나타날 것이다. 성령의 첫 번째 열매는 사랑과 희락과 화평이다. 그 다음으로 오래 참음과 자비와 양선과 충성과 온유와 절제가 나온다(갈 5:22,23). 무엇보다 사랑과 희락과 화평을 가져야 한다. 만일 내가 하나님 안에서 완전하게 행복하다면, 사람이 내게 욕을 할지라도 나는 신경 쓰지 않고 다만 감내할 것이다. 나는 완전하게 행복할 뿐 아니라 나의 영혼은 이처럼 복된 영적 정서들 가운데 젖어 있게 된다. 그렇다면 다른 것들이 나로 그 자리에서 떠나도록 아무런 영향을 미치지 못한다. 그러므로 사도 바울은 "너희는 하나님이 택하사 거룩하고 사랑 받는 자처럼" 옷 입으라고 말하고 있다.

그리스도도 그러한 삶을 사셨다. 이제 그리스도는 위에 계신다. 그리스도는 하나님이 택하신 분이시고, 보배롭고, 거룩하신 분이시며, 사랑 받는 분이시다. 그분이 우리의 생명이시다. 내가 이러한 자리에 부르심을 받은 자라는 의식을 가지고 행동할 때, 나의 마음은 그 신분에 어울리는 정서를 따라 진실해진다. 우리는 이처럼 복된 관계 속에 들어온 것이다. 따라서 우리는 우리가 하나님 앞에 있다는 의식을 지속적으로 가져야 하며, 이 관계를 기뻐하며 즐거워함으로써, 이 상태에 합당한 열매를 맺게 된다. 이 세상에서 그리스도를 나의 생명으로 삼고 이와 같이 다양한 것들로 옷 입도록 하라. 곧 "긍휼과 자비와 겸손과 온유와 오래 참음을 옷 입고 누가 누구에게 불만이 있거든 서로 용납하여 피차 용서하되 주께서 너희를 용서하신 것 같이 너희도 그리하고 이 모든 것 위에 사랑을 더하라 그리스도의 평강이 너희 마음을 주장하게 하라 너희는 평강을 위하여 한 몸으로 부르심을 받았나니 너희는 또한 감사하는 자가 되라."(골 3:12-15)

새로운 생명(삶)이 가지고 있는 실제적인 특징에 대해서 열거한 뒤, 사도 바울은 이 삶의 다음 단계로 나아간다. 바울은 그리스도의 말씀이 우리 삶의 모든 지혜로 역사하도록 우리 속에 풍성히 거하도록 해야 한다고 말한다. 그리고 그리스도 안에 있는 사람으로서 마음을 넓히고 이해를 넓히며 살도록 우리에게 요청한다. 바울은 '나는 너희 마음과 지성이 이러한 것들을 감당할 수 있도록 넓어지길 바라노라. 나는 그리스도의 말씀을 구하노니, 하나님이 우리에게 주신 이처럼 풍성한 계시는 주 예수 그리스도 안에서 하나님의 생각과 뜻을 계시하신 것이기에, 너희 속에 풍성히 거하기를 바라노라.' 고 말하고 있다.

이제 잠시 멈추고 우리 자신에게 질문해보자. 오늘 나의 마음을 사로잡은 것이 무엇이었는가? 무엇을 추구하였는가? 그리스도의 말씀이 내 속에 풍성히 거했다고 말할 수 있는가? 어쩌면 우리는 정치에 많은 관심을 가졌는지 모른다. 아니면 마을 이야기나 혹은 우리 자신에 대한 이야기 등등. 우리 자신의 꿈과 비전으로 오늘 하루를 다 보냈을 수도 있다. 이것은 그리스도로 사는 것이 아니다. "그리스도의 말씀이 모든 지혜로 너희 속에 풍성히 거하게 하라.]" 모든 지식은 그리스도 안에 있으며, 그것은 실제적인 지혜이다. 지식과 지혜는 다른 점이 있다. 하지만 둘 모두 실제적일 때, 둘은 경이로운 방법으로 동행하게 된다. 그리스도는 하나님의 능력이며 또한 하나님의 지혜이다. 이것이 바로 우리가 지향해야 하는 목표점이다. 이 상태에서 그리스도를 아는 지식은 점점 열리게 되고 발전하게 된다. 하나님의 영께서 그리스도의 것들을 가지고 우리에게 보여주신다. 우리는 하나님이 자기 마음을 열어 보여주시는 그 영역 안에서 살고 있다.

이것을 염두에 두면서, 우리는 사도 바울이 말하고 있는 것은 단순한 지식이나 지혜가 아님을 주목해야 한다. 사도 바울은 "피차 가르치며 권면하고 시와 찬송과 신령한 노래를 부르며 감사하는 마음으로 하나님을 찬양하라"(골 3:16)고 덧붙였다. 이를 통해서 우리는 영적인 정서의 세계로 들어간다. 왜냐하면 이것이 바로 시와 찬송과 신령한 노래가 가진 특징이기 때문이다. 신령한 노래들은 설교문과 달리 많은 지식을 담고 있지 않다. 하지만 그리스도의 계시에 대한 마음의 감정적 반응이 있다. 나는 그리스도께서 계시되었던 어떤 집회에서 다음과 같은 말을 들었다. '그리스도의 계시에 대한 감정적 응답을 주시는 분은 성령님이시다.' 이렇듯 새 사람에게는 새로이 받게 된 계시에 대한 마음의 정서적 표현이 있을 뿐만 아니라 그에 대한 화답으로 찬송과 경배로 하나님을 찬양하는 것도 있다. 찬양은 교리적인 진술을 하는 것이 아닐지라도, 계시된 그리스도의 위격에 대한 마음의 경배가 우리의 정감을 따라 흘러나오는 것이다.

"또 무엇을 하든지 말에나 일에나 다 주 예수의 이름으로 하고 그를 힘입어 하나님 아버지께 감사하라."(골 3:17) 여기서 나는 매일의 삶의 총체적인 과정을 볼 수 있었다. 우리는 이 세상을 살아가면서 끊임없이 어려운 일들을 본다. 그렇다면 나는 이 일 혹은 저 일을 꼭 해야만 하는 것일까? 라는 질문을 하곤 한다. 나는 그것이 옳은 길인지 확신할 수 없고, 내가 옳다고 생각하는 일을 하는 데에는 많은 장애물이 놓인 것처럼 보인다. 만일 나 자신도 불확실할진대, 나의 눈은 성한 것이 아니다. 나의 온 몸은 밝지 않다. 그러므로 나의 눈도 성한 것이 아니다. 하나님은 내가 이 사실을 볼 때까지 어려운 환경 속으로 넣으신다. 어쩌면 그것은 진정 그것이 나를 방해하고 있던 줄로는 한 번도 생각해 본 일이 없는 것일 수 있다. 하지만 무언가 나와 그리스도 사이를 막고 있는 것이 있다. 그것이 제거되기 전까지 나는 나의 길을 확신할 수 없을 것이다. 그러므로 사도 바울은 "무엇을 하든지 말에나 일에나 다 주 예수의 이름으로"(골 3:17) 하라고 말한다. 이렇게 하면 문제의 99%는 해결된다. 만일 당신이 이 일 혹은 저 일을 하는데 확신이 서지 않거든, 스스로에게 물어보라. 나는 과연 그 일을 주 예수님의 이름으로 할 것인가? 그러면 문제는 즉시 해결될 것이다.

사람들이 내가 이런 저런 일을 한들 무슨 해가 있을 손가라고 묻는다면, 나는 이렇게 대답할 것이다. 당신은 그 일을 주 예수님의 이름으로 할 수 있는가? 어쩌면 당신은 즉시 이에 대답할 수 있을지도 모른다. '물론 그렇게 할 수는 없지요.' 그렇다면 문제는 즉시 해결된다. 이것은 마음의 상태에 대한 시험이다. 만일 나의 눈이 성하면, 즉 나의 마음의 동기가 옳다면, 모든 문제가 쉽게 해결될 것이다. 이것은 나의 마음에 대한 시험이다. 나는 옳은 길이 무엇인지를 알고 싶어 한다. 그렇다면 이는 너무도 쉬운 것이다. 만일 나의 마음이 그리스도를 중심으로 삼고 있지 않다면, 나는 끊임없이 나의 포부를 펼치고자 애를 쓸 것이다. 그렇다면 그것은 하나님의 뜻이 아니다. 모든 길과 상황을 명쾌하게 판단할 수 있는 영구적인 원칙이 있다. 나는 과연 그 일을 주 예수의 이름으로 하고자 하는가?

이 일과 관련해서 이제 나는 무엇을 해야 하는가? "그를 힘입어 하나님 아버지께 감사해[면]"(골 3:17) 된다. 사도 바울은 데살로니가전서 5장 18절에서는 "범사에 감사하라"고 말했다. 나의 마음이 나와 함께 하시는 그리스도를 감지할 수 있는 것은 내 마음이 하나님을 향하고 있을 때뿐이다. 그렇다면 나는, 심지어 환난 중에도 주께서 나와 함께 하신다고 말할 수 있다. 나는 하나님의 길에 있으며, 나의 길에 나와 함께 하시는 그리스도를 모시고 있다. 그렇다면 세상에서 가장 아름답고 쾌락을 주는 곳보다 오히려 그리스도와 함께 있고 싶어 할 것이다. 이것은 시편 84편에서 "그 마음에 시온의 대로가 있는 자는 복이 있[다]"고 한 것과 같다.

이제 그리스도의 생명을 나의 생명으로 삼는 것에 대한 설명을 마치고자 한다. 이 주제는 우리가 그리스도와 함께 죽었고 또 그리스도와 함께 살리심을 받았다 - 즉, 옛 사람의 심판이 절대적이고 완전하게 이루어졌다. 따라서 우리는 실제적으로 죽은 것으로 여길 수 있다 - 는 위대한 진리로 시작된다. 사람들은 육신을 죽이는 것에 대해서 말하면서, 잘 죽지 않는다는 말을 하곤 한다. 이것은 참으로 어처구니 없는 말이다. 육신의 죽음은 이미 이루어진 단순한 사실이다. 만일 내가 그리스도와 함께 죽었다면, 나는 그리스도와 함께 살 것이다. 이 사실은 내 영혼 안에서 능력으로 역사하고 있다. 바울이 가진 모든 교리의 뿌리는 우리가 그리스도와 함께 십자가에 못 박혔으며, 우리가 그리스도와 함께 죽었다는데 있다. 이제 사는 것은 내가 아니요, 오직 그리스도께서 내 안에 사시는 것이다. 이제 그리스도께서 나의 삶의 목적이 되셨다. 이러한 토대가 놓였기에, 옛 사람은 벗어 버리고 새 사람을 입어야 한다. 새 사람은 그리스도이시다. 그리고 바울은 우리가 서있는 복의 근원과 열매를 맺는 비결이 그리스도에게 있다는 결론을 내린다. 그렇다면 진지한 신자에게 매우 단순하면서도 복된 원칙이 제시된 것이다. 즉 나는 스스로 아무것도 할 수 없고 오직 주 예수의 이름으로만 할 수 있다는 것이다.

실제적으로 우리 앞에 놓인 한 가지 중요한 점은 그리스도가 모든 것이라는 사실이다. 그리스도는 만유시며 만유 안에 계신다. 이것은 우리가 바라보아야 하는 위대한 사실이다. 진정 그리스도께서 모든 것이신가? 당신은 비록 가련한 피조물에 불과하지만 그럼에도 '나는 이 세상에서 그리스도 외에는 다른 아무 목적도 가지고 있지 않다.' 고 말할 수 있는가? 당신은 아직 그렇게 말하는 것이 부담스럽게 느껴질 것이다. 당신은 아직 충분히 사태를 파악하지 못했을 수 있다. 당신의 믿음은 연약하기 그지없다. 당신은 자신의 약점을 너무도 잘 알고 있다. 하지만 이 모든 일에도 불구하고, 정직하게, 나는 이 세상에서 그리스도 외엔 다른 아무 목적이 없다고 말하고 싶은가?

첫째, 이 모든 일이 가능한 근본적인 이유는 우리 생명이신 그리스도에게 있다. 이제 사람의 행동 속에 나타나는 외적인 행실의 문제로 넘어가보자. 사람은 외적으로 바르고 또 아무 흠잡을 것이 없게 행동할 수 있다. 그럼에도 그리스도인으로서 덕목은 부족하고 영성이 없을 수도 있다. 당신은 참으로 거듭난 사람들 가운데서 그리스도를 자신의 생명으로 삼고 있으며 또 행실에 아무 문제가 없는 사람들을 많이 보았을 것이다. 하지만 아무 영성이 없을 수가 있다. 만일 그 사람에게 그리스도에 대해서 물어보면, 아무 대답도 하지 못한다. 그에게 생명이 있고 삶에는 아무 흠도 없지만, 그 사람과 그리스도 사이에는 커다란 간격이 있다. 그 사람의 정서와 삶의 목적에는 그리스도가 전혀 없는 것이다. 오늘 하루 가운데 당신의 영혼은 얼마나 그리스도로 충만했는가? 당신은 어느 정도나 그리스도를 삶의 목적으로 삼고 추구했는가? 하나님께 기도하고자 나아갔을 때, 하나님을 향한 문이 닫힌 것처럼 느껴지지 않았는가? 무언가 당신 마음을 막고 있는 것이 있다면, 당신 마음에 숨기고 있는 것이 있다면, 그것이 하나님과 당신 사이를 갈라놓지 않겠는가? 만일 우리가 복 주시길 기도할 때 어느 한 지점에 막혀 있다면, 거기엔 그리스도께서 실제적으로 우리에게 모든 것이 되실 수 없는, 무언가 막고 있는 것이 있기 마련이다.

# 제 4부
# 그리스도와의 연합의 진리

## 제 14장 그리스도와 함께 다시 살리심을 받음

골로새서 3장 1-17절을 읽으라. 이 구절에서 우리는 그리스도인이 들어간 복스러운 상태의 측면을 볼 수 있다. 곧 그리스도와 함께 다시 살리심을 받은 상태로서, 이것은 그리스도인의 삶에 있어서 엄청난 기초석을 놓는 것과 같다. 이것은 그리스도께서 우리가 지은 죄들을 위해 죽으신 것에 대한 이야기가 아니라, 우리가 죽었고 다시 살아난 이야기이다. 따라서 이것은 우리 신앙의 새로운 시작점을 가리킨다. 아담의 자손으로서 옛 사람과 우리의 관계는, 우리가 죽음으로써 끝난다. 뿐만 아니라 세상과 우리와의 관계는 우리가 다시 살아남으로써 끝난다. 여전히 우리는 세상 속에 살아갈 터이지만, 그럼에도 우리는 그리스도와 함께 다시 살리심을 받았다. 이제 우리는 다시 살아난 사람으로서 새로운 실천을 필요로 한다. 새로운 마음의 정서, 상태, 행실을 요한다. 이제 성경은 그리스도인을 이 땅에 속하지 않은 사람으로 취급한다. 그리스도인은 이미 그리스도와 함께 죽었다. 따라서 이제 성경은 "너희가 그리스도와 함께 다시 살리심을 받았으면 위의 것을 찾으라"(골 3:1)고 말한다. 골로새서 2장에 보면 우리는 "어찌하여 세상에 사는 것과 같이 의문에 순종하느냐?"라는 질문을 받게 된다. 그리스도인이여, 그대는 세상을 향해 살아 있지 않다. 그대는 죽었다. 이제 그대의 마음을 위엣 것에 두라. 그대는 하늘에 속했다. 아직 하늘에 올라간 것은 아니지만, 새 사람으로 하여금 땅의 것을 마음에 두게 하지 말라. 성령님은 그리스도의 것을 가지고 우리에게 보여주시며, 우리 마음을 땅의 것에 두지 않게 하시고, 세상의 것들에서 돌아서게 하신다. 우리는 영으로, 마음으로, 감정으로 위에 있는 천상에 머물러야 한다. 우리는 다시 살리심을 받았고, 더 이상 세상과 관계할 것이 없다. 우리는 세상에 대하여 죽었기 때문에, 우리 마음과 목표를 세상에 둘 이유가 없어졌다. 성경은 우리에게 "당신은 죽어야 한다"고 말하지 않고, 다만 "당신은 죽었다"라고 말한다. 그것이 그리스도인의 영적 상태이다. 그리스도는 죽으셨고, 나의 생명이 되셨다. 나의 생명은 그리스도 안에서 하늘에 감추어 있다. 그리스도와의 완전한 연합이 이루어졌다. 그리스도는 죽으셨고, 나도 죽었다. 그리스도는 하늘에 감추어졌고, 나의 생명도 감추어졌다. 그리스도는 영광 중에 나타나실 것이며, 나도 그리스도와 함께 영광 중에 나타날 것이다. 전적이고, 완전하고, 복된 그리스도와의 연합은 우리가 지금 들어가 있는 영적 상태이다. 이것이 바로 우리가 속해있지 않은 세상에서 우리가 마땅히 살아가야 하는 영적 삶의 새로운 시작점이다. 예를 들어보자. 만일 천사가 이 세상에서 살고 있다면, 그는 자신을 향한 하나님의 뜻을 성취하려는 뜻만을 가지고 살아갈 것이다. 삶의 목표를 이 땅에 두지 않을 것이다. 왜냐하면 세상과는 관계할 것이 전혀 없기 때문이다.

사도 바울은 우리가 이 세상에 붙잡힌 삶을 조금도 용인하지 않는다. 그래서 우리 지체에 대해서 교훈하기를 "땅에 있는 지체를 죽이라 - 죽음에 넘기라."고 했다. 육체에서 나오는 모든 것에 대해서 그리스도인은 한 순간도 허용해서는 안된다. 이것이 죄에 대해서 죽는 것과 어떻게 다른지 주목하라. '죽이라'는 말은 죽는 것과는 달리, 죽음에 넘기는 것을 의미한다. 그렇게 할 수 있으려면 능력이 전제되어야 한다. 만일 내가 "나는 죽어야만 해"라고 말한다면, 그것은 내가 살아있다는 증거이다. 우리는 죄에 대하여, 세상에 대하여, 율법에 대하여 죽었다. 그리스도께서 죽으셨기에, 우리도 죽었다. 그리스도께 사실인 것은, 우리에게도 사실이다. 생명과 능력을 소유하고 있기에, 우리는 우리 지체를 죽음에 넘겨야 한다. 만일 죽었다면, 더 이상 정욕도, 자기 의지도, 육체의 활동도 없다. 나는 나 자신을 죄에 대해 죽으려고 애쓰는 것이 아니라 이미 죽은 자로 여길 뿐이다. 사실 나는 죄에 대해서 죽을 수가 없다. 사실 육신, 옛 사람은 죽기를 바라지 않는다. 사도 바울은 "너희 자신을 죄에 대하여는 죽은 자요 그리스도 예수 안에서 하나님을 대하여는 산 자로 여길지어다"(롬 6:11)라고 말했다. 당신은 죽었다. 이제 옛 사람을 벗어 버리라. "우리 옛 사람이 예수와 함께 십자가에 못 박힌 것은 죄의 몸이 멸하여 다시는 우리가 죄에게 종 노릇 하지 아니하려 함이[다.]"(롬 6:6) 죄는 이미 정죄를 받았다(롬 8:3). 이제 나는 육신이 맺는 모든 악을 죽음에 넘길 수 있는 능력의 자리로 (즉 그리스도 안으로) 들어왔다. 당신의 지체를 죽음에 넘기라. 당신의 생명은 더 이상 아담 안에 있는 생명이 아니다. 당신은 죽었다. 그러므로 당신의 지체를 죽음에 처하게 하라. 만일 당신의 지체가 움직이도록 한다면, 그것은 육신이 그렇게 하는 것이다. 그리스도인은 그리스도 안에서 능력을 가지고 있다. "내게 능력 주시는 자 안에서 내가 모든 것을 할 수 있느니라." (빌 4:13) 그리스도 안에 있는 삶과 불일치를 이루는 모든 것을 소멸시키는 능력이 당신에게 있다. 생명은 하나님 안에서 그리스도와 함께 감추어 있지만, 우리의 지체는 이 땅에 있다. 따라서 사도 바울은 '그대의 지체를 하나님의 뜻대로 사용하라. 그대는 그리스도 안에서 능력을 가지고 있다.' 고 말한다.

여기에 이르기 전까지는 아직 해방이 이루어진 것이 아니다. "그리스도 예수 안에 있는 생명의 성령의 법이 죄와 사망의 법에서 나를 해방하였음이라."(롬 8:2) 이 구절에 담긴 영적인 능력이 샘솟듯 하게 하려면 부주의해서는 안되고 상당히 신중해야 한다. 우리에게 능력이 있긴 해도, 옛 사람에게선 조금도 영적인 능력이 나올 수 없는 법이다. 옛 나무는 찍어 버리고, 새로운 가지를 접목시켜야 한다. 옛 나무 가지에서 새싹이 나올 수 있지만 그것은 더 이상 본(本) 나무에 속한 것이 아니다. 이미 다른 나무에 접목되었기 때문이다. 본래 나무의 기둥이 있고, 따라서 우리의 육신도 거기에 있다. 하지만 우리가 기억해야 할 사실은 우리에겐 능력이 있다는 것이다. 그렇다면 우리는 핑계할 수 없다. 우리 의지는 바뀌지 않을 것이다. 하지만 그리스도께서 우리의 목표일진대, 거기에 능력이 있다. 물론 죄와 사망의 법도 있다. 하지만 우리는 더 이상 죄와 사망에 빚진 자가 아니다. 더 이상 나에 대해서 주장하지도 못하며 그럴 권세도 없다. 하지만 만일 허용한다면 다시금 권세를 부릴 것이다. 그럼에도 우리는 그것을 능가할 수 있는 능력을 가지고 있다. 주님은 우리가 선악을 분별하는 감각을 갖기를 바라시며, 때로는 시험하시고 시련 속에 넣으신다. 육신은 여전히 있다. 하지만 우리가 그리스도로 충만하기만 하다면 우리는 능히 육신을 제어할 수 있다. 그리스도로 충만하지 않으면, 육신이 우리를 제어할 것이다. 그렇다면 그것은 우리의 잘못이다. 변명의 여지가 없다. 우리는 그리스도의 생명을 나타내야 한다. 그렇지 않으면 육신이 활동할 것이며, 옛 사람이 나타날 것이다. 사도 바울은 우리가 이제는 전혀 옛 사람으로 사는 것이 아니라고 말했다. 우리는 그리스도 안에서 살고 있으며, 더 이상 육신을 좇아 살지 않는다.

**7절.** "너희도 전에 그 가운데 살 때에는 그 가운데서 행하였으나"에서 사도 바울은 이 진리를 그리스도인의 행실에 적용시킨다. 이 진리는 우리가 가진 능력을 능동적인 행실을 하는데 사용하도록 격려한다. 우리가 그리스도로 충만하지 않다면 육신은 바로 등장할 것이다. 우리는 그리스도의 능력으로 우리 자신을 무장해야 하며, 육신으로 하여금 자신의 자리, 즉 죽은 상태로 있게 해야 한다. 만일 내가 그리스도를 누리고, 그리스도의 이름을 위하고 또 그리스도를 위하여 그리스도로 충만하지 않다면, 육신은 바로 나타날 것이다. 그것은 전쟁터에서 갑옷을 입지 않은 것과 같다. 이 세상을 살아가면서 겪는 모든 것은 두 가지 중 하나이다. 새 사람으로 순종하는 삶을 살거나, 아니면 옛 사람으로 유혹을 받아 살거나. 주님은 겟세마네 동산에서 고뇌하시면서 기도하셨다. 주님을 잡으러 온 자들에게 주님은 "너희가 누구를 찾느냐?"고 말씀하셨다. 주님은 세상을 통과해서 아버지께로 가고자 하셨으며, 그 길은 순종의 길이었다. 그리고 "아버지께서 주신 잔을 내가 마시지 아니하겠느냐?"고 말씀하셨다. 베드로는 주님이 기도하시는 동안 동산에서 잠들었으며, 주님이 빌라도 앞에서 선한 증거로 증거하실 때에는 주님을 모른다고 부인하며 저주로 맹세하기까지 했다. 만일 우리가 그리스도로 충만하다면, 모든 시험은 다만 하나님을 순종하고 또 영광스럽게 해드리는 일의 수단이 될 뿐이다. 우리는 하나님을 위하여 그리스도 안에 거하는 일을 자각하고 마음을 쓸 필요가 있다. 그리하면 시험이 올지라도 우리는 시험에 들지 않을뿐더러, 복스러운 순종을 통해서 하나님을 영광스럽게 해드리는 기회를 얻게 될 것이다.

**8절.** "이제는 너희가 이 모든 것을 벗어 버리라 곧 분함과 노여움과 악의와 비방과 너희 입의 부끄러운 말이라"에서, 우리는 또 다른 교훈을 보게 된다. 열망도 없고, 육신의 굴복도 없는 경우이다. 우리는 화를 내고픈 열망을 갖고 있지 않다. 굴복되지 않은 육적인 본성, 그것은 그리스도에게 속한 것이 아니다. 두 번째 단계는 "이 모든 것을 벗어 버리[는]" 것이다. 우리는 하나님이 미워하시는 끔찍스러운 악과의 관계를 끝냈다. (하나님은 다른 누구보다 하나님의 자녀들 속에 있는 이러한 악한 모습을 싫어하신다. 우리를 받아주셨을지라도 하나님은 자신의 거룩한 본성을 포기한 일이 없으시다.) 이제는 굴복되지 않은 의지와 육신의 잠복된 행동이 표출되어 나오는 이 모든 것들을 벗어버려야 한다. 만일 누군가 나에게 무슨 말을 했는데 화를 낸다면, 그것은 그리스도로 행한 것이 아니다. 굴복되지 않은 육신이 발동된 것이다. "너희가 서로 거짓말을 말라."(9절) 사탄은 거짓말쟁이이며 살인자이다. 우리는 거짓말과 폭력을 벗어버려야 한다. 옛 사람에 속한 이 모든 것을 벗어버려야 한다. 왜냐하면 우리가

"옛 사람과 그 행위를 벗어 버리고 새 사람을 입었[기]"(9-10절) 때문이다. 당신은 옛 사람과 더불어 그 악한 본성까지 벗어버렸고, 새 사람을 입었다. 이제는 옛 사과나무, 즉 옛 사람의 열매를 맺을 필요가 없다. 새 사람은 "자기를 창조하신 자의 형상을 좇아 지식에까지 새롭게 하심을 받는 자"(10절)이다. 새 사람은 하나님을 알고, 다만 옳은 것이 아니라 하나님께 합당한 것을 추구한다. 새 사람은 단지 지적인 피조물이 아니다. 새 사람은 다만 이성적인 방식으로 무엇이 옳은지를 결정하지 않는다. 그리스도인은 그리스도 안에서 하나님의 사랑과 거룩을 아는 사람이다. 이것은 하나님이 주신 믿음을 통해서 아는 것이다. 새로운 피조물로서 내가 걸어가야 하는 길에는 한계가 없다. 오직 하나님이 그 한계이시다. 이것이 바로 그리스도인에게 정해진 길이다. 하나님이 그리스도 안에서 보이신 것과 동일한 정신과 특징으로 행하라. 당신이 원수였을 때 하나님이 당신에게 은혜를 보이신 것 아닌가? 그렇다면 당신도 가서 은혜를 나타내라. 하나님은 감사치 않는 자들에게도 자비로 가득하지 않으신가? 그렇다면 당신도 가서 동일한 일을 하라. "하늘에 계신 너희 아버지의 온전하심과 같이 너희도 온전하라."(마 5:48)

**11절.** 그리스도 외엔 다른 동기도, 생명도, 성품도 없다. "오직 그리스도는 만유시요 만유 안에 계시니라."(11절) 나는 유대인도 아니고 이방인도 아니고, 그렇다고 영국 사람도 아니다. 나는 나의 생명에 있어서 그리스도 안에 있는 사람이며, "내게 사는 것이 그리스도"인 사람이다. 우리가 들어온 곳은 그리스도 안이며, 우리의 목표는 그리스도이다. 그 밖의 다른 것은 아무 것도 모른다. 우리 생명은 그리스도 안에서만 표현되며, 그 능력은 우리 안에서 살아 움직인다. 우리는 구속을 통해서 들어왔으며, 그리스도께서 총체적인 목적이며, 그 특징이다. 그리스도는 주관적으로 내 안에 계시며, 객관적으로 밖에 계신다. 나는 그리스도 안에서 하나님을 아는 지식을 얻는다. 그리스도는 하나님의 형상이시다. 그리스도를 바라보라. 그리하면 당신은 인자이신 그리스도를 통해서 모든 것을 보게 될 것이다. 그리스도가 모든 것이며, 그리스도는 그리스도인 안에 거하신다. 그리스도인의 삶의 총체적 영역에서 삶의 목표는 바로 그리스도이시다. 그리스도가 있는 곳에 신성한 생명이 있고, 그리스도께서 삶의 목적이 되신다. 아버지의 사랑이 그리스도 안에서 온전히 계시되었다. 가장 복된 일은 내가 바로 그리스도의 자리에 있다는 것이다.

**12절.** "너희는 하나님의 택하신 거룩하고 사랑하신 자처럼 긍휼과 자비와 겸손과 온유와 오래 참음을 옷입[으라.]" 그리스도는 하나님의 택하신 자가 아니었던가? 그리스도는 하나님의 사랑하시는 아들이셨다. 그리스도 안에 들어온 사도 바울은 우리가 실천적으로 옷을 입어야 할 것을 보았다. "그것이 바로 당신의 자리이다"라고 사도 바울은 말한다. 당신은 하나님의 기쁨의 대상이며, 거룩하고 사랑하는 자이다. 하나님의 본성이 당신 속에도 있다. 이제는 그 사실을 인식하고 행하라. 그리하면 당신의 마음은 그리스도에게 합당한 것들을 옷입는 상태에 있게 될 것이다. 만일 그리스도께서 우리를 이러한 자리에 넣어 주셨다면, 그리스도는 열매를 기대하실 것이다. 그리스도인은 나무 밑동이 잘렸고, 새로운 가지가 접목되었으며, 이제 새로운 가지에서 싹을 내고 있다. 그리고 사도 바울은 이처럼 여러 가지 복스러운 열매들을 열거하고 있다. 만일 그리스도께서 나의 생명이시라면, 그리스도는 내 안에 계실 뿐만 아니라 그리스도는 나의 목적이시다. 사도 바울이 말한 것을 기억하라. 당신은 하나님 앞에 있다. 그 사실을 늘 생각하고 인식하고, 행하라. 당신은, 마치 자녀가 어머니의 사랑을 아는 것처럼, 사랑의 감각을 가지게 될 것이다. 자녀는 그 사랑의 자리에 대한 인식을 가지고, 거기에 합당하게 행동하고자 하며, 자기 어머니를 기쁘게 해드리고자 애쓴다. 이러한 것이 우리가 우선적으로 가져야 할 우리가 들어간 자리에 대한 첫 번째 인식이다. 이러한 인식도 없이 그저 모든 의무를 행하고자 할 수가 있다. 그렇다면 우리 마음은 목표한 것에 이르지 못하고 늘 좌절만을 맛보게 될 것이다. 에베소서에서 우리는 상당히 동일한 내용의 말씀을 볼 수 있다. "사랑을 입은 자녀같이 너희는 하나님을 본받는 자가 되라.]"(엡 5:1) 그리고 가서 너희 아버지와 같이 행하라. 그렇다면 골로새서는 동일한 내용의 또 다른 측면을 말하고 있는 셈이다. "너희는 하나님의 택하신 거룩하고 사랑하신 자처럼 긍휼과 자비와 겸손과 온유와 오래 참음을 옷입[으라.]" 여기엔 그리스도의 성품이 있으며, 당신은 하나님과의 관계에서 그리스도의 자리에 있다. 우리는 이 세상에서 그리스도의 자리에 있으며, 그 자리를 대표하고 있다. 그처럼 존귀한 자리에 속한 정신을 보이도록 하자. 그렇다면 남을 넘어뜨리거나 짓밟는 짓을 하는 것은 불가능하다. 그것이 바로 그리스도께서 가지신 정신이었다. "오직 선을 행함으로 고난을 받고 참으면 이는 하나님 앞에 아름다우니라."(벧전 2:20) 이런 것이 그리스도의 특징이다. 그리스도는 선을 행했고 고난 속에서도 참지 않으셨는가? 당신도 그렇게 하라. 그리스도의 특징을 가지는 것이 나의 돈지갑을 지키는 것보다 더 중요하다. 이것이 우리 마음을 작동시키는 원리여야 한다. 우리는 죄의 세상에서 의로움(공정함)을 기대할 수 없다. 내가 힘쓸 일은 세상 앞에서 그리스도의 특징을 나타내는 것이다. 거짓된 세상에서 그리스도의 온유와 관용을 나타내는 것이다. 그러한 것이 영적인 탁월성이다. 만일 누군가 나를 짜증나게 만든다면, 우리는 동일한 원리에서 행해야 한다. 만일 그리스도의 영 곧 능력의 영을 소유하고 있다면, 나를 육신 보다 높이 들어 올려줄 것이다.

　　이 모든 것은 자연적인 온유로 되지 않는다. 사도 바울은 "이 모든 것 위에 사랑을 더하라 이는 온전하게 매는 띠니라"(14절)고 말한다. 어떤 것을 온전하게 만들고, 그것을 신적인 것으로 바꾸는 것은 하나님의 실제적인 사랑이다. 단순히 온유한 성품은 다른 사람의 의견에 저항할 힘이 없으며, 성품의 굳건함도 없고, "아니요"라고 말하지 못한다. 많은 사람들이 "아니요"라고 말하는 것을 고문당하는 것처럼 힘들어 한다. "아니요"라고 말할 수 없는 사람들에 대해서 성령님은 근심하신다. 그러한 것이 인간적인 상냥함이며, 하나님의 사랑에 의한 것이 아니다. 온전하게 매는 띠는 거룩한 것이다. 인간적인 온유함은 매우 보기 좋은 것이긴 해도, 유혹으로 가득한 세상에서는 오래가지 못한다. 만일 온유함이 그리스도의 은혜로 말미암은 것이라면, 거기엔 신성한 사랑과 능력이 있다. 그처럼 은혜로 강건함을 입은 온유함은 세상을 뚫고 지나갈 수 있다. 이는 그러한 온유가 경건한 사랑과 순종에 의한 것이기 때문이다.

**15절.** "그리스도의 평강이 너희 마음을 주장하게 하라." 평강의 영이 함께 하면 성령님은 더 이상 근심하지 않으신다. 평강은 양심의 손상이 없는 상태에서 하나님과 함께 하는 것을 누리는 상태이다. 거기에 더하여 사도 바울은 "또한 너희는 감사하는 자가 되라."고 말했다. 이는 내가 모든 것을 하나님에게서 공급을 받고 있기 때문이다. 만일 나의 의지가 깨어지지 않았다면 모든 일에 감사할 수 없을 것이다. 하지만 내 머리털까지도 세시는 하나님을 바라보는 순간, 나는 환난 중에도 기뻐하고, 그 모든 것을 기쁨으로 여기며, 모든 시련을 감내하게 된다. 이것이 그리스도인의 자리이다. 그 마음을 그리스도께서 다스리시며, 평강을 누리며 세상을 통과하는 것이다. 그리고 그 길에서 받는 모든 것을 감사하는 것이다. 이 모든 것은 우리의 선을 위한 것이다. 이제 그리스도인은 자기 앞에 놓인 세상의 모든 것을 환영하며 기뻐할 수 있다.

**16절.** "그리스도의 말씀이 너희 속에 풍성히 거하[게]" 하라. 이제 당신은 긍정적이고 적극적인 세계에 들어왔다. 모든 것이 "측량할 수 없는 그리스도의 풍성"으로 가득한 세계에 들어온 것이다. 이것은 다만 지적으로 아는 것으로 되지 않고, 오직 영적으로만 이해된다. 그렇다면 당신은 "은혜를 기뻐하며 마음으로 주님께 찬양하게 된다."(16절) 우리는 우리 속에 풍성히 거하는 이처럼 놀라운 말씀을 통해서 하나님의 섭리와 생각을 알게 되고, 그리스도의 마음을 가지게 된다. 세상 사람들은 그저 쾌락을 좇아 노래할 것이다. 하지만 우리는 주님을 노래하고 또 주님께 노래한다. 이제 그리스도인은 마음의 정서를 다해 자신이 속한 세계를 기뻐한다. 우리는 이제 자기 삶의 규범을 가지게 된다. 그 삶의 규범이란 하나님의 뜻을 행하기를 간절히 바라는 사람에겐 매우 단순하고, 매우 광범위하면서도 특별한 만족을 가져다준다. 바로 "무엇을 하든지 말에나 일에나 다 주 예수의 이름으로 해[는]" 것이다(17절).

**17절.** 만일 우리가 "무엇을 하든지 말에나 일에나 다 주 예수의 이름으로" 하고자 한다면, 우리에게 모든 것 되신 한 분의 계시를 좇아 우리 행실의 동기를 삼고, 모든 것의 원칙을 삼게 될 것이다. 우리는 일주일 동안 얼마나 많은 것들을 생각하면서, 이것을 해야 할까 아니면 저것을 해야 할까?를 고민하는지 모른다. 절대적으로 잘못된 일은 아예 고민도 하지 않을 것이다. 그래서 사람들은 아무 해도 없어 보이는 일에 "거기에 무슨 죄악된 것이 있을까?" 하고 묻곤 한다. 그에 대한 해답은 간단하다. 당신은 그 일을 주의 이름으로 할 수 있는가? 만일 그럴 수 없다면? 그럼에도 그 일을 하게 되면, 당신은 주님에게서 멀어질 것이며, 그것이 바로 죄악인 것이다. 주님에게서 멀어지게 하는 것, 그것이 그리스도인들에게 가장 치명적인 죄이다. 집을 사고, 옷을 사고, 또 집을 가꾸는 것 등 이 모든 것을 주의 이름으로 하고 하는가? 우리는 무어라고 답할 것인가? 이 모든 일에 주님을 배제시키는 것은 자아를 끌어들이는 것이다. 그렇다면 그것은 육신의 뜻을 좇는 것이 될 것이다.

그리스도인은 날마다 모든 일을 주 예수님의 이름으로 하는 특권을 가지고 있다. 사람들은 음악회에 가는 것이 무슨 해로움이 있는가? 하고 묻는다. 그것은 마귀의 속임수이다. 다만 주 예수님의 이름으로 할 수 있는지 만을 물으라. 그러한 사람들은 대게 주님을 우선적으로 생각하고 있지 않다. 어떤 사람들은, '이처럼 아름다운 장면을 보러 가는 일에 무슨 문제가 있단 말인가? 라고 말한다. 그럴 수 없다. 하나님은 허락하지 않으실 것이다. 당신은 주 예수의 이름으로 행하고 있는가? 그것이 우리의 목적이며, 그것이 가장 중요한 것이다. 요나단이 수풀 속으로 들어갔을 때, 하나님은 요나단에게 꿀을 보내주셨다. 요나단은 꿀을 먹고 새로운 힘을 얻을 수 있었다(삼상 14장). 매우 옳은 일이었고 매우 좋은 일이었다. 하지만 만일 요나단이 꿀만을 추구했다면, 주의 전쟁에서 이길 수 없었을 것이다. 게다가 성경은 제사에는 꿀을 드릴 수 없다고 정해 놓았다. 하지만 하나님이 꿀을 주셨다면, 꿀을 먹고 기력을 찾는 것은 온당한 일이며 또한 감사할 일이다. 요점은 바로 사람의 마음이 어디에 고정되어 있으며, 무엇을 위해 사는가에 있다. 만일 사람이 하나님의 뜻을 행하는데 진지하다면, (그럴지라도 성령님은 우리 자신을 기쁘게 하고 또 우리 자신의 뜻을 이루는 쪽으로는 인도하지 않으신다.) 만일 사람이 하나님을 위해 사는데 진지하다면, 그런 사람은 '날마다 새롭게 나타나는 모든 일들을 해결할 수 있는 간단한 원칙을 알려 달라.'고 말하지 않을 것이다. 다만 모든 일을 다 주 예수의 이름으로 할 뿐이다. 이렇게 할 때 우리는 날마다 모든 일을 주님과 함께 풀어나가며 살게 된다. 예를 들어 보자. 나의 아버지께서는 이 책을 처분하길 바라시지만, 나는 그리하지 않는다. 이것은 하찮은 일처럼 보이지만, 내가 그리하는 것은 나의 아버지의 말은 내게 안중에도 없다는 증거이다. 만일 찬송 받으실 주님께서 나에게 모든 것이 되신다면, 나는 주의 이름으로 모든 것을 하고자 애쓸 것이다. 아, 하지만 안타깝게도 우리는 그렇게 행하는 것을 종종 잊어버린다. 반면에 그것이 사람을 기쁘게 하는 일이라면, 쉽게 잊지 않으려고 애쓴다. 만일 내가 모든 일을 주의 이름으로 행하고 있다고 생각해보자. 그리하면 나는 더욱 그리스도를 알게 될 것이며, 더욱 행복감에 사로잡히게 될 것이다. 그렇다면 성령님을 근심시켜드리는 일도 없을 것이며, 앞으로 수년 동안 후회하면서 살아갈 어리석은 행동도 하지 않을 것이다. 나는 내가 하는 모든 일에서 그리스도만을 나의 목표로 삼을 것이다. 우리는 우리를 사랑하는 사람을 많이 생각하며, 내가 그를 사랑한다면 그가 좋아하는 일을 늘 마음에 둘 것이다. 이것이야말로 우리를 사랑하시고, 은혜 가운데서 우리를 위해서 자신을 내어주신 주님이 우리에게서 기대하시는 방식이다.

그리스도께서 나에게 모든 것이 되신다면, 나는 그리스도를 나의 생명으로 생각하면서, 그 가운데서 행하며 또 모든 일을 주 예수님의 이름으로 행할 것이다. 이렇게 사는 삶은 우리를 진정 행복하게 해줄 거라고 나는 확신한다. 우리 자신이 얼마나 연약한 존재인지를 자주 보게 될 것이며, 이 사실 때문에 우리는 겸손해야 할뿐더러, 그럴 때 매우 유용한 존재가 되는 것을 보게 된다. 주님과 동행하는 삶을 살 때, "그에게 나를 나타내리라"(요 14:21)는 주님의 말씀대로 주의 임재와 섭리의 비밀을 경험하게 될 것이다. 주의 임재의 기쁨 속에서 살아가는 사람의 삶에는, 주를 위한 삶의 결과로 긍정적인 삶이 조성된다. 롯처럼 사는 삶에 만족한다면, 우리를 둘러싸고 있는 악한 사람들로 인해서 짜증나는 삶이 연속될 것이다. 롯과 같은 삶을 포기할 때, 우리는 주님이 아브라함에게 찾아오셔서 말씀하신, "나는 네 방패요 너의 지극히 큰 상급이니라"(창 15:1)는 음성을 듣게 될 것이고, 우리의 기쁨은 한량이 없을 것이다. 만일 하나님께서 그리 말씀하신다면 우리는 과연 만족할까? 그것은 지나온 아브라함의 삶에 대한 보상이었다. 아브라함은 "하나님의 벗"으로 불렸다. 그리고 하나님은 "내가 하려는 것을 아브라함에게 숨기겠느냐?"(창 18:17)고 말씀하셨다. 하나님의 비밀이 아브라함의 마음에도 있게 되었다. 우리는 이 모든 것을 통해서 그리스도의 생명이 무엇이며, 우리 속에서 어떻게 작용하는지에 대한 놀라운 표현들을 볼 수 있다. 그것은 옛 사람을 벗어버리고 새 사람을 입는 것으로 시작된다. 하나님은 그리스도 안에서 자신을 충만하게 계시하셨고, 우리는 그 신적 본성을 받았다. 이제 우리는 우리 영혼 속에 하나님이 계시하신 것을 분명히 이해할 수 있는 영적 통찰력을 얻었다. 이제 그리스도께서 우리 삶의 모범이시며, 그리스도께서 우리로 그러한 삶을 살게 해주는 우리의 능력이시다.

JND

## 형제들의 집 도서 안내

### 형제들의 집 도서 안내

1. 조지 뮐러 영성의 비밀
   　　　　　　　　　　　　　　　조지 뮐러 지음/이종수 옮김/값 1,000원
2. 수백만을 감동시킨 사람을 감동시킨 바로 그 사람: 헨리 무어하우스
   　　　　　　　　　　　존 A. 비올리 지음/이종수 옮김/값 1,000원
3. 내 영혼의 만족의 노래
   　　　　　　　　　　　　　　　W.T.P 월스톤지음/이종수 옮김/값 1,000원
4. 모든 일을 하나님의 영광을 위하여 하라
   　　　　　　　　　　　　　해리 아이언사이드지음/이종수 옮김/값 1,000원
5. 잃어버린 영혼을 위해서 어떻게 기도해야 하는가
   　　　　　　　　오스왈드 샌더스, 찰스 스펄전 지음/이종수 옮김/값 1,000원
6. 윌리암 켈리의 로마서 복음의 진수
   　　　　　　　　　　　　　　　윌리암 켈리 지음/이종수 옮김/값 5,000원
7. 이것이 거듭남이다[개정판]
   　　　　　　　　　　　　　　　알프레드 깁스 지음/이종수 옮김/값 9,000원
8. 존 넬슨 다비의 영성있는 복음
   　　　　　　　　　　　　　　　존 넬슨 다비 지음/이종수 옮김/값 5,000원
9. 로버트 클리버 채프만의 사랑의 영성
   　　　　　　　　　　　　　　로버트 C. 채프만 지음/이종수 옮김/값 5,000원
10. 영성을 깊게 하는 레위기 묵상
    　　　　　　　　　　　　　　C.H. 매킨토시 외 지음/이종수 옮김/값 5,000원
11. 존 넬슨 다비의 성경주석: 빌립보서
    　　　　　　　　　　　　　　　존 넬슨 다비 지음/이종수 옮김/값 5,000원
12. 존 넬슨 다비의 히브리서 묵상
    　　　　　　　　　　　　　　　존 넬슨 다비 지음/정병은 옮김/값 9,000원
13. 조지 커팅의 영적 자유
    　　　　　　　　　　　　　　　조지 커팅 지음/이종수 옮김/값 4,000원
14. 윌리암 켈리의 해방의 체험
    　　　　　　　　　　　　　　　윌리암 켈리 지음/이종수 옮김/값 3,000원
15. 존 넬슨 다비의 성경주석: 골로새서
    　　　　　　　　　　　　　　　존 넬슨 다비 지음/이종수 옮김/값 7,000원
16. 구원 얻는 기도
    　　　　　　　　　　　　　　　　　　　　　　이종수 지음/값 5,000원

17. 영혼의 성화
　　　　　　　　　　　　　　프랭크 빈포드 호올 지음/이종수 옮김/값 1,000원
18. 당신은 진짜 거듭났는가?
　　　　　　　　　　　　　　　　아더 핑크 지음/박선희 옮김/값 4,500원
19. C.H. 매킨토시의 완전한 구원
　　　　　　　　　　　　　　　C.H. 매킨토시 지음/이종수 옮김/값 4,600원
20. 존 넬슨 다비의 하나님의 뜻을 분별하는 법
　　　　　　　　　　　　　　　존 넬슨 다비 지음/이종수 옮김/값 1,000원
21. 존 넬슨 다비의 성경주석: 요한계시록
　　　　　　　　　　　　　　　존 넬슨 다비 지음/이종수 옮김/값 10,000원
22. 주 안에 거하라
　　　　　　　　해밀턴 스미스, 허드슨 테일러 지음/이종수 옮김/ 값 1,000원
23. C.H. 매킨토시의 하나님의 선물
　　　　　　　　　　　　　　　C.H. 매킨토시 지음/이종수 옮김/값 4,000원
24. 존 넬슨 다비의 성경주석: 에베소서
　　　　　　　　　　　　　　　존 넬슨 다비 지음/이종수 옮김/값 8,000원
25. 존 넬슨 다비의 영적 해방
　　　　　　　　　　　　　　　존 넬슨 다비 지음/문영권 옮김/값 7,000원
26. 건강하고 행복한 그리스도인이 되는 법
　　　　　　　　어거스트 반 린, J. 드와이트 펜테코스트 지음/ 값 1,000원
27. 존 넬슨 다비의 성경주석: 로마서
　　　　　　　　　　　　　　　존 넬슨 다비 지음/문영권 옮김/값 12,000원
28. 존 넬슨 다비의 성화의 길
　　　　　　　　　　　　　　　존 넬슨 다비 지음/이종수 옮김/값 4,500원
29. 기독교 신앙에 회의적인 사랑하는 나의 친구에게
　　　　　　　　　　　　　　로버트 A. 래이드로 지음/박선희 옮김/값 5,000원
30. 이수원 선교사 이야기
　　　　　　　　　　　　　　더글라스 나이스웬더 지음/이종수 옮김/값 5,000원
31. 체험을 위한 성령의 내주, 그리고 충만
　　　　　　　　　　　　　　　　조지 커팅 지음/이종수 옮김/값 4,500원
32. 존 넬슨 다비의 성경주석: 갈라디아서
　　　　　　　　　　　　　　　존 넬슨 다비 지음/이종수 옮김/값 4,800원
33. 존 넬슨 다비의 성경주석: 요한서신서 · 유다서
　　　　　　　　　　　　　　　존 넬슨 다비 지음/문영권 옮김/값 8,000원

34. 존 넬슨 다비의 성경주석: 데살로니가전 · 후서
존 넬슨 다비 지음/이종수 옮김/값 8,000원
35. 그리스도와의 연합과 구원(성경공부교재)
문영권 지음/값 2,500원
36. 그리스도와의 연합과 성화(성경공부교재)
문영권 지음/값 3,000원
37. 사도라 불린 영적 거장들
이종수 지음/값 7,000원
38. 당신은 진짜 하나님을 신뢰하는가
조지 뮬러 지음/ 이종수 옮김/값 4,500원
39. 그리스도와 연합된 천상적 교회가 가진 영광스러운 교회의 소망
존 넬슨 다비 지음/ 문영권 옮김/ 값 13,000원
40. 가나안 영적 전쟁과 하나님의 전신갑주
존 넬슨 다비 지음/ 이종수 옮김/ 값 2,000원
41. 죄 사함, 칭의 그리고 성화의 진리
고든 헨리 해이호우 지음/ 이종수 옮김/ 값 2,000원
42. 하나님을 찾는 지성인, 이것이 궁금하다!
김종만 지음/ 값 10,000원
43. 이것이 그리스도의 심판대이다
이종수 엮음/ 값 8,000원
44. 존 넬슨 다비의 성경주석: 마태복음
존 넬슨 다비 지음/이종수 옮김/값 16,000원
45. C.H. 매킨토시의 하나님에 관한 진실
C.H. 매킨토시 지음/이종수 옮김/값 1,000원
46. 존 넬슨 다비의 성경주석: 여호수아
존 넬슨 다비 지음/문영권 옮김/값 8,000원
47. 찰스 스탠리의 당신의 남편은 누구인가
찰스 스탠리 지음/이종수 옮김/값 4,000원
48. 존 넬슨 다비의 성령론
존 넬슨 다비 지음/이종수 옮김/값 13,000원
49. 존 넬슨 다비의 영적 해방의 실제
존 넬슨 다비 지음/이종수 옮김/값 5,000원
50. 존 넬슨 다비의 주요사상연구: 다비와 친구되기
문영권 지음/값 5,000원

51. 존 넬슨 다비의 죽음 이후 영혼의 상태
                            존 넬슨 다비 지음/이종수 옮김/값 5,000원
52. 신학자 존 넬슨 다비 평전
                                        이종수 지음/ 값 7,000원
53. 존 넬슨 다비의 요한복음 묵상
                            존 넬슨 다비 지음/이종수 옮김/값 8,000원
54. 프레드릭 W. 그랜트의 영적 해방이란 무엇인가
                        프레드릭 W. 그랜트 지음/이종수 옮김/값 4,500원
55. 홍해와 요단강을 통해서 나타난 하나님의 구원
                              윌리암 켈리 지음/ 이종수 옮김/ 값 4,800원
56. 그리스도와의 연합을 위한 성령의 역사
                             윌리암 켈리 지음/ 이종수 옮김/ 값 19,000원
57. 누가, 그리스도인인가?
                            시드니 롱 제이콥 지음/ 박영민 옮김/ 값 7,000원
58. 선교사가 결코 쓰지 않은 편지
                           프레드릭 L. 코신 지음 / 이종수 옮김/ 값 9,000원
59. 사랑의 영성으로 성자의 삶을 살다간 로버트 채프만
                              프랭크 홈즈 지음 / 이종수 옮김/ 값 8,500원
60. 므비보셋, 룻, 그리고 욥 이야기
                              찰스 스탠리 지음 / 이종수 옮김/ 값 7,500원
61. 구원의 근본 진리
                            에드워드 데넷 지음 / 이종수 옮김/ 값 6,500원
62. 회복된 진리, 6+1
                             에드워드 데넷 지음/ 이종수 옮김/ 값 6,000원
63. 당신의 상상보다 더 큰 구원
                           프랭크 빈포드 호올 지음/ 이종수 옮김/ 값 6,500원
64. 뿌리 깊은 영성의 그리스도인으로 사는 법
                          찰스 앤드류 코우츠 지음/ 이종수 옮김/ 값 9,000원
65. 천국의 비밀 : 천국, 하나님 나라, 그리고 교회의 차이
              프레드릭 W. 그랜트 & 아달펠트 P. 세실 지음/이종수 옮김/ 값 7,000원
66. 존 넬슨 다비의 성경주석: 베드로전 · 후서
                              존 넬슨 다비 지음/장세학 옮김/값 7,500원
67. 존 넬슨 다비의 영광스러운 구원
                              존 넬슨 다비 지음/이종수 엮음/값 15,000원

Originally published under the title of
"J. N. Darby's Soteriology" from The Collected Writings
by John Nelson Darby
Copyright©Les Hodgett, Stem Publishing
7 Primrose Way, Cliffsend, Ramsgate, Kent, U.K.

Korean translation copyright
ⓒ 2014 by Brethren House, Korea
All rights reserved

존 넬슨 다비의
영광스러운 구원
ⓒ형제들의 집 2014

초판 발행 • 2014.07.25
지은이 • 존 넬슨 다비
엮은이 • 이 종 수
발행처 • 형제들의집
판권ⓒ형제들의집 2014
등록 제 7-313호(2006.2.6)
Cell. 010-9317-9103
홈페이지 http://brethrenhouse.co.kr
카페 cafe.daum.net/BrethrenHouse
ISBN 978-89-93141-67-2 03230

＊값은 뒤표지에 있습니다.
＊잘못된 책은 바꿔드립니다.
＊서점공급처는 〈생명의말씀사〉 입니다. 전화(02) 3159-7979(영업부)